# INTERVENÇÕES EM CENTROS URBANOS

# INTERVENÇÕES EM CENTROS URBANOS:
## objetivos, estratégias e resultados

3ª edição – revisada e atualizada

Organizadoras:

Heliana Comin Vargas

Doutora em Arquitetura e Urbanismo e professora titular do Departamento de Projeto da Faculdade de Arquitetura e Urbanismo da Universidade de São Paulo

Ana Luisa Howard de Castilho

Doutora em Planejamento Urbano e Regional pela Faculdade de Arquitetura e Urbanismo da Universidade de São Paulo

Manole

Editor gestor: Walter Luiz Coutinho
Editora responsável: Ana Maria da Silva Hosaka
Produção editorial: Marília Courbassier Paris, Rodrigo de Oliveira Silva, Amanda Fabbro
Editora de arte: Deborah Sayuri Takaishi
Projeto gráfico e diagramação: JLG
Adaptação da capa: Departamento de Arte da Editora Manole

Dados Internacionais de Catalogação na Publicação (CIP)
(Câmara Brasileira do Livro, SP, Brasil)

Vargas, Heliana Comin
Intervenções em centros urbanos : objetivos, estratégias e resultados / Heliana Comin Vargas, Ana Luisa Howard de Castilho. -- 3. ed. -- Barueri, SP Manole, 2015.

Bibliografia.
ISBN 978-85-204-3767-4

1. Áreas urbanas - Brasil 2. Centros urbanos - Brasil
3. Patrimônio cultural - Brasil
4. Patrimônio urbano histórico - Brasil
5. Planejamento urbano - Brasil 6. Urbanismo - Brasil
I. Castilho, Ana Luisa Howard de. II. Título. III. Série.

14-10059 CDD-711.40981

Índices para catálogo sistemático:
1. Brasil : Centros urbanos : Intervenções : Urbanismo 711.40981
2. Brasil : Intervenções em centros urbanos : Urbanismo 711.40981



1ª edição – 2006
2ª edição – 2009
3ª edição – 2015

Editora Manole Ltda.
Av. Ceci, 672 – Tamboré
06460-120 – Barueri – SP – Brasil
Tel.: (11) 4196-6000 – Fax: (11) 4196-6021
www.manole.com.br
info@manole.com.br

Impresso no Brasil
*Printed in Brazil*

# Sumário

# Prefácio à terceira edição

Um passeio pelo Brasil que se constrói.

O que têm em comum cidades como Porto Alegre, Belém do Pará, São Paulo, São Luís, Rio de Janeiro, Aracajú, Fortaleza e tantas outras?

As cidades são, sem dúvida, a maior realização humana. Nada feito pelo Homem tem esse grau de complexidade, essa sofisticação e, tampouco, esse nível de contradição. Nas cidades o homem é o senhor, transforma radical e definitivamente a natureza a seu dispor, criando um ambiente só seu e de tal maneira inóspito para as demais espécies que ali ele pode reinar e sobreviver em segurança. É o seu habitat, é o seu *locus*.

A relação homem x natureza é antiga, sendo que o primeiro grande passo do homem no sentido de dominar as forças da natureza foi a agricultura.

No entanto, ali no campo agrícola, essa correlação de forças, até hoje, nos é desfavorável, mesmo com todos os avanços das tecnologias agrícolas, que são remarcáveis. É a força da natureza que define ciclos, que impõe castigos e que viabiliza vitórias. Dela emana a energia que define e submete.

Já na cidade as coisas se dão de outra forma, a correlação de forças é amplamente favorável ao homem. Grandes movimentos de terra, escavações profundas, construções em grande altura arranhando céus e longos caminhos singrando a terra constroem a paisagem, qualificam os espaços, modificam os térreos e definem o território. História, cultura, técnica, política e economia se fundem às matérias-primas elementares para essa imensa edificação.

A natureza, quando reage, o faz irritada pelo quanto é maltratada, desrespeitada nesse processo. Ao reagir, quando reage, consegue suas vitórias ou a partir dos próprios erros humanos – uma vez que o ser humano é senhor, mas está longe de ser infalível –, como a ocupação de encostas, áreas inundáveis ou construções tão desqualificadas que possibilitam o surgimento de problemas sanitários e de saúde crônicos, ou apelando para terremotos, furacões e tsunamis, ou seja, excepcionalidades, armas de uma letalidade desproporcional.

Para o homem a cidade é, portanto, sua casa. E, neste século XXI, mais do que nunca na história da humanidade, sua casa é a cidade... Ela dita o ritmo da vida, define percursos e tempos, abre ou fecha portas das possibilidades de acesso aos seus benefícios.

Pela primeira vez a população mundial ultrapassa a taxa de 50% de urbanização, um marco histórico e surpreendente.

Surpreendente sobretudo quando se considera que a quase totalidade dos leitores deste e de outros livros habita as cidades desde que nasceu e que para eles imaginar que metade da população do planeta não as habite, não seja seus vizinhos, soa estranho e contraditório.

Se a cidade é de fato nosso habitat, nossa fortaleza, o *locus* no qual podemos nos desenvolver física, material, psicológica e espiritualmente, social, política, cultural e economicamente, como poderia ser possível que metade da população não as habite?

E, pior, da metade que as habita, como pode ser aceitável que sua maioria não tenha acesso aos serviços urbanos mínimos como redes de infraestrutura sanitária – água limpa e esgoto tratado – energia e comunicação?

Pois bem, é assim.

Nascida, ou melhor, renascida a partir de grandes movimentos comerciais, a cidade se sofistica incessantemente ao acompanhar os grandes movimentos civilizatórios, culturais e econômicos da humanidade.

Cruzamento de rotas, agrupamento humano destinado a abrigar mão de obra e mercado, espaço privilegiado para a reprodução das relações de poder, econômicas e de dominação, nos últimos 500 anos a cidade se torna onipresente. Complexa e contraditória, consegue ser simultaneamente inclusiva e excludente, acolhedora e perversa, produto resultante da correlação de forças que se estabelece entre seus agentes produtores, públicos e privados, coletivos e individuais.

Às jornadas de junho de 2013 no Brasil, movimento de grande significado político, juntam-se a manifestações populares espalhadas por todo o planeta no sentido de se exigir espaços e serviços públicos de qualidade, em que conceitos outrora abstratos como liberdade e eficiência ou mobilidade e acessibilidade ganham concretude. Ali já não se exige apenas o atendimento a reivindicações específicas ou setoriais – mais habitação, mais saúde, mais transporte. Exige-se tudo isso e mais um pouco, e nos dizeres dos manifestantes: "tudo junto e misturado, tudo ao mesmo tempo". Atinge-se um novo patamar qualitativo nas reivindicações, que saem do funcionalismo típico do século XX e apontam para a compreensão da cidade como um verdadeiro artefato multitarefa, pleno de possibilidades e conectividades.

De invisíveis, as cidades se tornam agente ativo no estabelecimento das relações humanas a ponto de, neste século, deixarem de ser palco inanimado, simples moldura ou contorno, para se tornarem um de seus protagonistas. De base de negócios, transformam-se a si mesmas num grande negócio.

Um exemplo disso são as operações urbanas e a importância que elas adquiriram nos últimos 40 anos como instrumento de planejamento e construção das cidades em todo o mundo. Da experiência francesa que vai das ZACs e Villes-Nouvelles a projetos como o Grand Paris, passando por New Towns e experiências de renovação urbana na Inglaterra, Alemanha, EUA e tantos outros países, chegando ao Brasil, com as intervenções que se apresentam em cidades como São Paulo, Rio de Janeiro e Recife, entre outras. Claro, tudo isso sem falar de fenômenos como Dubai, Singapura ou mesmo Shen Zen, na China.

Após este meio século de experiências de complexidades e abrangência crescentes, hoje se opera a cidade no seu todo, incluídas as suas materialidades e suas imaterialidades, suas adições e suas contradições. A cidade capitalista contemporânea não se fia mais apenas na parcela de terra e no valor a ela agregado pelas melhorias adicionadas, vai muito além. Hoje se verifica, valora-se e comercializa-se o todo: base territorial, infraestrutura, objetos edificados e, sobretudo, redes e potenciais.

Ou seja, não é mais apenas o valor agregado por uma melhoria ou um investimento público ou privado específico em um terreno, gleba ou edificação que interessa. Hoje interessa agregar valor à fragmentos de cidade, numa escala de intervenção ainda pouco explorada e difícil de ser compreendida.

Trata-se de projetos, ações e intervenções concretas e articuladas entre si, distantes, portanto, do planejamento urbano sistêmico e estatal hegemônico nas décadas de 1970 e 1980. Por vezes ainda difíceis de serem assimiladas e reproduzidas, atuam sobre todos os aspectos qualitativos e programáticos da vida em sociedade na cidade, ou seja, da vida urbana: da moradia ao trabalho, do lazer à educação, passando pela saúde, mobilidade, segurança etc.

Daí a importância da discussão do papel da metodologia de projeto tanto no processo de elaboração de planos quanto no processo de elaboração de projetos de Arquitetura. Lembrando que, como vem sendo apontado desde o início da década de 1980 por críticos e teóricos, foi quando se distanciou de sua base territorial, da tridimensionalidade e da materialidade de suas propostas que o planejamento urbano acabou perdendo sua objetividade.

Aqui, ganham destaque os centros urbanos.

Identificados como espaço privilegiado do encontro, da troca e demais atividades urbanas por excelência, todos eles trilharam, assim como as cidades a que pertencem, trajetórias de ascensão e queda e vivenciaram processos de desconstrução, degradação e desvalorização intenso, fundamentalmente provocados pela abertura de novas frentes de expansão urbana e pelo desuso.

Não obstante, mesmo vilipendiados e maltratados, degradados e transformados em sinônimo de problemas, os centros urbanos se mantiveram como presença marcante na composição das cidades, sempre a mostrar que são a única área capaz de articular e ordenar com coerência e consistência a vida em uma cidade. O que se aprendeu é que uma cidade sem centro é como um animal mortalmente ferido, um ser desarticulado que sobrevive de modo desequilibrado e debilitado.

É verdade que é possível afirmar que do ponto de vista da produção das cidades o século XX ainda não acabou. Entre as características de sua produção, que em boa medida ainda perduram nesta segunda década do novo século, destaca-se o que se pode chamar de urbanismo extrativista ou extrativismo urbano, em que só interessa tirar, explorar à exaustão todo o potencial de riqueza presente num determinado ponto.

A novidade é que os novos processos de elaboração de projetos urbanos, se de um lado mantêm a função básica, a mola motora e as contradições inerentes à cidade capitalista, espaço privilegiado de reprodução do capital, por outro lado se sofisticaram, assumiram plenamente o que Argan há muito já definia com uma clareza ímpar em história da arte como história da cidade: "a cidade não pode mais ser considerada um espaço delimitado, nem um espaço em expansão; ela não é mais considerada espaço construído e objetivado, mas um sistema de serviços cuja potencialidade é praticamente ilimitada".

Muito se tem falado em cidades para as pessoas, cidades inteligentes, cidades compactas e cidades globais, todas essas facetas de um mesmo objeto de interesse, a organização da vida do homem e suas relações com a própria cidade. Cada vez mais *polis*, *urbis* e *civitas* se fundem num amálgama de possibilidades e desafios, cujos resultados apenas agora começam a se delinear. E é por meio da elaboração e da implantação de projetos de intervenção e resgate de centros urbanos que esse processo se torna visível.

"Intervir nos centros urbanos pressupõe não somente avaliar sua herança histórica e patrimonial, seu caráter funcional e sua posição relativa na estrutura urbana, mas, principalmente, precisar o porquê de se fazer a necessária intervenção."

É a partir dessa preliminar que as autoras Heliana Comim Vargas e Ana Luisa Howard colocam o leitor diante do desafio de entender este processo e como ele tem se dado no Brasil.

Ao proporem o desafio ao leitor, ele é, simultaneamente, aceito pelas autoras, que definem como instrumento metodológico principal desta instigante investigação a apresentação de projetos de centros urbanos significativos que são expostos, descritos e analisados sob os mais variados ângulos, de modo que dali possa emergir a possibilidade da produção de um conhecimento imprescindível para a materialização dos anseios claramente colocados pela sociedade.

Conhecer, analisar, aprender e criticar o processo de elaboração de planos e projetos se constitui, portanto, num exercício, como sempre se dá num processo de aprendizado, de desmistificação de alguns ritos e conceitos preestabelecidos.

*Intervenções em centros urbanos: objetivos, estratégias e resultados* é, enfim, um passeio pelo Brasil, de Belém do Pará a Porto Alegre, que registra com rigor e precisão projetos de intervenção em centros urbanos por meio dos quais é possível não apenas conhecer o que se tem feito mas, principalmente, discutir como se tem feito essas intervenções. Conhecimento fundamental para que se possa propor a construção da cidade do século XXI com clareza e consistência.

*Valter Caldana*
Arquiteto e urbanista pela FAU-USP, doutor pela FAU-USP
e diretor da Faculdade de Arquitetura e Urbanismo da
Universidade Presbiteriana Mackenzie em São Paulo, SP.

# Prefácio da primeira edição

De acordo com os cânones do urbanismo modernista, o processo de crescimento da cidade ocidental, a partir da segunda metade do século XX, implicou, de forma predominante, a necessidade de "produção" de espaços vazios, de modo a evitar o seu compartilhamento com arquiteturas morfologicamente "comprometedoras" ao seu ideário. Daí o fato de essa "produção" ocorrer sob a forma de uma desmedida expansão horizontal e/ou de um ambíguo processo demolitório, justificado por grandes projetos de renovação urbana. Os resultados dessas ações são conhecidos: segregação socioespacial, elevados custos da infraestrutura urbana e carências no transporte urbano, só para citar os mais visíveis.

Para fazer frente a esse modelo, urbanistas introduzem novos parâmetros de desenvolvimento urbano, centrados na importância do enorme capital econômico, social, cultural e simbólico embutido nas áreas centrais das cidades. Por meio de duas vertentes nessas áreas, são propostas intervenções, de um lado, de natureza pontual, em que um objeto arquitetônico torna-se o seu protagonista principal (quando não o único, como o Museu Gugenheim de Bilbao); e, de outro, de natureza socioespacial, em que a estruturação do espaço é determinada por objetivos maiores de inclusão social, revitalização econômica e preservação do patrimônio cultural socialmente produzido.

Na América Latina, e no Brasil em particular, essa questão entrou tardiamente na agenda e na literatura urbana. Conhecem-se muito mais os projetos Battery Park, em Nova York, o Docklands, em Londres, o Raval, em Barcelona, e o Fisherman's Wharf, em São Francisco, que as experiências "locais" de grandes projetos urbanos. Nada contra essas marcantes experiências internacionais de requalificação de áreas urbanas centrais. Além dos seus impactos altamente positivos em relação aos objetivos a que se propuseram, elas serviram como contraponto à política, até então predominante, da *terra arrasada*, responsável por um processo demolitório sem precedentes e pelo desaparecimento de grande parte da história e da alma de importantes cidades, principalmente a partir da segunda metade do século XX.

Com esta obra, surge, enfim, um apanhado da experiência genuinamente brasileira de intervenção em áreas urbanas centrais, em sete importantes capitais brasileiras. Mais do que uma descrição de dados e experiências, esta obra aborda não só os aspectos socioeconômicos e urbanísticos, mas também – e aí está o seu diferencial – a sua dimensão política, ao destacar os agentes e interesses em jogo na implementação desses projetos urbanos.

Hoje, embora haja uma maior consciência social que condena a visão haussmanniana – pela qual as áreas urbanas centrais são identificadas unicamente como obstáculos à salubridade, ao trânsito, à arquitetura contemporânea – à modernidade, em outro extremo ainda persiste uma visão fundamentalista da preservação, pela qual essas áreas estão sujeitas a usos passivos ou neutros, em geral, por meio do abuso do modelo "centros culturais", como espaços de animação e vida. Esse patrimônio urbano, histórica e socialmente construído, não pode ser simplesmente observado; precisa ser usado intensamente. Afinal, a melhor receita para a sua preservação ainda é o seu uso.

A noção de patrimônio urbano histórico, acompanhada de um projeto de conservação (que, curiosamente, nasceu na própria época de Haussmann, mas na Grã-Bretanha) como contraponto do processo de urbanização dominante, pode nos dar lições. Não se trata de clonar configurações que correspondam a condições sociais passadas e hoje desprovidas de sentido, mas sim de, na feliz expressão de Françoise Choay, "articular a propedêutica do esquecimento a uma concepção crítica e condicional da preservação [...] na dinâmica do desenvolvimento" (*A alegoria do patrimônio*, Unesp, 2001, p. 203).

A importância dessas áreas urbanas centrais não é apenas cultural, mas também, e de forma relevante, econômica. De fato, além da excelente qualificação de suas infra-estruturas, esse patrimônio construído constitui um enorme capital imobilizado, sujeito a processos contínuos de valorização e desvalorização – como ele próprio, socialmente produzidos por mecanismos normais de mercado na cidade capitalista. O binômio desvalorização-degradação dessas áreas constitui-se em desperdício inaceitável para as cidades, particularmente aquelas em países em desenvolvimento, com notórias carências urbanas.

O enfrentamento desses processos extremamente perversos implica investimentos públicos e privados, seja para a conservação, recuperação, reconversão-requalificação de novos usos desse valioso patrimônio construído. Fundamentalmente, trata-se de atuar na contramão dos arquitetos e urbanistas do movimento moderno que, a partir dos Congressos Internacionais de Arquitetura Moderna (Ciam), negam a utilidade das morfologias passadas e crêem em "começos absolutos". Embora contestados na Europa, os Ciam não deixaram de dar sequência, nos países em desenvolvimento, a sua obra de destruição de relevantes segmentos do espaço físico e social de muitas cidades, espaços estes carregados de história, símbolos, significados e trabalho socialmente produzido.

Longe de se ater a um processo simplório de maquiagem, a intervenção nessas áreas urbanas centrais demanda a consideração de importantes instrumentos – econômicos, sociais, jurídicos e institucionais.

São esses instrumentos que delineiam os contornos do processo de reconversão-requalificação urbana, ao redor de questões relevantes, como a busca de conciliação entre conceitos dicotômicos, por exemplo, valor de uso e valor de troca; ganhos imobiliários e recuperação de mais valias imobiliárias, parcerias público-privadas; uso para o saber/lazer/morar e consumo supérfluo, inclusive de bens e serviços ditos "culturais", fabricados e empacotados como *fast-food*; reutilização dos espaços por grupos locais diversificados – *mise-en-scène* dos espaços e espetáculo para um público itinerante; articulação institucional inter e intragovernamental e participação comunitária.

É nessa perspectiva que esta obra deve ser saudada. Preenchendo uma lacuna sobre o tema na literatura nacional, este livro analisa o processo de requalificação de áreas urbanas centrais em sete capitais: Rio de Janeiro, São Paulo, Porto Alegre, São Luís, Belém, Aracaju e Fortaleza. Localizados em cidades com variados tamanhos e realidades socioeconômicas e institucionais, esses projetos foram, em sua quase totalidade, elaborados e estão em processo de implantação desde a década de 1990.

Reunindo textos analíticos de profissionais e docentes das mais distintas vertentes teóricas, este livro rastreia a multiplicidade de objetivos, a diversidade de estratégias, os diferentes graus de resultados até agora alcançados e as dificuldades de toda ordem na concepção e realização desses projetos, não faltando, obviamente, um olhar sutil sobre uma característica marcante da gestão pública brasileira: as provincianas querelas político-partidárias.

Mesmo com a ressalva das organizadoras desta obra, ao afirmarem que

> a intervenção em áreas urbanas centrais, no Brasil, sendo fenômeno recente, ainda não permitiu o acúmulo de conhecimento e o afastamento necessário para a crítica consistente que o distanciamento no tempo propicia,

uma apreciação geral mostra um ganho de grande significado: a conscientização crescente da importância da requalificação de áreas urbanas de valor histórico e cultural no desenvolvimento urbano, como atesta o posicionamento de segmentos populares, corporativos e empresariais, mesmo que por motivações diferenciadas. E isso não é pouca coisa em um país onde a gestão urbana geralmente está comprometida com símbolos mal traduzidos da modernidade, com ganhos sem contrapartidas e com a exclusão social.

Dois aspectos, importantes em uma obra que pretende ser didática, devem ser destacados nos textos referentes aos sete projetos. Primeiro, o amplo espectro de variáveis abordadas, superando em muito a simples descrição física dos projetos, para incluir questões relevantes (em geral, negligenciadas em abordagens do tema), como, por exemplo, arranjo institucional, fontes de recursos, instrumentos urbanísticos e fiscais e canais de participação da comunidade. Segundo, mesmo sem ser rígido, o livro segue um padrão de homogeneização no conteúdo dos textos, o que proporciona condições para uma análise comparativa dos projetos, um dos objetivos que o livro se propõe a atingir.

Ressalte-se, ainda, que o livro não se limita à análise dos sete projetos – ele vai muito além ao apresentar dois textos que buscam explicar o estado da arte da intervenção em áreas urbanas centrais. O texto de Heliana Comin Vargas e Ana Luisa Howard de Castilho nos proporciona uma agradável viagem histórico-conceitual sobre as áreas urbanas centrais e as principais vertentes ideológicas e projetuais que regem, no cenário internacional, as intervenções urbanísticas dessa natureza. O segundo texto, de Lélia Mendes de Vasconcellos e Maria Cristina Fernandes de Mello, faz uma não menos agradável incursão sobre o significado etimológico e conceitual das diversas formas e modalidades de intervenção em áreas urbanas.

Nunca é demais lembrar que projetos de requalificação – tanto como os de produção de espaços físicos –, socialmente construídos, geram, constrangem e até impedem relações e comportamentos sociais, o que lhes dá um caráter político, num tempo em que se intensificam, em nossas cidades, formas crescentes de segregação e exclusão sociais, mal disfarçadas pela racionalidade proposital-instrumental. E esta cria uma "camisa de força" da racionalidade burocrática, da qual não há como escapar. Daí a importância de evitar a cópia, a crítica da experiência externa e o risco de tratar o patrimônio urbano histórico como um simples produto a ser embalado para o consumo sem conteúdo!

Por fim, cabe ressaltar a oportunidade desta obra, que surge em um momento particularmente importante, em que velhos paradigmas estão sendo revistos e a cidade torna-se o foco das atenções sobre a grave questão da justiça social e territorial em uma sociedade quase totalmente urbanizada.

*Ricardo L. Farret*
Arquiteto, Ph.D. em Planejamento Urbano e Regional pela Universidade da Califórnia/Berkeley e pesquisador associado do Neur/Universidade de Brasília.

# Apresentação

Nos últimos trinta anos, a internacionalização da economia provocada pela agilização das comunicações – liderada pela tecnologia da informática – conduziu, entre outras coisas, a uma alteração no significado de espaço e tempo. Reconhecido tradicionalmente como suporte, barreira ou obstáculo, ou ainda como fonte de recursos naturais para o desenvolvimento das atividades humanas, o espaço físico adquire uma nova e diferente condição. O território deixa de ser o *locus* da produção para ser objeto de consumo; passa a ser palco das mais diversas atividades graças à capacidade de o capital criar localizações, de divulgá-las pelos meios de comunicação e de induzir a sua demanda por intermédio das mais variadas estratégias de marketing; e transforma-se num produto consumido e cobiçado por investidores, políticos, moradores e turistas. Ao diminuir as distâncias, a velocidade na transmissão de informações e nos deslocamentos aumenta a acessibilidade às diversas partes do planeta, torna o mundo relativamente menor, homogeneíza o território ao mesmo tempo em que lhe imprime maior visibilidade, permite a simultaneidade entre os acontecimentos e sua divulgação e instaura uma verdadeira competição entre lugares.

É no âmbito desse processo que os projetos de intervenção em áreas urbanas, determinadas por meio da história de cada cidade, assumem papel de destaque no mundo, vestindo uma nova roupagem, que atinge também a América Latina, desde o início da década de 1990. Por conta das ações recentes no Brasil, poucas foram sistematizadas e divulgadas, em parte por causa da necessidade de afastamento para a crítica consistente que o distanciamento no tempo propicia.

Embora importantes na atuação dos arquitetos e urbanistas e fundamentais para o futuro de nossas cidades, os projetos de intervenção nos centros urbanos ainda possuem uma literatura nacional escassa e dispersa. A situação atual é um obstáculo à análise e à síntese das experiências de âmbito local, o que dificulta um confronto sobre as ações que vêm sendo encaminhadas pelo público em geral e pelos estudantes, futuros profissionais das cidades.

Nesse sentido, este livro tem como finalidade primeira contribuir para atenuar a lacuna existente sobre as intervenções urbanas na literatura nacional e internacional – ainda restrita à academia por meio de dissertações, teses e trabalhos apresentados em congressos etc. –, sistematizando e divulgando uma parcela dos trabalhos já realizados que seja capaz de estimular a pesquisa e instigar a reflexão sobre essas práticas. Os estudos de casos, pouco divulgados e partilhados – inclusive nos meios acadêmicos –, retratam o que vem acontecendo.

As experiências brasileiras são relatadas por acadêmicos, gestores públicos, arquitetos e urbanistas que de alguma forma participaram da história de seus lugares – trabalhando, estudando ou refletindo sobre as recentes intervenções urbanas nas áreas centrais – e respondem pelas informações e análises nelas contidas.

Com o intuito de produzir um livro que não tivesse o formato de uma coletânea de textos e que trouxesse coerência e sequência ao seu conteúdo, além de reforçar o seu caráter didático, determinou-se que cada redação dos estudos de casos seguisse uma mesma estrutura de composição. Contudo, procurou-se garantir, ainda nesse processo, a permanência dos estilos individuais, para que pudessem ser valorizados e refletissem as especificidades de cada lugar.

Uma vez que é inegável a natureza política dos projetos de intervenção nos centros urbanos, foram evitados os nomes dos personagens envolvidos, buscando-se marcar as respectivas gestões pela periodização.

Com o objetivo de promover e possibilitar a crítica ao processo de intervenção nas áreas urbanas centrais no Brasil, o primeiro capítulo discute o significado dos centros urbanos e das diversas intervenções que vêm ocorrendo no mundo desde a década de 1950, apresentando seus objetivos, analisando as estratégias e avaliando os resultados.

O segundo capítulo discorre sobre a origem e o significado das terminologias usuais dos processos de intervenção que utilizam o prefixo RE para nomeá-los.

Os capítulos seguintes tratam de projetos produzidos ou em andamento em sete centros de capitais brasileiras: Rio de Janeiro, São Paulo, Porto Alegre, São Luís, Belém, Aracaju e Fortaleza. Essas capitais foram ordenadas no texto desobedecendo a qualquer arranjo usual quanto à aproximação regional ou à conveniência alfabética. A disposição dos sete capítulos foi definida com base na característica dos projetos apresentados e com o intuito de alinhavar os seus conteúdos.

Para a elaboração desta terceira edição, os projetos foram revistos – exceto a proposta de São Luís do Maranhão – e acrescidos do que chamamos "desdobramentos recentes", em que a pesquisa dos autores revelou o estado da arte de cada intervenção. Esses acréscimos visam propiciar ao leitor a verificação, ou não, dos resultados das intervenções, conforme as propostas e os objetivos mencionados. A ideia principal foi delinear uma forma de monitoramento dos projetos que, embora essencial para a correção de rumos e formulação de novos planos ou projetos urbanos, não é explicitado nem faz parte das práticas de planejamento e gestão dos processos de intervenção urbana no Brasil.

O capítulo de conclusão procura, à luz das discussões internacionais e das especificidades dos casos apresentados, promover e provocar a reflexão sobre os processos em curso nacionais, além de investigar a existência de uma política urbana de intervenção nas áreas centrais urbanas, questionando seus principais objetivos, suas estratégias, seu público-alvo e, finalmente, o esboço dos resultados alcançados que nesta terceira edição são analisados com o distanciamento de quase uma década.

# Intervenções em centros urbanos: objetivos, estratégias e resultados

1

*Heliana Comin Vargas*
*Ana Luisa Howard de Castilho*

*À pergunta: "Por que a construção de Tecla prolonga-se por tanto tempo?", os habitantes, sem deixar de içar baldes, de baixar cabos de ferro, de mover longos pincéis para cima e para baixo, respondem: "Para que não comece a destruição [...]". "Qual é o sentido de tanta construção?", pergunta. "Qual o objetivo de uma cidade em construção senão uma cidade? [...]".*

Ítalo Calvino (1997, p. 117)

Os centros das cidades têm sido identificados como o lugar mais dinâmico da vida urbana, animados pelo fluxo de pessoas, veículos e mercadorias decorrentes da marcante presença das atividades terciárias[1], transformando-se no referencial simbólico das cidades. Historicamente eleitos para a localização de diversas instituições públicas e religiosas, os centros têm a sua centrali-

1. Atividades terciárias são aquelas que incluem o comércio e os serviços varejistas, além de serviços de educação, lazer, financeiros, hospedagem etc.

dade fortalecida pela somatória de todas essas atividades, e o seu significado, por vezes, extrapola os limites da própria cidade.

No entanto, quando a expansão das áreas urbanas intensifica-se, de modo espontâneo ou planejado, essa noção de centro começa a diluir-se pelo surgimento de uma rede de subcentros que passam a concorrer com o centro principal. Esse processo foi, sem dúvida, responsável pela aceleração da degradação dos centros urbanos, que passaram a ser, na Europa e na América do Norte, objeto de preocupação, desde a década de 1950. No Brasil, esses processos passaram a ser discutidos de modo mais intenso após os anos 1980.

Observa-se, no decorrer da história, que os centros das cidades têm recebido diversas adjetivações: centro histórico, centro de negócios, centro tradicional, centro de mercado, centro principal ou, simplesmente, centro.

A noção de centro urbano como ponto para o qual convergem os trajetos ou as ações particulares que facilitam o encontro, o descanso e o abastecimento, definindo-o, historicamente, como o lugar das trocas comerciais, conduz ao conceito de centro de mercado. Agregando-se a este último outras atividades urbanas, como a religiosa, a de lazer, a política, a cultural, as atividades financeiras e as de comando, também pode ser utilizado o conceito de Centro de Negócios (*Central Business District* – CBD). Essa visão funcional do centro, atrelada à espacialização hierárquica das atividades urbanas, dá origem aos conceitos de centros principais, subcentros, centros regionais, centros locais, definidos pelos tipos de atividades oferecidas e por seus raios de influência (Vargas, 1985). Logo, infere-se que esse centro articula-se com a cidade por meio de sua função e de seu significado, transmitindo uma ideia de posição relativa na área urbana (Friedrichs et al., 1987).

Já o conceito de Centro Histórico está associado à origem do núcleo urbano, reforçando a valorização do passado (Carrion, 1998). Este último conceito cristaliza-se, por vezes, como se as demais partes da cidade não tivessem contribuído para a história da sua gente, refletida sucessivamente na sua estrutura em construção (Marcuse, 1998). O Centro Histórico não deve, portanto, ser analisado como se fosse um lugar predestinado à *fantasmagoria de perda* causada mais pelo desaparecimento das referências do presente que pela real saudade do passado (Huyssen, 2000). Nessa direção, são valorizados os lugares geográficos, os elementos arquitetônicos (religiosos e civis) e, por extensão, urbanos (estrutura urbana e bairros), em detrimento do conteúdo social.

A definição de Centro, portanto, implica a presença de uma cidade de diversidade étnica, portadora de processos históricos conflituosos, com milhares de anos de existência em permanente contradição (Carrion, 1998). Não apenas os edifícios expressivos e monumentais merecem ser preservados, mas também as edificações de todas as classes sociais que fazem parte da história, sem que essa concepção, no entanto, signifique um congelamento da cidade (Marcuse, 1998).

Intervir nos centros urbanos pressupõe não somente avaliar sua herança histórica e patrimonial, seu caráter funcional e sua posição relativa na estrutura urbana, mas, principalmente, precisar o porquê de se fazer necessária a intervenção. Essa ideia de intervenção sustenta-se na identificação de um claro processo de deterioração urbana que pode ser entendido por analogia aos termos provenientes das ciências biológicas. Intervenção e cirurgia são sinônimos, e o organismo submete-se a uma intervenção basicamente em três situações: para a recuperação da saúde ou manutenção da vida; para a reparação de danos causados por acidentes e, mais recentemente, para atender às exigências dos padrões estéticos.

Os conceitos de deterioração e degradação urbana estão frequentemente associados à perda de sua função, ao dano ou à ruína das estruturas físicas, ou ao rebaixamento do nível do valor das transações econômicas de determinado lugar. Deteriorar é equivalente a estragar, piorar e inferiorizar. Já a palavra degradação significa aviltamento, rebaixamento e desmoronamento. Degradar vem de *gradus*, "grau", que compõe a palavra degrau, na qual a preposição "de" refere-se a qualquer coisa que se movimenta de cima para baixo[2]. Em geral, a referência aos espaços degradados acontece quando, além das estruturas físicas, verifica-se a reverberação da mesma situação nos grupos sociais. Atribui-se à condição de empobrecimento e de marginalização a destruição das bases da solidariedade entre os indivíduos e o descrédito na noção de bem comum (Gutierrez, 1989).

Esse processo de degradação intensificou-se após os anos 1950, causado, fundamentalmente, pelo crescimento e expansão do espaço urbano. Ao mesmo tempo em que os centros congestionam-se pela intensidade das suas atividades, amplia-se a concorrência de outros locais mais interessantes para se morar e viver. Assiste-se ao êxodo de atividades ditas nobres e à saída de outras grandes geradoras de fluxos, como as implementadas pelas instituições públicas. A substituição faz-se por atividades de menor rentabilidade, informais e, por vezes, ilegais e praticadas por usuários e moradores com menor ou quase nenhum poder aquisitivo. Consequentemente, a arrecadação de impostos diminui e o poder público reduz a sua atuação nos serviços de limpeza e segurança públicas (Balsas, 2000; Carrion, 1998; Friedrichs et al., 1987; Frieden e Sagalyn, 1991; Garay, 2003; Vargas, 2000, 2004).

Essa imagem da degradação e seus efeitos afetam os diferentes atores envolvidos de forma distinta, de acordo com os respectivos interesses e segundo a conjuntura local, cada vez mais internacionalizada. As intervenções urbanas propostas e executadas de modo a conter esse processo têm apresentado diversos objetivos e estratégias com resultados, algumas vezes, inesperados, surpreendentes ou mesmo distantes dos objetivos iniciais, induzindo à seguinte reflexão: qual a importância da recuperação dos centros urbanos?

Recuperar o centro das metrópoles nos dias atuais significa, entre outros aspectos, melhorar a imagem da cidade que, ao perpetuar a sua história, cria um espírito de comunidade e pertencimento. Significa também promover a reutilização de seus edifícios

2. Em comunicação pessoal, prof. dr. Ataliba Teixeira de Castilho, 2004.

e a consequente valorização do patrimônio construído, otimizar o uso da infraestrutura estabelecida, dinamizar o comércio com o qual tem uma relação de origem, gerar novos empregos. Em suma, implementar ações em busca da atração de investimentos, de moradores, de usuários e de turistas que dinamizem a economia urbana e contribuam para a melhoria da qualidade de vida, valorizando também a gestão urbana que executa a intervenção. No Quadro 1.1 constam enumeradas algumas motivações para a recuperação dos centros das cidades.

**Quadro 1.1** – Motivações que conduzem as intervenções em centros urbanos.

| | |
|---|---|
| Referência e identidade | Os centros têm um papel essencial quanto à identidade e à referência de seus cidadãos e visitantes. |
| História urbana | O centro é o lugar onde se encontram as sedimentações e as estratificações da história de uma cidade. |
| Sociabilidade e diversidade | A variedade de atividades e a tolerância às diversidades reforçam o caráter singular dos centros urbanos em relação aos subcentros mais recentes. |
| Infraestrutura existente | Nos centros das cidades, geralmente, há um sistema viário consolidado, saneamento básico, energia e serviços de telefonia, transporte coletivo, equipamentos sociais e culturais de diversas naturezas. O descarte dessa infraestrutura, tanto do ponto de vista econômico quanto ambiental, é injustificável. |
| Mudanças nos padrões sociodemográficos | Alterações como maior expectativa de vida e consequente envelhecimento da população; redução do número de componentes da família; ampliação do trabalho feminino, entre outros aspectos, facilitam e reconduzem ao retorno de habitações nas áreas centrais. |
| Deslocamentos pendulares | Estatisticamente, o centro de muitas cidades ainda concentra um maior número de postos de emprego. O retorno do uso residencial para o centro diminui sensivelmente a necessidade de movimento pendular diário moradia-trabalho. |
| Distribuição e abastecimento | Durante muitas décadas, vem ocorrendo a dispersão locacional dos negócios. Em diversas escalas, entretanto, os centros ainda retêm uma parcela da distribuição de bens e serviços. |

A literatura internacional e seus diversos estudos de casos relatados sobre o processo de retorno ao centro auxiliam na compreensão desse percurso, apontando períodos bastante diferenciados sobre os objetivos e as estratégias para alcançá-los, no âmbito de seus diferentes contextos.

## OS PROCESSOS DE INTERVENÇÃO – 1950-2004: OBJETIVOS, ESTRATÉGIAS E RESULTADOS

Durante todo o século XX e, em especial, após o fim da Segunda Guerra Mundial (1939-1945), assistiu-se à dinâmica das proposições e dos questionamentos sobre a vida urbana e, consequentemente, sobre a atividade nos centros urbanos.

A análise da literatura relativa ao tema orientou a divisão dos processos de intervenção em centros urbanos em três períodos principais: Renovação Urbana, relativo às décadas de 1950 e 1960; Preservação Urbana, desenvolvido nas décadas de 1970 e 1980; e Reinvenção Urbana, nascido por volta da década de 1990 e prolongado até os dias atuais; bem como Resiliência Urbana, termo que vem ganhando projeção na segunda década dos anos 2000. É, contudo, necessário observar que esses períodos não são rigorosos em suas delimitações nem excludentes entre si.

### A Renovação Urbana – 1950-1970

Nesse período, o processo de intervenção em áreas urbanas assumiu a preferência pelo novo. Na Europa, a ideologia do urbanismo do Movimento Moderno unia-se à prática de reconstrução do pós-guerra. Na América do Norte, a renovação aparecia no contrafluxo do processo de suburbanização.

A proposta de urbanismo do Movimento Moderno – exposta na Carta de Atenas de 1933 – deu indícios das ações que sucederiam:

> A morte, que não poupa nenhum ser vivo, atinge também as obras dos homens. É necessário saber reconhecer e discriminar nos testemunhos do passado aquelas que ainda estão bem vivas. Nem tudo que é passado tem, por definição, direito à perenidade; convém escolher com sabedoria o que deve ser respeitado. Se os interesses da cidade são lesados pela persistência de determinadas presenças insignes, majestosas, de uma era já encerrada, será procurada a solução capaz de conciliar dois pontos de vista opostos [...] (Iphan et al., 1995, p. 59).

Demolir e construir para renovar viriam a ser o propósito daquela geração. As ações passavam a coincidir com os interesses tanto da elite que idealizara o movimento quanto daquela que patrocinara sua materialização.

Nos Estados Unidos, a intensidade da degradação dos centros urbanos atribuída à migração para os subúrbios e ao impacto dos shoppings periféricos induziu ao processo de renovação urbana de grandes proporções, quando comparadas com outras partes do mundo, o que justifica a farta literatura que analisa esse fenômeno.

Em contraposição, os centros de cidades europeias e seus significados culturais conseguiram refrear o processo de deterioração e impedir as demolições em larga escala, além daquelas já causadas pelas guerras.

### *Objetivos*

Na Europa, as intervenções urbanas voltaram-se basicamente para a resolução dos problemas de congestionamento e para a reconstrução pós-guerra, baseando-se no planejamento conduzido pelo Estado por meio da criação das *New Towns* (cidades novas), como na Escandinávia e na Inglaterra, ou por meio de Metrópoles de Equilíbrio, a exemplo da França (Vargas, 1985).

As atenções dirigiram-se para a recuperação dos espaços públicos, tema presente nos debates do Congresso Internacional de Arquitetura Moderna (Ciam), reforçado pelo 5º Ciam, em 1947. Nessa edição, a discussão foi ampliada para a relação entre os processos de projeto de edificações e de planejamento urbano. Assumindo papel paradigmático nas discussões, o espaço público passava a ser supervalorizado, como as Ramblas, em Barcelona; o Picadilly Circus e o Hyde Park, em Londres; as galerias, em Milão; e os cafés e bulevares, em Paris (Fontenele, 2004). O tema central do Ciam de 1951, por sua vez, foi *The heart of the City* (o coração da cidade). No discurso de abertura do evento, Josep Luís Sert apresentou um ideal de centro urbano, que promovesse e facilitasse contatos interpessoais.

Na antiga Iugoslávia, os núcleos históricos das cidades mais prósperas também foram convertidos, em parte ou totalmente, em "ilhas caminháveis". O controle público do uso do solo e dos transportes, unido a uma política ativa de implementação de infraestrutura nas novas áreas de expansão, conseguiu resultados que os urbanistas ocidentais esforçaram-se para obter no mesmo período (Ciardini e Falini, 1983). A destinação do espaço para o uso público nas cidades europeias foi fundamental para que se consolidasse o que restara do patrimônio urbano e houvesse preocupação com a sua preservação (Balsas, 2000).

Em caminho diverso, o desenvolvimento das cidades norte-americanas na década de 1950 esteve condicionado à demolição de áreas consideráveis do tecido urbano e à reconstrução (Reichl, p.22, 1999). Esse processo ficou conhecido como Renovação Urbana (*Urban Renewal*), no qual não havia intuito de preservar os edifícios ou mesmo o conjunto deles. Alguns estudiosos definem esse período como *bulldozer days*, ou seja, um arrasamento de quarteirões, como aqueles que se observam após as guerras.

Em 1957, a Companhia de Seguro de Vida de Connecticut liderou uma conferência nacional sobre a Renovação Urbana com mais de cinquenta participantes, entre os quais estavam políticos, arquitetos, pesquisadores, investidores, banqueiros, publicitários e urbanistas, na qual se concluiu que os centros não respondiam mais às demandas dos seus cidadãos quanto ao tipo de habitação, traçado de ruas e usos urbanos. O propósito desse grupo era eliminar o congestionamento das áreas centrais, com a criação de grandes espaços para vias amplas, estacionamentos, instituições culturais. Além dessa transformação, deveria trazer a natureza de volta entre os edifícios, promovendo uma completa mudança de uso do solo. Indústrias e armazéns cederiam seus lugares para torres de escritórios, bancos, agências do governo, hotéis, restaurantes e lojas de departamento, preparando-se para ser o espaço das artes, da educação e da recreação, e para grupos de moradores que desfrutariam a vida cultural e educacional do centro (Frieden e Sagalyn, 1991). Dispor de espaço para implementar tais mudanças significaria derrubar muito do que lá havia e desalojar milhares de pessoas, pois esses projetos não se referiam apenas às áreas centrais, incluíam também outros distritos na circunvizinhança do centro.

Naquele momento, o sucesso observado nos empreendimentos imobiliários residenciais ou comerciais realizados nos subúrbios reforçava a crença na importância de seu planejamento empresarial, tática essa a ser reproduzida na recuperação das áreas centrais. Prefeitos, empresários e equipes de profissionais de alto nível desenvolveram os projetos, e os cidadãos tiveram uma atuação secundária, apenas como agentes de cristalização e legitimação dos planos então elaborados.

Os prefeitos tinham o firme propósito de recuperar a arrecadação de impostos, reduzida de modo significativo pelo êxodo de empresas e dos altos estratos sociais, mostrando sua capacidade executiva diante do olhar de seus eleitores. Várias cidades (Pittsburg e Renaissance, em 1943; Filadélfia, em 1948; Baltimore, em 1955; e New Haven, em 1954) criaram associações com essas intenções. Nos Estados Unidos, foram elaborados e publicados 700 planos para os distritos centrais até 1959 (Frieden e Sagalyn, 1991), que também defendiam a melhoria do centro por meio da construção de vias urbanas e, para tanto, tiveram como aliados os construtores de rodovias, que incorporavam a temática da recuperação de centros urbanos em seus projetos rodoviários, para fortalecer a liberação dos recursos federais. Os agentes imobiliários e os interessados em programas habitacionais para a população de baixa renda colocaram em prática outro projeto, que resultou em um processo de "desfavelização" das áreas centrais por meio da demolição da habitação subnormal. Foram construídas mais de 800 mil unidades de habitações populares pelo país com a implementação do Programa Federal de Renovação Urbana, estabelecido pelo *Housing Act*, de 1949, vindo ao encontro dos interesses dos agentes imobiliários (Frieden e Sagalyn, 1991; Reichl, 1999).

*Estratégias*

Em decorrência do êxito da atuação norte-americana na Segunda Guerra Mundial (1939-1945), a legitimidade do governo foi fortalecida, aumentando ainda mais o seu poder de liderança e decisão, garantindo apoio político na definição das grandes obras e das intervenções urbanas. Por sua vez, as alianças entre os diversos grupos de interesse, incluindo o poder público, como mencionado anteriormente, asseguraram uma soma de recursos proveniente de outras esferas de governo, isso sem implicar a cobrança de impostos locais e garantindo a exequibilidade de grande parte dos projetos elaborados. Tais empreendimentos também foram viabilizados pela desapropriação de áreas extensas, algo que o capital imobiliário sozinho levaria anos para conseguir implementar.

Nem todas as áreas desapropriadas e demolidas respondiam aos critérios exigidos pelo Congresso norte-americano, que indicava a necessidade da predominância de uso residencial e sinais claros de decadência física. No entanto, muitas áreas que atendiam aos critérios estabelecidos pelo Congresso não eram de interesse do mercado imobiliário.

As áreas destinadas à reconstrução receberam grandes torres de escritórios corporativos e de apartamentos para as classes de maior renda, pois isso significaria maior arrecadação de impostos. Frieden e Sagalyn (1991) afirmam que essas áreas representaram um terço dos projetos realizados durante a década de 1960. As torres e os edifícios isolados inseriam-se em um imenso jardim, adotando o modelo de Le Corbusier, conhecido como os princípios de racionalidade e de eficiência característicos do urbanismo moderno ou do estilo internacional (Reichl, 1999). Seguindo a mesma tipologia de isolamento do entorno, as cidades também construíram hospitais, escolas, museus e centros cívicos, como o Lincoln Center, em Nova York (Figura 1.1).

Outras estratégias para a recuperação dos centros basearam-se no conceito de uso exclusivo de pedestres nas principais ruas de compras, como se os problemas enfrentados pelo comércio

**Figura 1.1** – Lincoln Center, Nova York (ver p.A1). Foto: Ana Luisa Howard de Castilho, 2014.

estivessem relacionados com a dificuldade de deslocamento a pé. No período entre 1957 e 1962, cerca de cinquenta cidades tentaram recuperar o comércio, fechando suas ruas para o uso exclusivo dos pedestres[3], processo esse que continuou na década de 1970 (Frieden e Sagalyn, 1991). Somente após alguns anos, descoberto o equívoco, muitas cidades, como Toledo, na Espanha, e Boston e Seattle, nos Estados Unidos, reabriam as ruas e reconstruíram as calçadas[4].

3. Estacionamento fácil, liberdade de horário de abertura de lojas, manutenção e segurança, itens certamente encontrados nos shoppings centers suburbanos, inexistiam nas áreas centrais. Os espaços públicos com árvores, bancos e fontes atraíam desocupados e mendigos. Os pedestres se afastaram, as melhores lojas partiram e as demais se destinaram a atender outro público.
4. Enquanto muitas cidades recuperaram suas ruas, ainda na década de 1970, assumindo o equívoco cometido, a cidade de São Paulo iniciava a construção do cha-

Na Europa, paralelamente à reconstrução, foram iniciadas, com sucesso, experiências voltadas à preservação dos valores emocionais imersos nas áreas antigas das cidades. Ainda na década de 1960, preocupação semelhante foi observada nos projetos executados nos centros urbanos da Holanda, Inglaterra e Polônia. Em Bolonha[5], na Itália, a metodologia e as práticas do seu plano permanecem como referência até os dias atuais (Del Rio, 1991; Lucini, 1996).

Destaca-se uma flagrante diferença entre os países ocidentais e orientais na reconstrução de seus centros. Essa diferença não está na metodologia nem nos critérios de intervenção, mas na maneira como se apresenta a estruturação fundiária. Nos países orientais, com regimes socialistas, o patrimônio era coletivo; já nos ocidentais, o espaço público foi mesclado com o privado (Ciardini e Falini, 1983).

*Resultados*

Críticas à renovação urbana, bem como aos programas viários, surgiram na década de 1970. Uma delas apontava a falta de visão empresarial dirigida aos planos e projetos realizados, principalmente do ponto de vista da dinâmica urbana. Os edifícios isolados, monofuncionais e fechados em si mesmos não promoveram a atração de outros usuários nem o estabelecimento de sinergias fundamentais para o estímulo e a manutenção da vitalidade urbana[6] (Copeland, 1968; Carey, 1988).

---

mado "calçadão", que comemorou seus 20 anos de existência em 1998 (Leme e Ventura, 2000). O calçadão de São Paulo constitui-se em uma das maiores áreas contínuas de uso exclusivo para pedestres e influenciou muitas outras intervenções desse tipo em cidades brasileiras. É interessante lembrar que até mesmo a Rua Augusta, a mais famosa e conhecida rua de compras de São Paulo, foi acarpetada e teve seu uso destinado aos pedestres. Erro que, felizmente, durou pouco tempo.

5. Na Europa, a cidade de Bolonha (Itália) é um exemplo pioneiro, com a realização de um projeto de intervenção de sua área central, recuperando seus edifícios antigos, enfatizando a habitação, e integrando-os a áreas remodeladas com edificações mais modernas. As atividades de lazer e turismo serviram de apoio para os projetos, ressaltando os aspectos tradicionais da cultura local.

6. A necessidade de misturar os usos urbanos como um elemento fundamental para assegurar a vitalidade da cidade foi devidamente observada no bem-sucedido

Em decorrência desse insucesso, a maioria dos administradores públicos tornou-se mais receptiva a ouvir os incorporadores e a olhar com interesse o sucesso dos subúrbios. Sucesso que se traduzia no desempenho empresarial dos shopping centers e não no fato de estarem inseridos num tecido urbano novo e moderno. Em 1964, surgiu nos Estados Unidos o primeiro shopping center central, o Midtown Plaza, em Rochester. Contudo, empreendimentos como Galleria, construído em 1970 em um subúrbio de Houston; Water Tower Place, inaugurado em Chicago em 1976; e outros investimentos em edifícios antigos (fábricas), como o Ghirardelli Square (Figura 1.2), erguido em 1964 em frente à baía de São Francisco, iniciaram um novo conceito para os shopping centers centrais (Frieden e Sagalyn, 1991). Essas ações demonstraram que um produto diferenciado poderia ser uma nova ideia para atrair o público de volta ao centro. Iniciava-se a discussão sobre a utilização de edifícios antigos associados aos espaços de consumo.

Também foi alvo de críticas o excesso de oferta de escritórios gerado durante aquele período. Na década de 1950, foram adicionados cerca de cinco milhões de metros quadrados de escritórios no centro das trinta maiores áreas metropolitanas dos Estados Unidos, tendo Nova York absorvido a metade dessa demanda. Em 1960, a oferta de empreendimentos comerciais ultrapassou duas vezes o número dos anos de 1950, com um terço dos investimentos implementados em Nova York, novamente. As áreas dos centros metropolitanos captaram 20% da construção de escritórios do país (Frieden e Sagalyn, 1991).

Outro efeito perverso da renovação foi o fato de que, ainda em 1971, mais da metade dos projetos iniciados entre 1960 e 1964 não haviam encontrado investidores, e as áreas demolidas permaneciam vazias.

Mais um significativo impacto nas áreas urbanas foi provocado pela grande transferência de populações de suas residências caracterizada pela expulsão dos moradores, substituídos por ou-

projeto do Rockfeller Center, construído na década de 1930, que se desenvolveu segundo os princípios dos empreendimentos de uso misto (Whitherspoon et al., 1976).

**Figura 1.2** – Ghirardelli Square: um paradigma da reutilização de edifícios industriais para o uso comercial. Foto: Ana Luisa Howard de Castilho, 1993.

tros estratos sociais de mais alta renda, iniciando um processo de "gentrificação" (enobrecimento). Nesse processo, fora desconsiderada qualquer possibilidade de participação comunitária, assumindo um caráter de segregação social (*apartheid*) justificado por um viés racista, contra as minorias étnicas e os pobres. Esses programas de renovação e de reestruturação viária desalojaram mais de 700 mil famílias e eliminaram empregos e pequenos negócios (Frieden e Sagalyn, 1991).

O ano de 1974 é considerado o último de 25 anos do programa de renovação urbana. As críticas a esse programa resultaram de uma série de movimentos cujo discurso baseava-se na estética, no patrimônio e na questão ambiental, inaugurando uma nova fase no processo de intervenção nas áreas centrais.

## A Preservação Urbana – 1970-1990

O processo de mudança da fase da renovação para a fase da preservação urbana carregou consigo a negação do movimento anterior: o modernismo. O estilo internacional fora criado nas bases do socialismo europeu e refletia a visão de igualdade que tanto incomodava a elite detentora do capital e ávida pela diferenciação. Ela reforçou a importância da preservação das vizinhanças e a restauração histórica de edifícios considerados significativos como os novos símbolos de *status* e distinção. Os projetos do período de 1970 a 1990, ao incluírem a preservação e a restauração de edifícios históricos, aproximaram-se mais da versão europeia de intervenção. Utilizaram-se nesse processo antigas estruturas industriais, estações de trem, armazéns, mercados e teatros, introduzindo nesses espaços o comércio e os serviços varejistas, as atividades de lazer e a cultura. Iniciava-se, naquele momento, o processo da

> [...] chamada restauração historicizante de velhos centros urbanos, cidades, museus e paisagens inteiras, empreendimentos patrimoniais e heranças nacionais, a onda da nova arquitetura de museus [...], o *boom* das modas *retrô* e dos utensílios *reprô*, a comercialização em massa da nostalgia, a obsessiva automusealização através da câmera de vídeo, a literatura memorialística e confessional, o crescimento dos romances autobiográficos e históricos pós-modernos [...] (Huyssen, 2000, p. 14).

Nos Estados Unidos, as comemorações do Bicentenário de Independência norte-americana renovaram o interesse social pelo patrimônio nacional, ocasião em que ocorreram inúmeros eventos e publicações sobre o passado do país. Em entrevista, Ada Louise Huxtable (apud Rifkind, 1998) identifica esse momento como o casamento da "Senhora História" com o "Senhor Lucro" e completa:

> Desde a sua consolidação, os filhos dessa união nasceram com maus genes: os baseados na preservação, com sentimento de lugar e com amor

> pela história foram recessivos, enquanto aqueles que preferiram o lucro financeiro e o retorno econômico foram dominantes. (*tradução nossa*)

Essa nova fase privilegia a preservação urbana, ao incorporar os edifícios históricos nos projetos de reestruturação das atividades nos centros, abrangendo as práticas tradicionais de comércio e serviços ali existentes. Como reforço a esse ideal, Jane Jacobs (2000, p. 2), uma das maiores críticas do processo de renovação urbana, afirmou que:

> [...] centros culturais incapazes de comportar uma boa livraria; centros cívicos evitados por todos, exceto por desocupados, que têm menos opções de lazer do que as outras pessoas; centros comerciais que são fracas imitações das lojas de rede suburbanas padronizadas; passeios públicos que vão do nada a lugar nenhum e nos quais não há gente passeando; vias expressas que evisceram as grandes cidades. Isso não é reurbanizar as cidades, é saqueá-las.

A preservação de edifícios históricos estava presente no discurso de intelectuais, da elite cultural e da população local, interessada em resguardar suas conquistas e os elementos afetivos que delas faziam parte. Cabe destacar o grande número de normatizações e legislações visando salvaguardar os centros ditos "históricos", muitas vezes coincidentes com os centros urbanos. Foram executadas, entre as décadas de 1970 e 1990, diversas reconstruções de edificações em nome da preservação do ambiente construído[7].

Organizações como a Unesco ampliaram a preocupação com a preservação em escala mundial, participando ativamente do processo de reconhecimento das áreas históricas como parte do cotidiano. Por meio de recomendações, os órgãos de preservação relacionavam as áreas históricas com o planejamento urbano, com a intenção de salvaguardar a vida e a integridade da sociedade. Essas

---

7. O Pátio do Colégio, na cidade de São Paulo, é um desses exemplos.

orientações ecoaram em diversas instituições voltadas à administração urbana, por todos os cantos do planeta e, não raramente, resultaram em intervenções isoladas, dirigidas à restauração de edifícios históricos, sem a devida consideração do entorno urbano.

*Objetivos*

De maneira geral, o objetivo do período de 1970 a 1990 esteve centrado na valorização da memória, na organização da sociedade em defesa do patrimônio histórico e no discurso de que os centros das cidades seriam elementos essenciais da vida urbana e gerariam identidade e orgulho cívico.

Os empreendedores imobiliários reconheceram que o modelo periférico estava apresentando sinais de enfraquecimento por causa da forte concorrência de projetos similares, como os shopping centers. Isso fez com que o centro da cidade passasse a ser visto como um grande aliado para empreendimentos diferenciados.

Os administradores das cidades procuravam, sobretudo, projetos com maior apelo popular e próximos aos locais onde os seus eleitores frequentavam. Passaram a agir como empreendedores e não somente como gestores urbanos.

Fortaleceu-se, dessa forma, a relação de parceria entre os setores público e privado, com a finalidade de responder às críticas estabelecidas no período anterior por meio de projetos viáveis para a economia urbana e para os negócios empresariais, contando com o envolvimento da comunidade para legitimá-los.

*Estratégias*

A migração da população para os subúrbios, reforçada pela ideia de morar junto à natureza, inaugurou um novo conceito de qualidade de vida e estabeleceu o primeiro desafio: como atrair a população para o centro? Era necessária uma mudança da imagem do centro[8].

8. Uma pesquisa da Gallup, em 1974, apontou que 90% das pessoas preferiam morar nos subúrbios e em cidades pequenas. O centro, para elas, correspondia ao reduto dos pobres (Frieden e Sagalyn, 1991).

Nesse contexto, a preservação do patrimônio histórico e arquitetônico, como elemento fundamental para o resgate da identidade e da cidadania, atuou como pano de fundo das intervenções urbanas (muitas vezes, sobrepondo-se a elas). Foram estabelecidas três ações para atrair usuários ao centro: a intervenção física por meio de projetos arquitetônicos (empreendimentos); o estabelecimento de políticas urbanas; e a implementação de programas de gestão compartilhada.

### *Os projetos arquitetônicos (empreendimentos)*

Quanto aos projetos arquitetônicos, a existência de uma política de preservação histórica e arquitetônica, principalmente nos Estados Unidos, colocou à disposição do processo de intervenção um volume de recursos significativos[9] que certamente não passou despercebido aos olhos dos grandes empreendedores.

O varejo moderno, por exemplo, foi parte de uma estratégia deliberada para vender a história em um ambiente de compras. Figurou como uma das opções mercadológicas mais utilizadas por vários projetos, entre os quais devem ser destacados Faneiul Hall Marketplace, que inclui Quincy Market (Figura 1.3), em Boston; Forum Les Halles, em Paris, em 1979 (Figura 1.4); e La Part de Dieu, em Lion, em 1975.

Essa estratégia baseou-se na história do próprio comércio como um componente orgânico da cidade, qualificando os seus centros e os pontos a eles devidamente associados. Os shopping centers centrais buscavam incorporar comerciantes locais, desprezar as grandes lojas, dar ênfase à mistura de usos urbanos (Vargas, 1992, 2000), introduzindo uma decoração personalizada para promover uma sensação de autenticidade e de não padronização.

---

9. Estabelecidos pelas reformas fiscais de 1976 e 1981, os incentivos federais norte-americanos produziram poderosos mecanismos para a preservação histórica. Foram contempladas antigas propriedades com financiamentos facilitados e créditos de taxa de investimento durante o período de 1982 a 1985. Somente durante esses anos foram gastos mais de US$ 10 bilhões na execução de projetos de preservação histórica (Rifkind, 1998).

**Figura 1.3** – Faneiul Hall Marketplace, Quincy Market, Boston (1976) – marca o início de um período de venda da história em um ambiente de compras (ver p.A1). Foto: Ana Luisa Howard de Castilho, 1993.

Nos Estados Unidos, a construção de shopping centers, na maioria das vezes, funcionou como elemento catalisador do processo de recuperação urbana. Mais de cem novas edificações, localizadas nos centros urbanos, abriram suas portas entre 1970 e 1988, e as cidades funcionaram como investidoras em 75% dos projetos (Frieden e Sagalyn, 1991). São exemplos expressivos desses empreendimentos, além do Faneiul Hall Marketplace e Quincy Market, em Boston; do Ghirardelli Square, em São Francisco; Pike Place Market, em Seattle (1982); Haborplace, em Baltimore; South Street Seaport (incluindo o Píer 17, Figura 1.5) e SoHo, ambos em Nova York. Uma parcela desses projetos foi objeto de concurso público e, para administrá-los, formaram-se associações e agências de desenvolvimento, como em Passadena e em San Diego.

Outros empreendimentos reforçaram a importância de edifícios de uso misto e recorreram à fascinação que as obras arquite-

**Figura 1.4** – Forum Les Halles (1979): substitui o projeto do antigo mercado Les Halles (demolido em 1971), absorvendo a linguagem arquitetônica do entorno construído e integrando-se ao sistema de transporte de massa da cidade de Paris (ver p.A2). Foto: Heliana Comin Vargas, 1998.

tônicas exercem sobre os indivíduos. O primeiro Hyatt Regency Hotel, como parte do Atlanta's Peach Tree Center, em 1967, foi apresentado como projeto ideal e paradigmático para todas as cidades. Os elementos construtivos que geravam tal fascínio eram elevadores de vidro, lobby com vários pavimentos e mezaninos, fontes de água decorativas, vegetação abundante e cafés aconchegantes (Frieden e Sagalyn, 1991).

Na França, a construção do Centro Pompidou (Figura 1.6), em 1974, de Renzo Piano e Richard Rogers, marcou seu diferencial com a utilização de novos materiais e instalações aparentes, criando uma nova linguagem. Na gestão do presidente François Mitterrand, foram iniciadas diversas obras de caráter público que ficaram conhecidas como "projetos presidenciais". Entre eles, incluem-se o Grande Arco de La Défense, em 1983, as pirâmides

**Figura 1.5** – Píer 17, Nova York (1982) – Elemento catalisador da recuperação das docas por meio da reciclagem dos armazéns portuários, destinada aos usos comercial e de lazer. Foto: Heliana Comin Vargas, 1997.

do Museu do Louvre; o Museu d'Orsay, em 1986; e o Parque de La Villette, iniciado em 1979, buscando uma nova base cultural de integração social (Koulioumba, 2002).

Iniciava-se a fase em que o universo simbólico resumido pela cultura, constituída pela associação entre museus, teatros, cinemas, livrarias, bares e lugares de compras (shopping centers), integrava o programa básico dos empreendimentos. Esses novos espaços deixaram de ser exclusivos das exposições contemplativas para se transformarem em uma experiência extraordinária, exótica e de consumo. Os políticos que encontraram na cultura um nicho, entenderam-na como alternativa para camuflar suas responsabilidades econômicas e sociais, por meio de atividades "lúdico-culturais [...] cuja principal performance consiste em encenar a própria ideologia que os anima" (Arantes, 1991, p. 167).

**Figura 1.6** – O Centro Pompidou, em Paris, apresenta indícios da importância da arquitetura na promoção da gestão urbana, por meio de elementos construtivos de apelo tecnológico e de impacto visual (ver p.A3). Foto: Heliana Comin Vargas, 2003.

### *Políticas urbanas*

Na Europa, por causa do maior controle do estado sobre o desenvolvimento das cidades, conseguiu-se interferir e manter a continuidade no campo das políticas urbanas. As intervenções incluíram não apenas o comércio central, mas a habitação de baixa renda, o sistema de transportes, os espaços públicos e o ambiente urbano. Algumas ações, como a liberação das ruas para pedestres nas áreas centrais, bem como as construções de estacionamentos, foram muito comuns e tornaram-se exemplos para outros continentes.

As políticas de auxílio e subsídios aos pequenos comerciantes independentes, complementadas pela imposição de restrições aos grandes desenvolvimentos varejistas, constituíram-se em estratégias para conter a degradação das áreas urbanas centrais na Europa e em alguns países asiáticos (Lee, 1999). Na Alemanha Ocidental, se o setor comercial não passou por alterações tão grandes como na França, em Portugal ou no Reino Unido, foi por causa, sobretudo, da existência de um segmento associativo muito forte, que respondeu antecipadamente às necessidades do comércio tradicional e às práticas de planejamento urbano, destinadas a promover os centros históricos como locais privilegiados para pedestres e ciclistas (Balsas, 2000; Zentes e Schwarz-Zanetti, 1988).

Na Itália, a ênfase na conservação do patrimônio cultural e histórico dificultou a adaptação dos edifícios às novas demandas do setor comercial. Bolonha é um claro exemplo de estruturação urbana integrada com base em um posicionamento ideológico[10], que incorporava a história, a capacidade política e a legislação nacional. Praticamente durante toda a década de 1960, foram suspensas as autorizações de construções; somente em 1969 aprovou-se um plano regulador. Esse plano principiou a completa recuperação do centro histórico, inibindo a implementação de atividades de renovação (Lucini, 1996, p. 57) e incentivando a re-

---

10. No início dos anos 1960, assumem o poder municipal as legendas de esquerda: Partido Comunista Italiano (PCI) e Partido Democrático de Esquerda (PDS) (Lucini, 1996, p. 57).

cuperação das edificações e a requalificação dos espaços urbanos existentes. O projeto integrou sobretudo as ações dos sistemas de transporte, de infraestrutura e de áreas livres remanescentes, que foram destinadas aos espaços verdes ou reservadas para usos culturais e de lazer. Entretanto, foi o Plano de Edificação Econômica e Popular (Peep) que conferiu todo o reconhecimento à experiência de Bolonha.

Na Inglaterra, o projeto das Docklands, iniciado em 1970, posicionou-se como uma das intervenções urbanas de maior visibilidade da Europa, apesar de o processo de consolidação do investimento ter demorado cerca de 20 anos. Em 1979, sob o comando de Margareth Thatcher, o governo assumiu e instituiu o London Docklands Development Committee (LDDC), criando também a Enterprise Zone (EZ) e a Urban Development Corporation (UDC). Esses programas visavam à reutilização das terras e dos edifícios para atividades empresariais que gerassem emprego e renda com maior aporte de recursos públicos.

Na América Latina, as estratégias direcionaram-se, predominantemente, às ações normativas e à criação de agências destinadas a salvaguardar os bens culturais, nos âmbitos federais, estaduais e municipais.

Em 1979, as políticas de recuperação das áreas centrais no Brasil nortearam-se pela criação simultânea de duas entidades na estrutura do Ministério de Educação e Cultura: a Secretaria de Patrimônio Histórico e Artístico Nacional e a Fundação Pró-memória. Em 1987, foi elaborada, com o objetivo de organizar as premissas para a preservação dos sítios históricos urbanos, a Carta de Petrópolis, documento de referência extraído do "1º Seminário para a Revitalização de Centros Históricos", que entendia a cidade como um organismo histórico resultado do processo de produção social (Castilho, 1998).

Exemplo importante no período de 1970 a 1990 foi o centro histórico de Salvador (Pelourinho-Maciel, Figura 1.7), que assistiu à sua obsolescência funcional a partir da década de 1970. Contudo, as bases para a sua recuperação já haviam sido lançadas em

**Figura 1.7** – A imagem do Pelourinho reflete o conceito de recuperação urbana centrada na valorização do patrimônio edificado. Foto: Ana Maria Silva, 2003.

1967, com a criação da Fundação do Patrimônio Artístico e Cultural da Bahia, que teve como ênfase, por orientação da Unesco no mesmo ano de 1967, o incentivo ao turismo cultural. Em 1985, o Pelourinho finalmente foi tombado como Patrimônio da Humanidade (Uriarte, 2003).

A experiência de Curitiba merece ser lembrada graças ao uso precoce das técnicas utilizadas pelo *city marketing* como estratégia de política urbana no Brasil. Essas técnicas visavam à valorização da imagem da cidade por meio do planejamento. Outro instrumento eficiente foi a política de comunicação dirigida à população de Curitiba, que criava no cidadão um sentimento de pertença e identidade, constituindo-se em uma estratégia similar à que ocorria nos Estados Unidos e na Europa, com o propósito de promover a legitimação necessária para as práticas urbanas implementadas.

*Gestão compartilhada*

Ainda na década de 1970, observa-se o surgimento de organizações de ruas inteiras ou distritos, com ênfase nos procedimentos de gestão, inaugurando um intenso relacionamento entre empreendedores, gestores urbanos e comissões de cidadãos e pequenos proprietários envolvidos com o centro. Destacam-se Main Street Program (MSP – Programa da Rua Central) e Business Improvement District (BID – Área de Desenvolvimento Econômico).

O MSP foi desenhado e instituído pelo National Trust for Historic Preservation em 1977[11], com o intuito de melhorar o aspecto dos centros históricos e comerciais das cidades e prescindir de recursos públicos por meio da autossustentabilidade econômica. Apesar de ser um programa nacional, adaptou-se facilmente às necessidades e às oportunidades locais, atuando em quatro grandes áreas: reestruturação econômica para fortalecer a base da economia local e atrair novos investimentos; organização para coordenar a associação entre os diversos atores, planejando suas ações e buscando novos recursos; promoção da área por intermédio da história e da melhoria urbana, divulgação e promoção de eventos; e desenho urbano desenvolvido com base em projetos de recuperação e preservação do patrimônio. Vários institutos estaduais foram criados para dar suporte técnico ao programa, e alguns deles instituíram as certificações que permitiram a obtenção de subsídios para financiamentos de determinados projetos (Balsas, 2000). O MSP fundamentou-se na ajuda mútua, praticamente sem subsídios governamentais e sem uma legislação específica, apoiando-se na existência de uma expressiva liderança política. O programa, ainda intensamente adotado, caracteriza-se por privilegiar processos graduais e de pequena escala, baseados em parcerias. Também considera as especificidades e complexidades de diversos casos e os enfrenta de maneira particular.

Nessa mesma linha, o BID[12] fundamenta-se na obtenção de recursos originados na tributação extra sobre os imóveis valori-

---

11. O MSP, que iniciou suas atividades com três projetos-pilotos, conta com mais de 1.500 comunidades que aderiram ao programa em quarenta estados norte-americanos (Smith apud Balsas, 2000, p. 56).
12. Estima-se que existam 1.500 BID espalhados pelos Estados Unidos, dos quais cerca de 500 constituíram-se em entidades autônomas (Colley apud Balsas, 2000).

zados no decorrer do processo de intervenção. Essa estratégia foi bem aceita pelos proprietários em razão do reconhecimento de que o valor da propriedade é diretamente influenciado pelo meio que a rodeia (Balsas, 2000). A International Downtown Association (IDA)[13] identifica como principais atividades dos BID: planejamento estratégico; desenvolvimento de pesquisas sobre a área; busca de recursos financeiros; regulamentação dos espaços públicos e do desenho urbano; intervenção física nas fachadas, passeios e praças públicas; manutenção e limpeza; segurança com instalação de equipamentos, aumento do efetivo policial e contratação de guias; promoção de serviços de inclusão social; promoção de eventos, campanhas publicitárias; gestão de estacionamentos e transportes privados[14] (Houstoun apud Balsas, 2000).

*Resultados*

Acerca desse período que se estende dos anos 1970 aos 1990, reconhece-se a ampliação do debate sobre os tipos e os propósitos das intervenções urbanas, principalmente entre os observadores, pesquisadores e críticos. Predominam quatro discussões que envolvem a intervenção nos centros urbanos: o caráter ideológico na discussão sobre a privatização dos espaços públicos; o comércio e os serviços como estratégia de recuperação; a criação de cenários; e o entendimento do que é histórico.

A privatização dos espaços públicos, por meio de projetos urbanos e parcerias público-privadas (PPP), costuma ser criticada negativamente em razão da transferência das competências das administrações públicas para o setor privado.

Os programas de gestão têm demonstrado, sobretudo, grande eficiência no alcance de seus objetivos. A utilização dos recursos arrecadados pelos tributos, a exemplo do BID, que se reverte no

13. A International Downtown Association (IDA) foi fundada em 1954, com o objetivo de incentivar a melhoria dos centros urbanos das cidades. Realiza estudos e fornece serviços de orientação técnica às organizações associadas.

14. A cidade de Nova York possui mais de 40 BID, entre os quais o mais conhecido é o do Times Square, criado em 1990, contando em 2000 com um orçamento de US$ 7 milhões (Balsas, 2000, p. 35).

âmbito local, permite a previsão e a antecipação dos investimentos, imprimindo um caráter empresarial ao projeto (Figura 1.8). Por outro lado, uma das grandes dificuldades do MSP é a ausência de mecanismo legal para a obtenção de recursos financeiros. Apesar desse empecilho, o programa tem crescido significativamente[15] graças ao seu poder de mobilização de capital, recursos humanos e lideranças (Balsas, 2000; Cloar, 1990).

Quanto às atividades de comércio e serviços varejistas, para diversos autores essas têm sido catalisadoras das principais estratégias de recuperação das áreas centrais (Balsas, 2000; Carey, 1988; Copeland, 1968; Frieden e Sagalyn, 1991; Omholt, 1998; Vargas, 1992, 2001). No período das décadas de 1970 a 1990,

**Figura 1.8** – O Richard Tucker Square é um espaço agradável mantido pelo Lincoln Square Business Improvement District localizado entre as ruas Broadway, 66 e 65 oeste. Foto: Ana Luisa Howard de Castilho, 2011.

15. Com mais de novecentas iniciativas em curso, além de estimular investimentos, gerar empregos e preservar o patrimônio, o MSP é considerado o mais eficiente programa de desenvolvimento econômico nos Estados Unidos, US$ 1 investido, US$ 35 de retorno em investimentos (Smith apud Balsas, 2000).

foram produzidos projetos arquitetônicos atraentes e populares, embora, muitas vezes, criticados pela artificialidade com a qual construíram o cenário urbano. No entanto, é necessário lembrar que essa situação sempre se repete. As arcadas e as galerias comerciais do século XIX, hoje apreciadas, foram altamente criticadas em sua época, por causa da ausência de naturalidade estabelecida pelos grandes arcos romanos, afrescos alegóricos e estátuas de italianos famosos, cujo exemplo mais significativo é a Galeria Vittorio Emanuelle, em Milão.

É um paradoxo utilizar o conceito de preservação para um processo que cria um novo ambiente urbano, feito um cenário. Há quem denomine esse novo lugar, ou talvez não lugar, de parque temático histórico (Reichl, 1999), onde se restauram áreas históricas como a construção de objetos de consumo, formando um tipo de espetáculo que atrai residentes e visitantes e alimenta a atividade comercial. Essa alternativa de parque temático pode conduzir a um processo de exclusão social, uma vez que inclui argumentos que relacionam a camada social de baixa renda à violência, à sujeira e à desordem (Samuel, 2000).

Sobre o entendimento do que é histórico, defende-se ser um mito o congelamento do passado como fundamento das políticas de preservação, pois, nas cidades, os centros históricos representam o que há de mais dinâmico e mutante. São a síntese dos múltiplos processos urbanos em constante alteração que condensam a história (Carrion, 1998). Seguindo na mesma direção, a contribuição da preservação da história será muito limitada para a cidade como um todo se a intervenção nos centros for somente física e direcionada ao turismo. Essa preservação não será histórica, pois refletirá somente a arquitetura e não o ambiente urbano ou a sua memória. A qualidade arquitetônica é apenas um dos itens que devem ser considerados na preservação histórica (Marcuse, 1998).

Entre as décadas de 1970 e 1990, absorvendo parte dessas lições, a política do patrimônio no Brasil ampliou a possibilidade de sua apropriação pelos diversos segmentos populares da sociedade.

Essa medida visava alterar a postura anterior quando identificou a sociedade como a autêntica agente do processo de construção da nação por meio de sua história. Essa iniciativa conferiu, na forma de diretrizes, uma visão mais democrática ao processo de preservação, considerando a revisão e a aplicação do tombamento, que passou a incidir nos espaços que abrigavam rituais, festas, enfim, atividades vivas e em constante transformação. Com base no discurso, a preservação associou-se à necessidade de manter a diversidade cultural da nação e inseriu o passado ou a tradição como referenciais no processo de desenvolvimento econômico e cultural (Castilho, 1998, p. 15). Porém, as medidas para vitalizar os centros urbanos durante o período de 1960 a 1990 foram acanhadas, baseadas em ações normativas, discursos políticos e intervenções isoladas, voltadas, na maioria das vezes, à exclusiva restauração das edificações.

Em síntese, todas as estratégias e os instrumentos estabelecidos para a recuperação das áreas urbanas, direcionados ao desenvolvimento urbano local e fundamentados na preservação do patrimônio histórico cultural, agiram como embriões de uma nova era nos processos de intervenção em áreas centrais.

## A Reinvenção Urbana – 1980-2000

Essa Era, reflexo de um novo modo de produção (flexível) que surgiu no início da década de 1980, demonstrava que, por meio da utilização da microeletrônica, era possível gerar vantagens extras com a diversidade de produtos, sem o sacrifício das vantagens econômicas, permitindo responder adequadamente (custo, tempo, qualidade) a demandas diferenciadas de dimensões menores (Gatto, 1989). A *homogeneidade* da sociedade industrial fora substituída por uma imensa diversidade de estilos de vida, na qual se apresentam grupos de todos os tipos, como hippies, vegetarianos, atletas (Toffer, 1970), ambientalistas, entre outros.

A segmentação do mercado e a necessidade da diversificação de fórmulas de vendas, aliadas às técnicas mais sofisticadas de indução do consumidor (propaganda) e à evolução dos meios de comunicação, então altamente intensificados e barateados pela difusão da informática, despertaram desejos que estavam longe de ser considerados necessários ou sequer conhecidos. Essa revolução nas comunicações, além da possibilidade de maior difusão da informação, promoveu uma transformação na relação das atividades econômicas com o território, tornando-as mais independentes do espaço físico (*foot loose*), ao mesmo tempo em que aumentou sensivelmente a visibilidade do território (Vargas, 1992).

A maior capacidade de comunicação permitiu que o território se transformasse em mercadoria para ser consumida por cidadãos de renda elevada, investidores e turistas, deixando de ser prioritariamente o *locus* da produção para ser o *locus* do consumo (Glaeser et al., 2000). A globalização mudara o conceito de cidade, de destino final e permanência para o lugar dos fluxos. Verificava-se o domínio do trajeto, da transição ou do movimento em detrimento da troca e do encontro, tão comuns desde as sociedades primitivas (Carrion, 1998).

O capital imobiliário e o poder público local tornaram-se grandes parceiros nesse processo. O primeiro foi capaz de criar localizações privilegiadas e induzir à demanda por intermédio da oferta. O segundo buscou a valorização positiva da imagem da cidade para a captação de investimentos externos destinados ao desenvolvimento da economia urbana. Juntos, adotaram o planejamento de mercado[16] e introduziram as técnicas de marketing urbano (*city marketing*).

O exemplo paradigmático desse período foram as obras para os Jogos Olímpicos de 1992, em Barcelona. Além de promover uma completa transformação das suas áreas portuárias deterioradas e abandonadas, tornaram-nas mundialmente conhecidas e cobiçadas por meio da sua divulgação.

---

16. Práticas de planejamento urbano germânicas ensinam que há uma grande diferença de orientação entre o planejamento tradicional e o de mercado. Isto é, o planejamento tradicional, orientado para a oferta, visa a investigação dos entraves, das possibilidades físicas e do ambiente construído (projeto urbano). O planejamento de mercado é mais orientado para a demanda, em que as cidades e as possíveis mudanças no contexto urbano são consideradas, do ponto de vista dos consumidores, atuais e potenciais (Ashworth e Voogd, 1990).

### *Objetivos*

Um dos objetivos relevantes desse período, manifestado no discurso, foi criar ou recuperar a base econômica das cidades para gerar emprego e renda, preocupação antes prerrogativa do poder central que se desloca paulatinamente para o poder local. Nesse processo, unem-se os setores público e privado, principalmente os empreendedores imobiliários, a fim de reconstruir ou reinventar o ambiente construído.

Mais um propósito, que de certa forma esteve presente nos dois períodos anteriores, pode ser atribuído à fase de 1980 a 2000: a intensificação dos projetos arquitetônicos e urbanísticos como forma de promoção político-partidária.

### *Estratégias*

Em termos de estratégias para o processo de intervenção nas áreas centrais, foram poucas as inovações nesse período. O que mudou foi a dimensão dos projetos, o foco da intervenção, a forma de gestão e a propagação desses feitos decorrente da sua ampla e intensa divulgação, conduzindo a uma proliferação de grupos e associações que passaram a se envolver nessas intervenções.

Intervir no espaço urbano, portanto, torna-se uma ação mais ampla. Outras áreas urbanas reprimidas passam a ser focalizadas, além das regiões centrais, como aquelas decorrentes da obsolescência das estruturas industriais, portuárias, orlas ferroviárias etc. Por outro lado, enquanto nas áreas centrais a questão da preservação histórica se mantém, nas demais, a busca pelo novo, pelo inusitado, passa a ser o campo fértil para as experiências arquitetônicas, restringindo-se ao antigo centro a história da cidade.

Entre os anos 1980 e 2000, algumas ferramentas aperfeiçoaram-se, e a cidade passou a ser pensada definitivamente como um empreendimento a ser gerenciado, mediante a adoção de princípios do planejamento estratégico e o uso de seu mais eficiente instrumento: o *city marketing*. Nesse contexto, dá-se ênfase à gestão urbana, assumida como uma política de governo e ao grande projeto urbanístico como elemento catalisador.

### *A gestão urbana*

As mudanças ocorridas após os anos 1980, na Inglaterra, tiveram suas raízes na política monetária da primeira-ministra Margareth Thatcher. Essa política visava reduzir o financiamento do Estado e aumentar a participação do poder privado, situação que conduziria a uma mudança da própria ideia de planejamento urbano como prerrogativa do Estado. Figuram como medidas práticas decorrentes dessa nova política, tal qual foram expostas anteriormente, as Enterprise Zones (EZ), as Urban Development Corporations (UDC) e, a partir dos anos 1990, o Town Centre Management (TCM), que se transformou em uma política de destaque nas cidades da Europa Ocidental[17].

O TCM baseia-se na filosofia da gestão comercial centralizada dos centros urbanos, incluindo entre as suas atividades programáticas a formulação de um plano e sua implementação. Essas ações englobam a melhoria do ambiente construído, a sinalização urbana, a acessibilidade e a segurança, além de incentivar o uso residencial, acompanhar a situação da propriedade fundiária, controlar as atividades noturnas, agenciar o apoio aos visitantes, promover o comércio local e o monitoramento de todo o processo. Os empreendedores nacionais e os comerciantes locais são a base do apoio dessas estratégias para enfrentar a concorrência de outros centros. O TCM tem como elemento principal um gestor, auxiliado por um conselho de administração, que é constituído pelos parceiros e, em função da dimensão das cidades, por um conselho consultivo para dar suporte técnico.

Algumas limitações encontradas no funcionamento dos TCM foram responsáveis pela criação da Association of the Town Centre Management (ATCM). A ATCM apoia os seus membros por meio da realização de conferências e seminários, da assistência técnica aos associados, da formação profissional, da certificação e da pesquisa sobre áreas críticas, além de mediar a interlocução

17. Seu sucesso foi tão grande que começou com sete centros e, em 9 anos, passou a 300 TCM (ATCM, 1999).

com outras organizações mundiais. É financiada pelo setor público e privado com os quais desenvolve propostas e projetos, e foi responsável pela introdução do sistema dos BID na Inglaterra.

Nos diversos países da Europa, foram estruturando-se associações para organizar seus centros urbanos. A Federação Europeia de Centros de Cidade (European Federation of Town Centre – EFTC)[18] foi criada em 1996, com o objetivo de proteger e manter a vitalidade e a viabilidade dos centros urbanos europeus para beneficiar a comunidade, promovendo soluções para quem vive, trabalha, compra e diverte-se nos centros. Eis outras associações que operam nos países europeus: Association du Management de Centre Ville (AMCV), na Bélgica; Fédération Nationale des Centre Ville (FNCV), na França; ForNya Stadskarnan, na Suécia; Programas de Orientación para los Equipamentos Comerciales de la Generalitat de Catalunya e Metodología de Trabajo para la Revitalización Comercial de los Cascos Históricos de la Consejería de Industria, Comercio y Turismo de la Junta de Castilla y León, na Espanha.

Outras formas complementares de ações em áreas urbanas centrais também vêm sendo observadas. Na Noruega, na Espanha, na Alemanha, na França, na Bélgica, na Escócia, no Japão e em Singapura, essas políticas estão voltadas ao apoio das comunidades locais, por meio de assistência técnica, facilitando os empréstimos pessoais, o treinamento e o estímulo à aposentadoria (Lee, 1999). No Japão, a recuperação das áreas centrais esteve ligada ao comércio independente, incorporando a cultura local e o *family employment* (trabalho familiar), bem como tirando partido do sentido comunitário por meio da promoção de eventos e festividades naquelas zonas (Fujimoto et al., 1999).

Na América Latina, ainda sem muitas ações concretas nesse sentido, verifica-se, a partir da década de 1990, que uma expressiva parcela da sociedade vem defendendo o retorno de várias atividades funcionais ao centro de suas cidades. É interessante observar, no entanto, que as noções de centro histórico e de *pre-*

18. Em 2002, a EFTC contava com onze países associados.

*servacionismo*[19] são predominantes nessas políticas. Um dos exemplos dessa preocupação é a institucionalização de uma rede de cidades da América Latina e do Caribe com centros históricos em processo de recuperação, em 1997, visando à recuperação e à revalorização dos centros das cidades de São Paulo, Quito, Buenos Aires, Lima, Bogotá, Havana, Rio de Janeiro, Salvador, São José e São Salvador[20]. Na Cidade do México, foi criado o Fideicomiso Centro Histórico de la Ciudad de México, uma entidade de natureza privada, cujo principal objetivo é a gestão do centro histórico a partir da valorização do seu patrimônio[21].

No Brasil, o Programa Monumenta[22], criado em 1999 pelo Ministério da Cultura e pelo Banco Interamericano de Desenvolvimento, visa ao resgate e à conservação do reconhecido patrimônio histórico e cultural urbano brasileiro e prevê a criação de Fundo Municipal de Preservação, com a função de administrar os recursos destinados à conservação permanente dos investimentos do programa. Esse fundo deve ser dirigido, de maneira paritária, por um conselho gestor composto pelos representantes das três esferas de governo e por representantes de segmentos da comunidade e da iniciativa privada locais.

Na cidade de São Paulo, em 1991, foi organizada a Associação Viva o Centro por meio da sociedade civil, com representantes de instituições financeiras, comerciantes, profissionais autônomos e outros especialistas. A associação criou mídias próprias, como a *Revista Urbs* e os boletins informativos *Informe*, *Interação* e *Na Imprensa*. Para conscientizar a população sobre a importância de valorizar o centro, a Viva o Centro desenvolveu um programa denominado Ações Locais. Esse programa, com 34 localidades

19. Prática relacionada com a preservação baseada somente na história.
20. Centro de la Vivienda y Estudios Urbanos A.C. Disponível em: http://www.cenvi.org.mx.
21. Ciudad y Patrimonio. Disponível em: http://www.cyp.org.mx/chcm/gestionrcoulomb.html. Acessado em maio de 2005.
22. Ver mais sobre o Programa Monumenta no capítulo "O centro histórico de Porto Alegre e o Projeto Monumenta: a estratégia dos eixos".

ativas, é responsável pelo constante relacionamento do corpo técnico e dos consultores da Viva o Centro com as cinquenta microrregiões em que se divide a área central, onde se exercitam, ainda timidamente, os princípios do Main Street Program.

*Projetos urbanísticos*

A visibilidade da arquitetura, expandida para uma escala global, conduz a um aumento significativo da gama de propostas urbanísticas que não mais se restringem à localização junto aos centros urbanos, já que a cidade como um todo adquire o *status* de produto de consumo. Defensores de projetos urbanísticos de grandes proporções destacam que os centros urbanos são elementos catalisadores do processo de recuperação urbana, representando produtos imobiliários, a exemplo do ocorrido nos projetos do Faneiul Hall e Quincy Market, em Boston; do Battery Park, em Nova York; de Puerto Madero, em Buenos Aires; e de Postdamer Platz, em Berlim (Garay, 2003). Mas, sem dúvida, o paradigma das intervenções é a cidade de Barcelona, que, ao divulgar e legitimar sua prática, inspirou as intervenções em outros países.

Em Barcelona, a partir de movimentos reivindicativos desde 1970, foi iniciada uma série de intervenções pontuais, centradas na melhoria dos espaços públicos e na construção de equipamentos intrabairros. O porto, no Moll de La Fusta (1987), projetado pelo arquiteto Manuel Solà-Morales, e a área dos Jogos Olímpicos de 1992 agiram como elementos catalisadores do processo de reestruturação urbanística da cidade (Koulioumba, 2002). A base dessas intervenções constitui-se por meio da combinação de diversas ações, como o acesso aos serviços públicos e à infraestrutura viária, que promoveu a integração com espaços urbanos qualificados, a ênfase nas atividades terciárias e nos espaços públicos e a renovação da Barceloneta. A consolidação da orla com a regeneração das praias finalizaram o cenário da nova Barcelona (Figura 1.9).

A construção do complexo Canary Wharf, inserido nas Docklands, em Londres, foi conduzida por uma das maiores incor-

**Figura 1.9** – Moll de La Fusta, Barcelona, Espanha (1998). A importância da orla de rios e mares para complementar os espaços públicos urbanos de convívio, de encontro e de consumo (ver p.A3). Foto: Heliana Comin Vargas, 1998.

porações imobiliárias mundiais, Olympia e York, e consistiu na construção de mais de 1.000.000 m² para escritórios e comércio, com um custo total entre 4 e 8 milhões de libras esterlinas, contando com incentivos significativos por se encontrar numa *enterprise zone* (Koulioumba, 2002).

O centro de Berlim, que se estendia do Portão de Brandenburgo até a Potsdamer Platz e a Leipziger Platz, permaneceu vazio durante dois anos após a queda do Muro. "Era um espaço assustador, entrecruzado por um labirinto de trilhas que levavam a lugar nenhum" (Huyssen, 2000, p. 98). O projeto da Potsdamer Platz, um dos propostos para reconstruir esse vazio, transformou-se em exemplar para as intervenções urbanas recentes, além de um ótimo mercado para a construção civil. Esse tipo de intervenção faz parte de uma proposta de transformação de Berlim em *locus* onde a arquitetura e o urbanismo contemporâneos são direcionados para a formação da identidade política e nacional, do esquecimento do passado por meio de um "estilo *high-tech* internacional, o êxtase das fachadas, a preferência por prédios banais muito altos e uma infinidade de imagens geradas por computador" (Huyssen, 2000, p. 103). A área que integrava o enorme vazio urbano foi sendo adquirida por grupos privados, e o plano diretor da Potsdamer Platz tornou-se objeto de concurso, vencido por Hilmer e Sattler em 1991. Entretanto, o plano foi alterado à medida que vários arquitetos famosos projetaram diferentes edifícios, também decididos por concurso. Além da diversificação, na linha dos empreendimentos de uso misto, a oferta de espaços públicos e o uso residencial foram direcionados à elite consumidora (Koulioumba, 2002).

Iniciado em 1984, o projeto da 42$^{nd}$ Street, em Nova York, só foi levado adiante na década de 1990. O intuito inicial era expulsar o crime e conter a degradação da área da Times Square, por meio da construção de edifícios corporativos, shopping centers e hotéis, além da revitalização com base no valor simbólico e na vitalidade econômica dos teatros existentes. A partir de 1992, com a criação de um BID e um discurso estruturado com base no incentivo cultura, a Disney Company redefiniu o futuro da Times Square. O projeto, de autoria de Robert Stern (Reichl, 1999), foi denominado de 42$^{nd}$ Street Now! (Figura 1.10) e estabelecia uma relação mais estreita entre o antigo e o novo, sem propor alterações na estrutura viária, nem mesmo na reconstrução de quadras. Privilegiou a permanência das estruturas que se diluíram diante dos inúmeros e gigantescos monitores de vídeo e luminosos de néon, tentando preservar e revigorar o aspecto caótico e comercial do espaço. Para vários autores, trata-se de um processo de *disneyfication* (Huyssen, 2000; Samuel, 2000 e Reichl, 1999), que consiste na criação de sonhos e fantasias incorporadas às intervenções urbanas, ao considerar qualquer edificação (estações ferroviárias, mercados municipais, armazéns portuários, fábricas fordistas) candidata a um cenário para os novos usos urbanos de lazer, entretenimento, cultura e consumo.

**Figura 1.10** – Parte da Rua 42, Nova York, e suas fachadas conforme as propostas do projeto $42^{nd}$ Street Now! Foto: Ana Luisa Howard de Castilho, 2005.

O Projecto Urbano da Parque Expo[23], inaugurado em 1998, expôs claramente o seu desígnio: ser um programa estratégico para Portugal, baseado na estruturação qualificada da imagem de Lisboa. A fim de atingir essa meta, os organizadores criaram legalmente a empresa Parque Expo 98' S. A., incumbida de conceber,

23. Disponível em: http://www.parqueexpo.pt/site/parexpo_ctexto_00.asp?ctextolocalid=3. Acessado em: 13 nov. 2004.

executar, construir, explorar e desmontar a Exposição Mundial de Lisboa (Expo'98), bem como intervir na reestruturação urbana da zona oriental de Lisboa. A Expo'98 foi implementada em uma área de 350 hectares em frente ao estuário do Rio Tejo. O seu plano de urbanização objetivou a recuperação e a reconversão urbanística e ambiental da zona de intervenção. Para tanto, apoiou-se em vetores estratégicos, como a valorização da paisagem natural da área, a centralidade perante a região metropolitana de Lisboa, a proposição multifuncional[24], a constituição de um polo metropolitano, a promoção de eventos, a construção do espaço público como elemento estruturador, entre outras ações (Rosa, 1998). O programa de necessidades foi decidido por meio de pesquisas de mercado dirigidas às empresas e ao potencial grupo de residentes. O resultado do levantamento permitiu a inclusão de serviços de apoio, como comércio, escolas, espaços de lazer e esportes, um hospital, entre outras demandas complementares. Os requisitos apontados para incentivar a instalação das empresas foram a localização privilegiada que valoriza a imagem corporativa, a acessibilidade e os amplos parques de estacionamentos. Após a Expo'98, o nome do empreendimento foi alterado para Parque das Nações. Atualmente, a Parque Expo S.A. é uma sociedade anônima com capital público e social com a seguinte composição: 99,1% detidos pelo Estado português (direção-geral do Tesouro) e 0,9%, pela Câmara Municipal de Lisboa[25].

Em Buenos Aires, o projeto de Porto Madero (Figura 1.11) incluiu, entre seus objetivos, o fortalecimento da identidade de seu cidadão com o porto. Iniciado em 1880 pelo engenheiro Eduardo Madero, tornou-se obsoleto nos anos 1930. Desde os anos 1950, haviam sido propostos nove projetos para a área, entre os quais um de Le Corbusier, em 1936. Somente em 1989, o espaço foi incluído no plano de desenvolvimento urbano de

24. Nessa proposição, incluem-se: áreas residenciais, áreas verdes, serviços, infraestruturas urbanas, estacionamentos e equipamentos como a Estação Oriente, que é uma central da rede intermodal de transportes da zona oriental de Lisboa.

25. Disponível em: http://www.parqueexpo.pt

**Figura 1.11** – Porto Madero, Buenos Aires (2005). O Projeto de Porto Madero apropria-se da ideia da recuperação da orla fluvial para o uso público de convívio, de encontros e de consumo. Foto: Heliana Comin Vargas, 2005.

Buenos Aires. Para administrar o empreendimento, as prefeituras de Buenos Aires e de Barcelona criaram a Corporación Antiguo Puerto Madero, com a participação efetiva do arquiteto Alfredo Garay. Essa corporação encarregou a Sociedade Central de Arquitetos a promover um concurso para a execução do plano diretor em 1992, pelo processo de aquisição da área. O objetivo inicial era aproximar do centro da cidade os dezesseis galpões do antigo porto, abandonados em seu formato de tijolo aparente. O complexo de Porto Madero foi construído sobre um total de 170 hectares, dos quais foram previstos 32 hectares em espaços de uso público, além das áreas dos canais e dos edifícios de uso misto, como habitação, escritórios corporativos e diferentes atividades terciárias. Os investimentos previstos foram de aproximadamente US$ 1,45 milhão da iniciativa privada e US$ 85 milhões do setor público (Koulioumba, 2002; Massuh, 1994; Rivoira, 1995).

Em 1997, a cidade de Santo André, em São Paulo, resolveu contratar, em decorrência das discussões de um fórum de desenvolvimento promovido no ano de 1992, uma consultoria internacional para desenvolver o seu projeto de Cidade do Futuro. O então prefeito de Barcelona, Jordi Borja, por ocasião da construção da Vila Olímpica, foi o escolhido. A ideia era projetar um novo eixo de centralidade próximo ao Rio Tamanduateí, transformando seu vale, repleto de lotes e edifícios industriais abandonados, em um espaço urbano dinâmico e promissor que contava, para tanto, com cerca de 7.000.000 m$^2$ distribuídos ao longo de uma faixa de 8,5 km, de largura variável, que acompanha a Avenida dos Estados e a ferrovia. O programa de requalificação da área foi pensado considerando investimentos públicos e privados capazes de criar uma sinergia para o desenvolvimento urbano. Para definir as diretrizes do projeto, foram contratadas quatro equipes de arquitetos, três delas lideradas por arquitetos estrangeiros: Christian de Portzamparc, Joan Busquets, Eduardo Leira e Cândido Malta Filho. O modelo de gestão do executivo municipal incorporou um estruturado marketing de cidade, lastreado no *slogan* "Santo André – Cidade do Futuro", como forma de atrair investimentos e promover a gestão urbana (Galvanese, 2004; Vargas, 2003).

### *Resultados*

Embora os resultados devam ser criteriosamente avaliados, o que se observa é um interesse cada vez maior do poder local pela melhoria da imagem dos centros das cidades. Áreas fortemente desvalorizadas vêm a ser alvo das atenções do poder público, que se alia ao capital imobiliário, iniciando dessa forma uma reconquista daquele espaço. Orlas marítimas e de rios, leitos ferroviários, áreas portuárias e edificações industriais desativadas são as primeiras eleitas no processo de intervenção. Essas ações sugerem que a arquitetura e o planejamento urbano também vieram a ser regidos por estratégias de marketing, destinadas a estruturar a mudança da economia urbana de base produtiva para a base do consumo.

Na arquitetura e no urbanismo, conhecimento e poder convergem em suas práticas modernas de ordenação dos espaços e modelam padrões de comportamento (Foucault apud Reichl, 1999). De certa maneira, essa visão explica a opção pelos projetos urbanísticos e arquitetônicos assumida pelas diversas esferas do poder público, independentemente da dimensão das intervenções.

A reunião dessas observações revela que, durante o período de reinvenção das cidades, houve uma ênfase na atração dos olhares e interesses de capitais não locais e visitantes (turistas) do que nos períodos anteriores. Como uma forma de vencer a competição urbana. Conforme aponta Carrion (1998) a cidade, que outrora refletiu o contexto social, agora valoriza exacerbadamente a imagem, a estética e a maquilagem.

Ainda que essas estratégias variem, o cerne das preocupações tem sido o contexto urbano ou citadino, aquilo que os norte-americanos chamam de *sense of place*, pois os atributos do lugar, o regionalismo, os valores étnicos, o ser *singular* passam a ser altamente valorizados (Vargas, 1998). Nessa etapa, a meta vem a ser a obtenção de alguma vantagem sobre os chamados nichos de mercado, nos quais não apenas o centro das cidades, mas também outras áreas urbanas esquecidas ou abandonadas pelo crescimento urbano, ofereçam oportunidades únicas, difíceis de serem reproduzidas. Essa estratégia está sendo implementada com resultados francamente positivos[26] nas áreas urbanas norte-americanas (Milder apud Balsas, 2000).

Enquanto a imagem da cidade pode ser um elemento importante para atrair capital e pessoas, em um período de intensa competição urbana, lugares espetaculares e festivais públicos servem também para ofuscar fortes conflitos sociais e desigualdades. A sociedade pós-moderna provê sua população, como os antigos imperadores romanos provinham, de *panem et circensus*, ou pão e circo, para sustentar a ordem capitalista (Harvey, 2000).

26. Em São Paulo, a Grande Galeria (também conhecida como Galeria do Rock), na área central, desenvolveu-se com comércio especializado em produtos para roqueiros e apresenta, hoje, um raio de influência nacional.

Problemas como *gentrification* (enobrecimento) são mascarados pela imagem de um urbanismo espetacular que simula a requalificação do centro, legitimando a atuação do poder público nas diversas instâncias, de modo a gerar o suporte político necessário para minimizar a oposição (Reichl, 1999).

De qualquer forma, se o objetivo era o retorno ao centro, pode-se dizer que ele tem sido alcançado[27]. Observa-se, sobretudo, uma forte participação da sociedade civil, por intermédio da formação de associações locais, na busca de soluções para a melhoria do ambiente construído. Essa situação é fundamental para que as ações pontuais adquiram o caráter de um processo, incapaz de ser interrompido quando se alternam as gestões públicas e mudam os objetivos e os interesses de suas atuações.

No entanto, a grande parceria entre o capital imobiliário e o poder público, fortemente ampliada nesse período de 1980 a 2000, indica a necessidade de reflexão sobre os limites dessa parceria e sobre a forma de controle dessas intervenções urbanas e da avaliação dos resultados alcançados.

No mundo contemporâneo, os centros são comumente considerados como vitrines urbanas, devendo sintetizar a sua "boa e bela" imagem para garantir uma vantagem competitiva entre as cidades e seus gestores. No entanto, todas as ações para melhorar o centro, com essa visão competitiva entre as cidades, pode vir a malograr, uma vez que existe a possibilidade de esses projetos serem reproduzidos rapidamente. Portanto, uma vantagem competitiva sustentável não pode ser apenas baseada em uma eficiência operacional ou em projetos inovadores, facilmente imitados ou superados (Omholt, 1998).

---

27. Nos Estados Unidos, há cadeias nacionais de lojas, como GAP, Banana Republic, Urba Outfitters, Talbots e Starbucks, que estão regressando ao centro das cidades e às suas ruas principais, onde há vantagens dessa localização. Além da busca de uma identidade urbana, consistem em menores custos das locações se comparadas aos dos shopping centers. Outra tendência crescente nos Estados Unidos é o regresso dos supermercados e das cadeias alimentares às areas centrais das cidades. Essa tendência está associada à investigação recente sobre o poder de compra e a existência de uma massa crítica de consumidores nos centros das cidades (Balsas, 2000).

A melhoria da qualidade da vida urbana nos centros e o aumento da sua atração externa deveriam ser construídos para os seus cidadãos e com sua participação.

## CONSIDERAÇÕES FINAIS

A análise dos processos de intervenção relatados neste capítulo indica que há consenso da necessidade de intervenção nos centros. Existem, todavia, deficiências na compreensão da situação estratégica, no desenvolvimento de alternativas viáveis e no cálculo do valor do potencial criado por vários desenvolvimentos alternativos que ocorrem nos centros urbanos. Ainda predominam a ausência de visão sistêmica em relação ao desenvolvimento urbano e a desconsideração, cada vez maior, da interdependência entre as diversas atividades e dos vários agentes que incidem sobre a área baseadas em uma ultrapassada lógica e semântica industrial. Há, portanto, ausência de racionalidade[28] estratégica, que se traduz na forma como os atores locais enfrentam e compreendem os problemas (Omholt, 1998). Essa crise de racionalidade estratégica manifesta-se quer no âmbito institucional, quer entre os diversos segmentos envolvidos, por meio de algumas práticas que se perpetuam ou pela deficiência nos procedimentos que se desconhecem ou se menosprezam.

Sobre a gestão dos centros, a dificuldade na capacitação profissional considerando a abrangência e complexidade da área, a metodologia para formulação de planos de desenvolvimento urbano integrado, bem como, a interferência dos políticos e a negligência em avaliar as consequências de determinados eventos, colaboram com a sua ineficácia. Destaca-se o exemplo nos centros urbanos do crescimento do número de ruas exclusivas para pedestres destinadas a garantir e ampliar o fluxo de usuários ou consumidores. Nesse caso, observou-se a lacuna no conheci-

---

28. Racionalização é entendida, nesse contexto, como sinônimo de possibilidade de cálculo, fundamental para as empresas tomarem suas decisões.

mento da lógica do comércio e serviços varejistas e sua relação com a cidade. Lacuna essa que, mesmo preenchida pelo conhecimento, descartou-o por causa dos propósitos imediatistas de implantação. Outro exemplo se deu em 1982, quando a London Docklands Development Corporation (LDDC) encomendou um estudo aos urbanistas David Gosling e Gordon Cullen para o famoso projeto de renovação para a Isle of Dogs. O escopo do trabalho propunha que fossem identificados os principais eixos para potencializar o aproveitamento da área, bem como definição das áreas edificáveis e seus gabaritos. As propostas foram elaboradas, porém não foram executadas, já que o objetivo final estava voltado aos interesses exclusivos do mercado imobiliário (Del Rio, 2002).

Um pré-requisito para elaborar o diagnóstico, evitando dificuldades e ultrapassando as contradições inerentes às condições sociomateriais, é o conhecimento detalhado da área e de seus principais problemas. Para viabilizar a análise, é preciso ter informações atualizadas, organizadas e sistematizadas. Os gestores devem ser capazes de refletir sobre o que eles querem mudar (definição de objetivos) na situação presente, como e em que direções pretendem seguir (estratégias) (Omholt, 1998).

Em resumo, uma conclusão desses processos indica que grande parte das intervenções urbanas tem estado distante das demandas da maioria dos cidadãos. As demandas locais e seu atendimento teriam de estar na base da política de *city marketing*, e refletir precisamente suas estruturas. Se assim acontecesse, talvez todo o aparato de cenografias e de reinvenção do urbano não fosse necessário.

A alteração percebida sobre as intervenções que partiam exclusivamente dos grandes projetos arquitetônicos para os projetos que consideram a gestão do espaço urbano de menor escala é a necessidade da participação efetiva da sociedade civil. Essas propostas parecem apontar para caminhos mais promissores para as cidades.

## Desdobramentos recentes

Passados quase dez anos das considerações finais anteriormente esboçadas sobre as intervenções urbanas, a sua transformação de projetos em processos de intervenção ainda carece da explicitação verdadeira dos objetivos e das corretas avaliações dos resultados. No âmbito nacional, continuam carentes de ações que conduzam aos processos urbanos pautados por competência técnica e lastreados na avaliação dos resultados dos projetos já implantados. A ênfase, pelo menos no Brasil, continua sendo o oportunismo em detrimento das necessidades da cidade e de seus cidadãos.

A experiência internacional mostra uma mudança paulatina do tipo de intervenção urbana, onde a intenção procura a revisão da mobilidade urbana, sugerindo o adensamento de áreas mais centrais permeadas pela criação de parques urbanos, bem como em intervenções com foco na geração de emprego e renda, para dinamizar a economia urbana.

Essas propostas podem ter diversas origens. Desde o crescimento das áreas urbanizadas e o aumento das distâncias para o movimento pendular cotidiano até a maior participação da população nas decisões sobre a intervenção no meio urbano. Também a percepção da baixa eficácia daqueles grandes projetos na valorização da gestão urbana com fins eleitoreiros, e a constatação de que a reprodução intensa do modelo de reinvenção urbana, cuja concorrência entre lugares semelhantes diminui a eficiência na atração de investidores e turistas.

Ainda que de forma exploratória, como um adendo a este capítulo, as intervenções urbanas que vêm marcando sua presença no cenário internacional, com alguma repercussão no cenário nacional, têm se caracterizado pela procura do equilíbrio entre a requalificação urbana, o desenvolvimento imobiliário e o desenvolvimento socioeconômico. No entanto, em seus encadeamentos em busca de sinergias, as ações relativas à arquitetura e ao urbanismo aparecem como elementos coadjuvantes no processo de intervenção. É comum verificar o protagonismo no interesse sobre o crescimento e desenvolvimento do estoque imobiliário, mesmo nas áreas cujos investimentos públicos estão tradicionalmente consolidados.

Quanto às intervenções baseadas em grandes projetos urbanos, verifica-se a recorrência em áreas cuja propriedade ou autonomia fundiária é fundamentalmente do poder público. Em especial em áreas cujos investimentos públicos ou privados foram praticamente nulos e onde essas, pela localização e interesse imobiliário, possam ser valorizadas no aspecto financeiro. No entanto verifica-se, sobretudo nas propostas nacionais, que a capitalização dos benefícios pós-intervenção – bônus – tem incidido sobre a iniciativa privada, e a pública absorve o ônus, quando existente.

Esses resultados têm sido reforçados por meio da instituição legal[29] das PPP, que consistem em um dos instrumentos utilizados atualmente em diversos países e que pode ser definida como "a forma de cooperação entre as autoridades públicas e as empresas, tendo por objectivo assegurar o financiamento, a construção, a renovação, a gestão ou a manutenção de uma infraestrutura ou a prestação de um serviço"[30].

Para Marques e Silva (2008), optar por uma PPP em vez dos modelos de contratação pública tradicional é vantajoso, pois os riscos devem ser partilhados, bem como as responsabilidades. Também as PPP possibilitam o desembaraço de processos de captação de recursos financeiros e a redução do custo global do projeto, em virtude da diminuição de instâncias em que os processos administrativos devam ser apreciados e aprovados.

Algumas PPP foram recentemente propostas para projetos de intervenção urbana no Brasil. Dois exemplos recentes são o "Projeto Porto Maravilha", no Rio de Janeiro e o "Projeto Nova Luz", em São Paulo.

---

29. "As principais leis que regem as PPP são as Leis Federais n. 8.987/95 e n. 11.079/2004. A Lei de 1995 dedica-se às denominadas concessões comuns. A de 2004, por sua vez, dedica-se às concessões administrativas e patrocinadas."
30. De acordo com o livro verde da Comissão Europeia (COM327/2004). Marques e Silva (2008).

O Projeto do Porto Maravilha, no Rio de Janeiro, compreende a área constituída pelo cais do porto e pelos bairros da Saúde, Gamboa, Santo Cristo e parte do centro da cidade. Foi criado pela Lei n. 101/2009, que estabeleceu a Operação Urbana Consorciada da Área de Especial Interesse Urbanístico da Região Portuária do Rio de Janeiro (Figura 1.12).

Os objetivos expressos no plano incluem: a promoção da reestruturação local por meio da ampliação, articulação e requalificação dos espaços públicos da região, melhoria da qualidade de vida de seus atuais e futuros moradores, sustentabilidade ambiental e socioeconômica da área.

Para o alcance dos objetivos foi criada a Companhia de Desenvolvimento Urbano da Região do Porto do Rio de Janeiro (CDURP), uma empresa de natureza mista – pública e privada – com a função de implementar e gerir a concessão de obras e serviços públicos na região.

O instrumento urbanístico utilizado é a outorga onerosa por meio do lançamento do Certificado de Potencial Adicional de

**Figura 1.12** – Imagem parcial das obras do Porto Maravilha, com destaque para a demolição do Elevado da Perimetral, no Rio de Janeiro (ver p.A2). Foto: Ana Luisa Howard de Castilho, 2014.

Construção (Cepac), que vem sendo utilizado em outras operações urbanas, como a da "Faria Lima" e das "Águas Espraiadas" em São Paulo[31].

Os resultados iniciais da implantação do projeto indicam que esse processo pode auxiliar no entendimento contemporâneo sobre as intervenções urbanas de grande porte, as mudanças na dinâmica da economia mundial e seus pares: o Estado e a sociedade civil. A divulgação das ações também vem demonstrando que o que é legado da história urbana tem se transformado em turístico; o que é manifestação cultural projeta-se como opção de lazer irrefletido, e o que é necessidade social transforma-se em objeto de consumo ou contemplação (Xavier, 2014). Além disso, o aspecto alarmante está nas exceções que se tormam regras, e finalmente no que é público e que se torna privado.

Além do aspecto referente às bases de concepção do projeto – também uma PPP –, outro aspecto que aproxima o Projeto do Porto Maravilha (RJ) ao Projeto Nova Luz (SP) é a busca da ressignificação, incluída no próprio nome do Projeto. No Rio, a beleza, o fascínio e o magnetismo, entre outras qualidades produzidas para causar admiração; em São Paulo, o novo em oposição ao desgastado, passado e superado, gerando assim uma obra de ficção urbana.

Considerando a dimensão da cidade de São Paulo, podemos afirmar que são poucas as áreas que constituíram objeto de projetos com a frequência do Bairro da Luz[32], o que revela sua importância no contexto econômico da metrópole.

---

31. Para saber mais sobre os Cepac e as operaçãoes urbanas ver Galavanese (2014).

32. O primeiro projeto é de 1974 e continha a ideia, no título, de retorno à situação original. O "Área da Luz: renovação urbana em São Paulo" foi elaborado pelo escritório Rino Levi Associados. O Projeto Luz Cultural de 1984, foi coordenado pela arquiteta Regina Prósperi Meyer, que conduziu, em 1995, em conjunto com o UNA Arquitetos, o estudo urbanístico denominado "Polo Cultural Luz". Seu objetivo era implantar o Complexo Cultural Júlio Prestes, cujo destaque foi a obra da Pinacoteca do Estado, projeto do arquiteto Paulo Mendes da Rocha. O Programa Monumenta, em 2002, em parceria com o município, propõe a implementação do "Conjunto Histórico da Região da Luz", tombado pelo Instituto do Patrimônio Histórico e Artístico Nacional (Iphan) em 2000 (Mosqueira, 2007).

No entanto, todos esses projetos propostos para a Área da Luz resultaram em execuções pontuais e o que os moveu extrapolou as boas intenções da preservação da história, por meio do restauro ou da conservação dos edifícios monumentais. Os objetivos modelavam-se pela incessante busca por intervenções de alto impacto para provocar a valorização imobiliária e a efetiva participação da iniciativa privada, sempre justificada pela necessidade de uso e de manutenção dos bens pós-processos de intervenção. Nesse sentido, os programas financiados pelo Banco Interamericano de Desenvolvimento, como o Programa Monumenta, estimularam modelos de intervenção urbana que culminaram com a definição de políticas públicas indiferentes às demandas do interesse coletivo (Mosqueira, 2007).

A recente proposta de intervenção denominada de "Projeto Nova Luz" também caminhou na mesma direção. A delimitação do Projeto compreende o polígono formado pelas avenidas Ipiranga, São João, Duque de Caxias, Cásper Líbero e rua Mauá, e está inserido em uma área destinada à Operação Urbana Centro (OUC), que se caracteriza por propostas que validam os incentivos de atração de investimentos imobiliários, turísticos e culturais por meio da implantação de obras de melhoramento na área; promoção da valorização da paisagem urbana; melhoria da infraestrutura e da qualidade ambiental; ampliação e articulação dos espaços de uso público e habitação (Rolnik et al., 2002; Castilho, 2008).

A Lei n. 14.918/2009 regulamentou a utilização da Concessão Urbanística[33], autorizou a sua aplicação no Projeto Nova Luz, e com a flexibilização dos índices urbanísticos tornou o projeto bastante atraente para os investidores.

---

33. A proposta de projeto propunha a transferência da gestão de 45 quadras do bairro da Luz para o controle da iniciativa privada. Nessas quadras, 50% da área seria desapropriada e demolida. Considerando a economia do país, propor intervenções nos moldes do período que chamamos "A Renovação Urbana", parece muito descontextualizado.

Segundo o art. 33º do Estatuto da Cidade, as operações urbanas devem prever: "programa de atendimento econômico e social para a população diretamente afetada pela operação", algo que foi negligenciado na proposta do "Nova Luz", ao desconsiderar a população local, incluindo os comerciantes, proprietários e moradores.

Após algumas batalhas judiciais, em 2013 a prefeitura do município de São Paulo considerou o projeto tecnicamente inviável.

Ainda na cidade de São Paulo, nesses últimos anos foi iniciada uma discussão sobre a pertinência ou não da permanência do Elevado Costa e Silva, mais conhecido como Minhocão. Para alguns, a sua demolição seria um ganho urbanístico para a cidade, pois além da valorização dos edifícios que o margeiam, determinados espaços públicos poderiam ser reconstituídos, como a Praça Marechal Deodoro no Bairro Santa Cecília. A maior inspiração é a recente demolição da Perimetral, obra que faz parte do Projeto Porto Maravilha, no Rio de Janeiro.

Algumas experiências internacionais servem de referência, como a demolição de parte da Highway 345, em Dallas, ou a demolição da parte elevada da Central Artery (I-93), em Boston – coroada pela reconstrução das ruas no centro da cidade e da construção do parque Rose Kennedy Greenway.

Outras propostas, no entanto, defendem que a melhor maneira de ocupar o elevado seria a ressignificação da área por meio da mudança de uso das pistas: de estrutura rodoviária para parque linear. Nesse caso, a inspiração é o projeto de um parque linear em Manhattan, o High Line Park[34]. A High Line foi construída em 1930 e, após 50 anos de funcionamento como uma via férrea exclusiva para passagem de cargas, foi desativada e passou a contribuir para a degradação do bairro industrial a que servia. Entre a proposta de demolição da via férrea elevada e a sua manutenção como parque linear, venceu esta última com apoio da comunidade, cuja utilização foi decidida por meio de concurso público

---

34. Disponível em: https://www.youtube.com/watch?v=FTSldaSFGPk https://www.youtube.com/watch?v=NkEzQ0VV0AE

– vencido pelo estúdio de paisagismo de James Corner Field Operations e o escritório de arquitetura Diller Scofidio + Renfro. (Figura 1.13).

**Figura 1.13** – A execução do High Line Park consistiu de quatro etapas, que ocorreram desde 2009 até 2014. Todo o processo demandou determinação de seus coordenadores, pois a comunidade local, além de ser envolvida, teve de ser convencida de que os ganhos seriam maiores do que os investimentos. O mesmo movimento de convencimento ocorreu em relação à administração da cidade. Foto: Ana Luisa Howard de Castilho, 2014.

Houve rápido retorno financeiro e melhora da imagem da prefeitura, pois ela arrecadou US$ 1,8 bi com a valorização da área, tendo atraído edifícios residenciais, comerciais e institucionais, motivados pelos maiores incentivos à construção. O High Line Park é um dos projetos urbanos mais admirados dos últimos anos, além de ser exemplar para a mobilização social e a disposição da administração pública. Essa é uma das PPP mais bem-

-sucedidas em escala mundial, e ainda funciona como referência para reabilitação de áreas industriais e degradadas.

No que se refere às intervenções direcionadas para a dinamização da economia urbana, têm se destacado as propostas fundamentadas no conceito de economia criativa, cujos desdobramentos são: a teoria dos *clusters* criativos e das cidades criativas centradas no campo da cultura e da inovação; e as intervenções que têm como base os estudos de resiliência urbana, nos quais as atividades de comércio e serviços apresentam-se como as principais protagonistas da requalificação das áreas urbanas.

Nas intervenções relacionadas ao programa de cidades criativas, a economia criativa utiliza-se de dois elementos para compor a criatividade: a cultura como mola propulsora transformada em mercadoria, principalmente nas novas formas de gestão urbana, já devidamente discutidas por diversos autores (Hall, 2001; Arantes, 1998; Harvey, 2003), e a inovação tecnológica baseada na informática, como o caso paradigmático do Silicon Valley na Califórnia (Estados Unidos). O foco, no entanto, está na cultura local, pois assim se preservam os direitos de propriedade intelectual, ou direitos autorais, que deveriam ser caracterizados como moeda de troca na transformação do potencial criativo em estratégia para o desenvolvimento socioeconômico sustentável (Reis, 2007).

A movimentação e a produção da prática de economia criativa pressupõem a existência de consumo para seus bens e serviços, devendo, portanto, estar atrelada à aproximação dos cidadãos ao conhecimento e à experimentação das atividades ofertadas, de modo a torná-los consumidores em potencial. Nesse processo de aliciamento do cidadão para o consumo dessas atividades, bens e serviços definidos como “criativos”, vale não apenas a intervenção no espaço construído, mas também a utilização de um *slogan* para criar e consolidar marcas de cidade, aumentando o interesse pela visitação e consumo por meio da geração de valores de signo. A utilização de *slogans*, como o “Creative Britain” ou “Cool Brittania”, no Reino Unido, ou a “Cidade Criativa do Design”, em Montreal (Canadá), ou mesmo na atribuição do título de “Capital Gastronômica", para São Paulo, são partes relevantes dessa estratégia.

As intervenções que têm se baseado no programa de cidades criativas mostram-se presentes nos diversos continentes. Em Xangai, capital econômica da China, inicialmente liderados pela iniciativa privada, foram criados e consolidados mais de trinta *clusters* criativos em 2006, com empresas atuando em design multimídia, projeto arquitetônico, design industrial e de interiores, design de moda e propaganda (Reis, 2007). Em Buenos Aires, o *cluster* criativo Palermo Hollywood tem focado na questão audiovisual, buscando a requalificação da área e a geração de emprego (Avogrado, 2013). Já na cidade de Roca Umbert (Espanha), município com 60 mil habitantes, a 30 km de Barcelona, a intervenção consiste na conversão de um antigo edifício industrial em uma fábrica de cultura, segundo Dubuc (2013).

Em São Paulo, algumas iniciativas decorrem da atuação da Agência São Paulo de Desenvolvimento "Desenvolve SP", criada em 2009 para fornecer crédito para pequenas e médias empresas. Um de seus programas, o "São Paulo Inova" visa apoiar empresas paulistas de base tecnológica e perfil inovador em estágio inicial. Outra iniciativa que se aproxima dos *clusters* criativos é o estúdio Kaiser de Cinema, em Ribeirão Preto, que tem o apoio da São Paulo Film Comission.

Com relação às intervenções baseadas nos processos de resiliência urbana, apesar do foco na economia urbana, consistem do aperfeiçoamento e da dinamização dos processos existentes no local e da direção do reforço ao potencial de resiliência das áreas urbanas, onde as atividades de comércio e serviços varejistas se apresentam como o centro das atenções.

O fato do comércio e dos serviços varejistas possuírem uma relação de origem com as cidades, garantindo e comunicando a sua vitalidade, tem atraído a discussão sobre estes durante os processos de planejamento e de gestão das cidades. Tais debates visam compreender o caráter resiliente dessas atividades, de modo a alimentar as políticas urbanas de intervenção e requalificação.

Como já visto, existem práticas de intervenção urbana circunscritas à atividade varejista, como o Main Street Program, os Business Improvement District, ou mesmo o Town Center Management. Os estudos sobre resiliência urbana têm ampliado e reforçado a importância do setor de comércio e serviços varejistas (Salgueiro e Cachinho, 2011; Morandi, 2011; Vargas, 2000).

É importante atentar, por meio desses projetos e processos de intervenção urbana brevemente mencionados e que caracterizaram as primeiras décadas do século XXI, para o espaço relevante assumido pela economia urbana e para a identificação de elementos catalizadores que possam contribuir para a manutenção ou recuperação da dinâmica das áreas urbanas para além da construção de uma boa e bela imagem. Contudo, os resultados desse movimento ainda devem ser avaliados.

## REFERÊNCIAS

ARANTES, Otília Beatriz. Os novos museus. In: *Novos estudos*. São Paulo, n. 31, 1991.

______. *O Urbanismo em Fim de Linha*. São Paulo: Edusp, 1998.

ASHWORTH, G. J.; VOOGD, H. Selling the city. In: WARNABY, Gary. *The Shopping destination offer: an exploratory conceptual framework*. Paper presented at the Marketing Education Group Conference, University of Strathclydde, London, jul. 1990.

ATCM. *Directory of Managed Towns*. ATCM. Londres, 1999.

AUSTRALIAN GOVERNMENT. *Creative Nation: Commonwealth Cultural Policy*. 1994. Disponível em: http:// www.nla.gov.au/creative.nation/conents.html.

AVOGADRO, Enrique. *Buenos Aires como uma rede de clusters*. Palestra proferida no Seminário Internacional de Clusters Criativos. São Paulo Junho de 2013. SESC/FECOMÉRCIO.

BALSAS, Carlos José Lopes. *O urbanismo comercial e as parcerias público-privado para a gestão do centro das cidades, ensinamentos e experiência estrangeira*. Lisboa, 2000. Relatório final. Laboratório do Comércio.

BOYER, M. Christine. *The City of Collective Memory: its historical imagery and architectural entertainments*. 3. ed. London: MIT Press, 1996.

BRAND, Fridolin Simon; JAX, Kurt. Focusing the meaning(s) of Resilience: Resilience as a Descriptive Concept and Boundary Object. *Ecology and Society*, v.12, n.1, 2007, p.23. Disponível em: www.ecologyandsociety.org/vol12/iss1/art23/

CALVINO, Ítalo. *Cidades invisíveis*. Trad. Diogo Mainardi. São Paulo: Companhia das Letras, 1997.

CAREY, Robert J. American downtowns: past and present attempts at revitalization. *Built Environment*, v. 14, n. 1, 1988. p. 47-59.

CARLOS, Claudio Antonio S. Lima. Um olhar crítico à zona portuária do Rio de Janeiro. *Bitacora*, v.17, n.2, 2010, p.23-54. Universidad Nacional de Colômbia, Bogotá. Disponível em: http://portomaravilhaparaquem.wordpress.com/. Acessado em: maio 2014.

CARRION, Fernando M. Conceptos, realidades y mitos de los centros historicos: el caso de Quito. Texto apresentado na Shelter as Revitalization of Old and historic Urban Center. Havana, 1998.

CASTILHO, Ana Luisa Howard de. *A vila de Paranapiacaba e a problemática da intervenção*. São Paulo, 1998. Dissertação (Mestrado). Faculdade de Arquitetura e Urbanismo, Universidade de São Paulo (mimeo).

______. *Consensos e dissensos no centro de São Paulo: significado, delimitação, apropriação e intervenção*. São Paulo, 2008. Tese (Doutorado). Faculdade de Arquitetura e Urbanismo, Universidade de São Paulo (mimeo).

______. Intervenções sem planos e planos sem intervenções: uma abordagem sobre a relação com a delimitação espacial e conceitual do centro de São Paulo. In: GAGLIARDI, Clarissa M. R.; BAPTISTA, Dulce Maria Tourinho. (Orgs.).. *Intervenções em centros históricos: Brasil e Itália e discussão*. São Paulo: EDUC/CNPq, 2011.

______. Interventi senza piani e piani senza interventi: una riflessuine sulle interazioni con la perimetrazione spaziale e concettuale del centro di San Paolo. In: GAGLIARDI, C.M.R; BAPTISTA, D.M.T. *Recupero dei centri storici. Brasile e Italia, esperienza a confronto*. Roma: Gangemi Editore SpA, 2013.CNPq, 2012.

______. Turismo em Paranapiacaba: Revitalizando a economia e reabilitando a Vila. In: PHILIPPI JR., A.; RUSCHMANN, D. van de M. *Gestão ambiental e sustentabilidade no turismo*. Barueri: Manole, 2010.

CENTRO DE LA VIVIENDA Y ESTUDIOS URBANOS A.C. Declaración de la Habana. Disponível em: http://www.cenvi.org.mx/lahabana.htm. Acessado em: 27 nov. 2004.

CIARDINI, F.; FALINI, P. *Centros historicos: politica urbanistica y programas de activacion*. Barcelona: Gili, 1983.

CIUDAD Y PATRIMONIO. El Fideicomiso Centro Histórico de La Ciudad de México – gestión 1997-2001. Disponível em: http://www.cyp.org.mx/chcm/gestionrcoulomb.html. Acessado em: 27 nov. 2004.

CLOAR, James. *Centralized retail management: new strategies for downtown*. Washington: The Urban Land Institute, 1990.

COELHO JUNIOR, Marcio Novaes. *Processos de intervenção urbana: bairro da Luz, São Paulo*. São Paulo, 2010. Tese (Doutorado em Projeto, Espaço e Cultura). Faculdade de Arquitetura e Urbanismo, Universidade de São Paulo, Disponível em: http://www.teses.usp.br/teses/disponiveis/16/16136/tde-24052010-104646/. Acessado em: maio 2014.

COPELAND, Peter. Les concepts architecturaux des centres commerciaux. *Urbanisme*, n. 108/109, 1968, p. 54-7.

DAVIS, Joshua; HAMMOND, Robert. *High Line: a história do parque suspenso de Nova York*. São Paulo: BEI, 2013.

DEL RIO, Vicente. *Desenho urbano e revitalização na área portuária do Rio de Janeiro: a contribuição do estudo da percepção ambiental*. São Paulo, 1991. Tese (Doutorado). Faculdade de Arquitetura e Urbanismo, Universidade de São Paulo (mimeo).

______. Desenho urbano perde David Gosling (editorial). *Arquitextos*, São Paulo, ano 2, n. 024.00; *Vitruvius*, maio 2002. Disponível em http://www.vitruvius.com.br/revistas/read/arquitextos/02.024/778. Acessado em: maio 2014.

DUBUC, Caroline. *Da cidade do Design para um novo desenho de cidade*. Palestra proferida no Seminário Internacional de Clusters Criativos. São Paulo, junho 2013. Sesc/Fecomércio.

FELDMAN, Sarah; LEME, Maria Cristina da Silva. Nova Luz: a concessão ilimitada. *Minha Cidade*, São Paulo, ano 9, n. 107.05; *Vitruvius*, jun. 2009. Disponível em: http://www.vitruvius.com.br/revistas/read/minhacidade/09.107/1846. Acessado em: maio 2014.

FONTENELE, Sabrina Studart. *Intervenções na cidade existente: um estudo sobre o centro dragão do mar e a Praia de Iracema*. São Paulo, 2004. Dissertação (Mestrado). Faculdade de Arquitetura e Urbanismo, Universidade de São Paulo (mimeo).

FRIEDEN, B.; SAGALYN, L. B. *Downtown, Inc.: how America rebuilds cities*. London: MIT Press, 1991.

FRIEDRICHS, Jurgen; GOODMAN, Allen C. et al. *The changing downtown*. Berlin–New York: Walter de Gruyter, 1987.

FUJIMOTO, Hisao et al. The structure and problem of small retailers in Japan. Artigo apresentado no 6th Recent Advances in Retailing and Services Science Conference. Porto Rico: Eirass, 1999.

GALVANESE, Horácio C. *Dinâmica econômica, desenvolvimento urbano e o novo papel do poder local: o caso de Santo André*. São Paulo, 2004. Dissertação (Mestrado). Faculdade de Arquitetura e Urbanismo, Universidade de São Paulo (mimeo).

______. Legislação urbanística: outorga onerosa e Operação Urbana. Cpa 5. In: Vargas, Heliana Comin; Araujo, Cristina Pereira. *Arquitetura e Mercado Imobiliário*. São Paulo: Manole, 2014.

GARAY, Alfredo M. *Creación de una agencia de desarrollo del centro*. Texto apresentado à Emurb, como consultoria para o município de São Paulo, 2003 (mimeo).

GATTO, Francisco. Cambio tecnológico. Neo-fordista y reorganizacion productiva: primeras reflexiones sobre sus implicaciones territoriales. *Eure*, v. XVI, n. 47, 1989. p. 7-34, Santiago.

GLAESER, Edward L. et al. Consumer city. *Working paper*. Cambridge Mass: National Bureau of Economic Research, 2000. Disponível em: http://www. nber.org/papers/w7790. Acessado em: 27 nov. 2004.

GREFFE, Xavier. Valorando os impactos de um cluster criativo. Palestra proferida no Seminário Internacional de Clusters Criativos. São Paulo Junho de 2013. Sesc/Fecomércio.

GUTIERREZ, Ramón. *Arquitetura latino-americana*. Trad. Isa Mara Lando. São Paulo: Nobel, 1989.

HALL, Peter. *Cities in civilization*. Nova York: From International. 2001.

HARVEY, D. From managerialism to entrepreneurialism: the transformation in urban governance in late capitalism. In: *The city cultures reader*. London-Nova York: Routledge, 2000.

HARVEY, D. *A condição pós-moderna*. São Paulo: Loyola, 2003.

HUYSSEN, Andreas. *Seduzidos pela memória: arquitetura, monumentos, mídia*. Rio de Janeiro, Aeroplano, 2000.

IPHAN; MINC; CURY, Isabelle (coord.). *Cartas Patrimoniais*. Brasília, 1995.
JACOBS, Jane. *Morte e vida nas grandes cidades* Tradução: Carlos S. Mendes Rosa. São Paulo: Martins Fontes, 2000.
KOULIOUMBA, Stamatia. *São Paulo: cidade mundial? Evidências e respostas de uma metrópole em transição*. São Paulo, 2002. Tese (Doutorado). Faculdade de Arquitetura e Urbanismo, Universidade de São Paulo (mimeo).
LEE, S. Loo. Government policies toward the small retailers: the case of Singapore. Trabalho apresentado na 6th Eirass International Conference on Recent Advances in Retraining and Services Science. Porto Rico: Eirass, 1999.
LEME, B. Mônica; VENTURA, David V. Brasil (coords.). *O calçadão em questão. 20 anos de experiência do calçadão paulistano*. São Paulo: Belas Artes, 2000.
LUCINI, Hugo Camilo. *Requalificação urbana e novos assentamentos de interesse social*. São Paulo, 1996. Tese (Doutorado). Faculdade de Arquitetura e Urbanismo, Universidade de São Paulo (mimeo).
MARCUSE, Peter. Historic preservation, cultural tourism and planning. Artigo apresentado no Shelter as Revitalization of Old and historic Urban Center. Havana, 1998.
MARQUES, Rui Cunha; SILVA, Duarte. As Parcerias Público-Privadas em Portugal. Lições e Recomendações. *Tékhne*, n. 10, dez. 2008, Barcelos. Disponível em http://www.scielo.gpeari.mctes.pt/scielo.php?script=sci_arttext&pid=S1645--99112008000200004&lng=pt&nrm=iso. Acessado em: maio 2014.
MASSUH, Laila Y. Reciclagem chega ao Porto. *A&U*, n. 54, jun.-jul. 1994, p. 87-96.
MORANDI, Corinna. (Org.) *Il Commercio urbano. Esperienze di valorizzazione in Europa*. Milano: Maggioli Editori, 2011, p. 339.
MOSQUEIRA, Tatiana Meza. Reabilitação da região da Luz: centro histórico de São Paulo – projetos urbanos e estratégias de intervenção. Dissertação de mestrado FAUUSP. São Paulo, 2007.
OMHOLT, Tore. Strategic rationality as a basic for town centre revitalization and management. Trabalho apresentado no 5th Recent Advances in Retailing and Services Science conference. Baveno, 1998.
PORTER, M. E. *What is strategy?* Harvard Business Review. Nov.-dez. 1996.
PORTER, Michael E. Local Clusters in a global economy. In: Hartley, John (ed.) *Creative industries*. Blackwell Publishing, 2003.
REICHL, Alexander J. *Reconstructing Times Square. Politics & culture in urban development*. Kansas: University Press, 1999.
REIS, Ana Carla F. *A Economia da cultura e desenvolvimento sustentável: o caleidoscópio da cultura*. Barueri: Manole, 2007
RIFKIND. C. Ada Louise. *Huxtable gives contemporary notions of preservation a reality check in her new book: the unreal america*. 1998. Disponível em: http://www.metropolismag.com/html/content_0198/ja98hux.htm. Acessado em: 27 nov. 2004.
RIVOIRA, Emilio. *Puerto Madero*. Abitare, jul.-ago. 1995, p. 126-31.
ROLNIK, R.; CAMPOS, C.M.; NAKANO, K.; ITIKAWA. L. *Contribuição para um diagnóstico da área central do município de São Paulo: relatório de assessoria técnica referente ao processo administrativo número 2002-0228,220-8*. São Paulo: Polis, 2002.
ROSA, L. V. O projecto urbano da Parque Expo'98. In: *Urbanismo – Revista da Associação dos Urbanistas Portugueses*. out. 1998, p. 26-32.

SALGUEIRO, T.B.; CACHINHO, H. Retail planning for the resilient city: consuption and urban regeneration. Lisboa: CEG, 2011.

SAMUEL, R. Theme parks: why not?. In: *The city cultures reader.* London and New York, Routledge, 2000.

TSCHERNING. Rasmus Wiinstedt. Países Nórdicos construindo um centro de referência de cluster criativo. Palestra proferida no Seminário Internacional de Clusters Criativos. São Paulo Junho de 2013. Sesc/Fecomércio.

TOFFER, A. *Choque do futuro.* Nova York: Randon House, 1970.

URIARTE, Urpi Montoya. Intervenções recentes em centros históricos: as políticas de "recuperação" dos centros históricos de Salvador, Lima e Quito. *Cadernos do Centro de Estudos e Ação Social (Ceas)*, n. 208, nov.-dez. 2003, p. 73-92.

VARGAS, Heliana C. *A importância das atividades terciárias no desenvolvimento regional.* São Paulo, 1985. Dissertação (Mestrado). Faculdade de Arquitetura e Urbanismo, Universidade de São Paulo (mimeo).

______. *Comércio: localização estratégica ou estratégia na localização.* São Paulo, 1992. Tese (Doutorado). Faculdade de Arquitetura e Urbanismo, Universidade de São Paulo (mimeo).

______. Turismo e a valorização do lugar. In: *Turismo em análise.* São Paulo, ECA, v. 9, 1998. p. 7-19.

______. Retailing, city center management and city marketing. Artigo apresentado no Symposium Commerce and Consumption in the City IGU (International Geographical Union). São Paulo, Unesp-NECC, 2000.

______. *Espaço terciário: o lugar, a arquitetura e a imagem do comércio.* São Paulo, Senac, 2001.

______. Da arquitetura corporativa à cidade corporativa. In: Simpósio a Cidade nas Américas, Perspectivas da Forma Urbanística no Século XXI. *Anais do 51º Congresso de Americanistas.* Santiago, 2003.

______. Gestão de áreas urbanas deterioradas. In: PHILIPPI Jr., Arlindo et al. *Curso de gestão ambiental.* Barueri: Manole, 2004. p. 857-90.

ZENTES, Joachim; SCHWARZ-ZANETTI, Werner. Planning for retail change in West Germany. *Built Environment*, v. 14, n. 1, 1988, p. 38-46.

WHITHERSPOON, R. E. et al. *Mixed-use developments: new ways of land use.* Washington: Urban Land Institute, 1976.

XAVIER, Priscilla Oliveira. *Do porto ao Porto Maravilha: considerações sobre os discursos que (re)criam a cidade.* Rio de Janeiro, 2014. Dissertação (Mestrado). Universidade Federal do Rio de Janeiro. Disponível em: http://objdig.ufrj.br/42/teses/789786.pdf. Acessado em: maio 2014.

# RE: atrás de, depois de...

# 2

*Lélia Mendes de Vasconcellos*
*Maria Cristina Fernandes de Mello*

O prefixo "re" indica um movimento de volta, para trás (Ferreira, 1975, p. 1190), alguma coisa que repete o já existente com uma nova forma. O nosso objetivo é analisar como esse prefixo foi aplicado em nomenclatura de projetos para intervenções urbanas, voltadas para a preservação do ambiente construído.

A partir da década de 1960, as ações em sítios com preexistências significativas introduzem o reconhecimento de valor histórico e cultural. Essa nova postura em relação ao meio ambiente construído indica uma atitude crítica às práticas precedentes de demolição de extensas áreas da cidade, para fins de expansão e/ou substituição de usos e edificações. Os planos urbanísticos passam a ganhar denominações sempre acompanhadas do prefixo "re" – reabilitação, revitalização, entre outras. A variedade na terminologia aplicada às práticas urbanas evidencia um elenco de metáforas. Investigar suas origens e significados no tempo são questões relevantes para a compreensão do modo como essas diversas intervenções vêm sendo aplicadas.

Percorremos as alterações dos seus significados e conceitos, com base no estudo de algumas *cartas patrimoniais* datadas e na especulação sobre as origens históricas de um conjunto de termos relativos às práticas urbanísticas, em especial aquelas que tratam de ações do poder público. Embora cada país utilize tais termos de maneira própria, de acordo com seu contexto, criando novos significados, observam-se tentativas de universalização não só da nomenclatura, como também da tipologia dos projetos que os acompanha. A fim de aprofundarmos o significado dessas diversas nomenclaturas e a correlação destas com a metodologia do projeto, propomo-nos a analisar algumas delas, porém sem nenhuma pretensão de esgotar o assunto.

A busca da compreensão dos significados no tempo reportou a Foucault (1979)[1]. Segundo o autor, o conceito da medicina social, de modo geral, expressa a preocupação com a saúde da população. Esse conceito surgiu na Europa em meados do século XVIII, tomando, porém, formas diferenciadas em cada país. Foucault assinala que, na França da segunda metade do século XVIII, a cidade deixa de ser um lugar de mercado e passa a representar também, ante a indústria nascente, um lugar de produção. O aparecimento de uma população operária gera revoltas de subsistência. Estas caracterizam-se por revoltas urbanas, ao contrário das revoltas camponesas ocorridas anteriormente (Foucault, 1979, p. 86). A plebe (em via de se proletarizar) e a burguesia, representadas por grupos naturalmente opostos, geram conflitos que culminam com a Revolução Francesa. O chamado *medo urbano* (Foucault, 1979, p. 87) passa a ser uma presença forte nas cidades, cujas novas atividades econômicas, além do desenvolvimento dos

1. A leitura de Foucault e o exame das cartas patrimoniais ajudaram a elaborar o texto "Terminologias em busca de uma identidade", apresentado no Congresso Ibero-americano, realizado na cidade de Porto, Portugal (1998), e reapresentado no "III Seminário Internacional Patrimônio e Cidade Contemporânea", realizado em Salvador (2002); o texto foi recém-publicado na íntegra na revista *Rua* n.8, do Programa de Pós-graduação em Arquitetura e Urbanismo, da Faculdade de Arquitetura da Universidade Federal da Bahia, em julho/dezembro de 2003. O presente texto retoma as ideias lançadas, revisando-as e desenvolvendo-as.

transportes (trem, navio a vapor), produziriam, no século seguinte, um crescimento populacional nunca antes observado. Começa a surgir a necessidade de um poder político que possa conter e esquadrinhar essa população urbana. A urbanização surge como suporte para a medicina social – razões econômicas e políticas levam à necessidade da unificação do poder urbano (Foucault, 1979, p. 86).

O *amontoamento*, as *casas excessivamente altas*, a contínua construção de oficinas e fábricas, associados à falta de saneamento das cidades, às epidemias e às infecções causadas, inclusive, por falta de covas individualizadas[2] para a população mais pobre (Foucault, 1979, p. 87), explicam esse "pânico urbano" referido pelo autor.

A classe burguesa, nesse período ainda fora do exercício do poder, "detido pelas autoridades tradicionais" (Foucault, 1979, p. 87), passa a utilizar como estratégia um modelo político inspirado nas medidas tomadas na Idade Média por ocasião da peste: o modelo de quarentena. Este consistia em um plano de urgência a ser aplicado quando a peste ou outra doença epidêmica violenta aparecesse. Os procedimentos adotados simultaneamente eram confinamento, vigilância, registro centralizado, desinfecção e divisão do espaço para inspeção.

A medicina urbana – denominação utilizada pelo referido autor – nada mais é que o aperfeiçoamento do modelo da quarentena (Foucault, 1979, p. 90) identificado por três grandes objetivos:

- análise dos lugares de "amontoamento", confusão e perigo (surgiram, em 1780, os cemitérios com covas individualizadas, como uma das ações efetivas);

2. Foucault (1979) apresenta uma impressionante descrição dos cadáveres amontoados nos muros dos claustros; a quantidade de corpos era tão grande que a pressão fazia com que os muros das casas construídas em torno do claustro desmoronassem, causando toda sorte de infecções. A instituição de covas individualizadas foi uma forma de evitar tais problemas: "para que os vivos estejam ao abrigo da influência nefasta dos mortos, é preciso que os mortos sejam tão bem classificados quanto os vivos" (Foucault, 1979, p.90).

- controle e estabelecimento da circulação da água e do ar para "manter o bom estado de saúde da população" (Foucault, 1979, p. 92);
- organização dos diferentes elementos necessários à vida comum da cidade (esgotos, fontes, cavas, cemitérios).

Foucault também comenta como as políticas médicas urbanas, no século XVIII, "põem a prática médica diretamente em contato com ciências extramédicas, fundamentalmente a química" (Foucault, 1979, p. 92)[3]. A medicina urbana não trata do corpo do homem, mas das condições de vida e do meio de existência. "A medicina passou da análise do meio à dos efeitos do meio sobre o organismo, e finalmente à análise do próprio organismo" (Foucault, 1979, p. 92). Parece estar localizada nesta passagem a origem das preocupações sobre os efeitos do meio ambiente no organismo humano. Foucault assinalou ainda a importância da noção de salubridade. Segundo o autor, a salubridade trataria do meio e de seus elementos constitutivos para garantir a saúde da população. Por último, é importante destacar a assertiva de que "a inserção da prática médica em um corpus de ciência físico-química se fez por intermédio da urbanização" (Foucault, 1979, p. 92). Não é de espantar, portanto, que a terminologia adotada para as urbanizações surgidas nesse mesmo período venha, aos poucos, constituindo um conjunto de metáforas advindas das ciências médicas, as quais então tomavam corpo, tais como intervenções, cirurgias urbanas etc.

Os procedimentos aplicados na medicina urbana serviram como instrumentos para as intervenções nas cidades desse tempo, consolidando-se no século XIX. Com o aumento da população, a palavra de ordem era a "higienização": surgiram os primeiros

---

3. Foucault refere-se às tentativas confusas de Paracelso e Van Helmont de associar as duas ciências; esses estudos foram deixados de lado até o século XVIII, quando se passou a dar importância à qualidade do ar e da circulação deste nas cidades, para evitar a contaminação (acreditava-se, na época, na presença dos miasmas e na ação mecânica por meio da pressão da atmosfera nos corpos).

planos de renovação urbana. O exemplo clássico é a reforma de Paris, realizada por Haussmann (1851-1870). Organizando a cidade em *arrondissements*, foram abertas largas avenidas, estendendo os limites do território urbanizado e destruindo grande parte da estrutura preexistente. No Brasil, assim como em outros países latino-americanos, são encontrados exemplos semelhantes – guardadas as proporções de escala –, como a reforma realizada pelo prefeito Pereira Passos no Rio de Janeiro (1903-1906), então capital brasileira.

Segundo Choay e Merlin (1988, p. 580), a crítica desse modelo (renovação) coloca-se no plano social, uma vez que desfaz o laço dos habitantes da área "renovada" quando são removidos para outros lugares. Quanto à morfologia, rompe brutalmente as características do tecido urbano anterior e a relação com a vizinhança. Essa atitude foi própria das ideias modernistas, como estão implícitas na Carta de Atenas (Congrès International d'Architecture Moderne – Ciam –, 1933, apud Iphan et al., 1995) e reforçadas por Le Corbusier dez anos depois, influenciando várias gerações de urbanistas, os quais justificavam a seleção de conjuntos arquitetônicos a ser conservados ou demolidos.

A amplitude das expressões culturais, reconhecidas como patrimônio nos anos que se seguiram à década de 1930, levou as organizações internacionais, a exemplo do International Council on Monuments and Sites (Icomos), a elaborar cartas específicas em uma tentativa de construir critérios gerais para solucionar problemas relacionados com a preservação e conservação desses novos reconhecimentos.

Grupos de especialistas tentaram – e tentam até hoje – normalizar procedimentos. Com a proliferação de documentos similares, particularizados ou generalizantes, o que serviria para auxiliar acabou aumentando a indefinição de termos e tipos de ações.

No período pós-guerra, com as reconstruções das cidades europeias, o surgimento de novas capitais, construídas de acordo com os preceitos de Corbusier (Brasília, Chandigard), a construção das *new towns* inglesas e tantos outros exemplos, os paradigmas até então consagrados nos princípios ditados pelo urbanismo modernista passam a ser revistos.

A Carta de Veneza (1964) ampliou o conceito de monumento histórico: este, não restrito a exemplos isolados, seria estendido a todo conjunto representativo, mesmo modesto, testemunho de evoluções, civilizações ou acontecimentos históricos. O *continuum* do tecido urbano passara a ser considerado espaço merecedor de valorização. A "era das demolições" começava a chegar ao fim. Surgiram ações integradas e simultâneas, com o objetivo de retomar atividades econômicas, como a recuperação física dos imóveis e a fixação da população de origem no seu habitat. Embora nem sempre bem-sucedida[4], essa atitude de reconhecimento das preexistências trouxe um novo conceito, amplamente difundido até os dias de hoje. Surgiu, consequentemente, um elenco de termos com significados semelhantes: valorização, revitalização, reabilitação. Este último, no sentido original, significa o restabelecimento dos direitos. Na jurisprudência, é "a ação de recuperar a estima e a consideração" (Choay e Merlin, 1988, p. 573).

Segundo Diaz-Berrio e Orive (1974, p. 11), o termo reabilitação vinha se consolidando até se configurar como um dos aspectos fundamentais da conservação e, no texto da Convenção da Unesco de 1972, substituiu praticamente o termo restauração, aplicado tanto em arquitetura como em urbanismo. Choay considera reabilitação uma operação mais avançada e não simples melhorias no habitat. Menos custosa que a restauração, supõe trabalhos delicados que frequentemente desencorajam as ações do poder público (Choay e Merlin, 1988, p. 573).

A Carta Italiana del Restauro (1972), nas instruções para tutela dos centros históricos, definiu como uma das principais ações a reestruturação urbanística. A Carta aborda especialmente as re-

4. As grandes obras viárias ocorreram entre as décadas de 1950 e 1970 em várias cidades, e a atitude foi semelhante à dos planos de renovação, qual seja, a destruição da morfologia urbana existente, com remoção dos moradores.

lações, sobretudo do ponto de vista funcional, tecnológico e de uso, entre o território, a cidade e o centro histórico[5].

É possível localizar, nesse tempo, a origem dos planos de estruturação urbana. Tomando como exemplo o Rio de Janeiro, na década de 1980, esses planos atendiam reivindicações das comunidades quanto às questões especulativas, de uso, proteção ambiental e cultural, envolvendo o sistema viário e os planos de massa em uma escala de bairro[6].

Em 1995, surgiu um novo documento, a Carta de Lisboa, com a intenção de nomear tipos de intervenção e já direcionada para os temas urbanos, mas com confusões semelhantes às outras que a precederam. Esse documento definiu o conceito de renovação, para ser aplicado em tecidos urbanos degradados, demolindo estruturas morfológicas e tipológicas, substituindo-as por tipologias arquitetônicas contemporâneas. Curiosamente, essa definição foi incluída como uma das técnicas utilizadas para a reabilitação urbana. Na Carta de Lisboa assim são descritos os termos:

> Reabilitação urbana – é uma estratégia de gestão urbana que procura requalificar a cidade existente através de intervenções múltiplas destinadas a valorizar as potencialidades sociais, econômicas e funcionais, a fim de melhorar a qualidade de vida das populações residentes; isso exige o melhoramento das condições físicas do parque construído pela sua reabilitação e instalação de equipamentos, infraestruturas, espaços públicos, mantendo a identidade e as características da área da cidade a que dizem respeito; revitalização urbana – engloba operações destinadas a relançar a vida econômica e social de uma parte da cidade em decadência. Esta noção, próxima da reabilitação urbana, aplica-se a todas as zonas da cidade sem ou com identidade e características marcadas.

---

5. Centro histórico é um termo que surgiu na Europa, onde inúmeras cidades possuem sua parte mais antiga intramuros, caracterizando seu núcleo original, com tipologia específica. Esse termo universalizou-se e não está mais obrigatoriamente ligado à tipologia arquitetônica-urbanística que o inspirou.
6. Plano de Reestruturação Urbana (PEU), Rio de Janeiro.

A Carta de Lisboa apresenta o conceito de reabilitação como uma estratégia de gestão urbana, induzindo a compreensão de seu significado como sinônimo de requalificação. Em seguida, aproxima esse conceito da definição de revitalização. Tanto em um vocábulo como em outro, está explícita a importância de trazer novas atividades econômicas e, com elas, dar nova vida às áreas decadentes da cidade. A diferença entre os dois termos é o fato de o primeiro exigir a manutenção da identidade e das características, e o segundo admitir que esse mesmo procedimento possa ser adotado em zonas com ou sem identidade. Em nenhum momento, porém, parece haver uma preocupação de definir o significado de identidade: seria esta a qualidade de idêntico? Ou a relação de igualdade válida para todos os valores das variáveis envolvidas? (Ferreira, 1975, p. 738). Se for possível não encontrar identidades e características próprias de um lugar, como dar vida ou nova vida àquele espaço? Teria esse lugar valor, a ponto de merecer receber uma intervenção criteriosa do tipo reabilitação?

No limiar da virada do século XX, começou-se a falar do termo regeneração, ligado a uma metáfora que compara a trama de um tecido da pele ao tecido urbano. A regeneração seria um processo de recuperação do tecido da pele, sem, no entanto, rompê-lo. Mais uma vez, faz-se presente a ideologia da recuperação, do trazer nova vida e saúde para o tecido urbano, no qual se aplicaria a ação da regeneração. Este termo foi utilizado em vários planos, como na reconstrução das docas de Londres, onde grandes complexos arquitetônicos foram edificados ao longo da década de 1980[7], sem nenhuma preocupação de continuidade com o tecido urbano remanescente. A entrada dessa nova metáfora no elenco de nomes para qualificar as reurbanizações mais recentes está geralmente associada ao modelo econômico neoliberal, pautado na privatização de áreas públicas e de gestão do ambiente por meio de parcerias, nas quais o capital privado prevalece. No caso da regeneração, mais uma vez fica implícita uma intenção de recu-

7. Ver mais informações sobre a reconstrução das docas londrinas em Vasconcellos (1996, p.33-47).

peração econômica, tão presente quanto em outros projetos, cuja nomenclatura já foi mencionada (revitalização, reabilitação etc.).

Foi visto que a noção de arquitetura estende-se da tradicional obra isolada ao ambiente urbano, aberto, crescente e jamais completo. A preocupação com a ecologia evidencia, na década de 1990, a discussão sobre meio ambiente e desenvolvimento sustentável (Carta do Rio, 1992), buscando uma coesão de conceitos universais relativos ao sistema ambiental. Essa compreensão rompe fronteiras territoriais e elabora definições precisas relacionadas com a preservação e a conservação.

Para os ambientalistas, parece existir um consenso de que a preservação seja uma ação global voltada à proteção de um bem cultural na sua totalidade, contra qualquer dano ou degradação, por meio de instrumentos legais. No vocabulário do meio ambiente, a conservação é a utilização racional de um bem, garantindo sua exploração econômica. Essa ação, hoje, traduz-se como desenvolvimento sustentável.

A conservação, no que se refere aos bens culturais, é um termo abrangente para definir os tipos de medidas destinadas a manter ou restabelecer a saúde física de organismos edilícios. Existem vários graus de intervenção conservativa; o mais leve é a manutenção preventiva, e o mais sofisticado, a restauração[8].

A restauração é considerada pelos especialistas uma operação de caráter excepcional, aplicada somente em edifícios ou conjuntos particularmente prestigiados. Obedece a rigorosos preceitos que visam "colocar a obra em eficiência, facilitar sua leitura e transmiti-la integralmente ao futuro" (Carta Italiana del Restauro, 1972).

---

8. Na Carta de Veneza (1964), encontra-se uma definição com significado amplo para diferenciar os termos restauração e conservação: "a conservação implica uma atividade permanente" (art. 4º) e "a restauração é uma operação excepcional" (art. 9º), ou seja, a restauração é um caso-limite de conservação (Diaz-Berrio e Orive, 1974). Por sua vez, salvaguarda é qualquer providência conservativa que não implique a intervenção direta sobre a obra, portanto, bastante semelhante ao conceito de preservação.

Na Carta de Lisboa, dois graves equívocos contradizem procedimentos e instruções anteriormente estabelecidos. Ao admitir "reposição da totalidade", implica a criação de um falso-histórico e, ao selecionar "partes correspondentes aos momentos mais significativos de sua história", desconsidera, *a priori*, que toda duração de uma obra é a sua história[9]. Afinal, toda cidade é histórica, pois ela é a materialização do processo histórico; é impossível não deixar de atribuir juízo de valor ao escolher as áreas para intervenções. A Carta de Petrópolis[10] nomeia a área escolhida de área crítica operacional, como uma forma de recortar o espaço a ser objeto de um plano, mas não constam explicitados os critérios de seleção, sejam eles quais forem.

Ao refletir sobre os significados dos diversos termos analisados, é possível delinear algumas considerações.

Em primeiro lugar, é fundamental recuperar as hipóteses apontadas por Foucault sobre a medicina urbana no início deste trabalho. Os procedimentos utilizados na prática do urbanismo obedecem à mesma sequência do tratamento terapêutico então proposto: o isolamento (confinamento), ou seja, o recorte do objeto de estudo; a anamnese (história), a observação, o exame e a análise dos dados; o diagnóstico e, finalmente, a aplicação do remédio ou terapia. Segundo Santos (1988, p. 31):

> é nesse período que se dá a evolução modelarmente bem-sucedida da medicina, alçada de parente maldita das feitiçarias a saber legitimado. Conforme demonstram Foucault (1972) e Illich (1987) [...] registra-se uma verdadeira 'corrida do ouro' científico.

---

9. "São proibidas remoções ou demolições que cancelem a passagem da obra através do tempo, salvo limitadas alterações deturpantes" (Carta del Restauro, 1972, art. 6º, item 2).

10. "Artigo 1º: Entende-se como Sítio Histórico Urbano (SHU) o espaço que concentra testemunhos do fazer cultural da cidade em suas diversas manifestações. Esse sítio histórico urbano deve ser entendido em seu sentido operacional de 'área crítica', e não por oposição a espaços não históricos da cidade, já que toda cidade é um organismo histórico." (Carta de Petrópolis, 1987.)

A observação do autor confirma a hipótese de que o método científico postulado pela medicina serve como paradigma para outros campos do conhecimento que se pretendem reconhecer como ciência, tais como o urbanismo e a restauração do patrimônio cultural.

Croce (apud Abbagnano, 1982, p. 55) designa de anamnese o processo de conhecimento histórico e as fontes da história, uma chamada à recordação.

Quando a renovação urbana abre espaço para a reabilitação (revitalização, regeneração etc.), as práticas urbanísticas, seguindo o método científico, incorporam essa análise inicial (anamnese), reconhecendo o valor da história na cidade e do homem enquanto ser cultural; constatações até então desnecessárias pelas ações das terras arrasadas[11].

Essas práticas passam a ser identificadas na própria terminologia que aponta para "voltar a" refazer uma relação temporal. O prefixo "re" começa a ser empregado nas novas definições, representando referências explícitas às preexistências. O "re" é uma estratégia que considera (ou finge considerar) a inclusão do tempo na análise do espaço, sem, contudo, explicitar um significado e uma metodologia para tal. Aparecem, nesse caso, o modismo oportunista, as imprecisões de definição e da própria metodologia a ser adotada como elementos promocionais de marketing urbano. Misturam-se os conceitos, pois esses foram transportados de um campo do conhecimento para outro.

Implícita em todos os "res" está a manutenção da cultura local. Seria essa cultura possível de ser mantida, se o próprio conceito de cultura leva a entendê-la como um processo dinâmico e mutável no tempo?

---

11. A expressão renovação urbana também varia conforme a língua e a prática urbana de cada país. Segundo Vaz e Jaques (2001, p. 667), na Alemanha essa prática "compreende o processo permanente de manutenção do ambiente edificado em boas condições de uso, implicando, eventualmente, mas não necessariamente, reconstrução". Não exploramos essa interpretação, uma vez que tal expressão tem sido entendida no Brasil como descrita ao longo do texto, ou seja, com o sentido de demolição de tecidos antigos e substituição por novos.

Portanto, não se pode esperar que nenhum desses planos represente uma intervenção indolor. Em outras palavras, o paraíso prometido pelos planos de revitalização, reestruturação, reabilitação etc. segue pelo curso da história por meio de inúmeras injunções políticas e econômicas, as quais esbarram com questões importantes, como as da propriedade da terra e do capital, nem sempre equacionadas de acordo com a visão mágica e o discurso fácil de que um projeto poderá garantir uma nova vida para determinada área.

É fato, por outro lado, que a área em que se objetiva uma intervenção pode ser considerada de melhor ou pior qualidade, conforme o juízo de valor que a ela se atribui. Esse valor pode variar no tempo. Morar no centro é bom? E próximo da área portuária? Melhor morar na periferia? Na beira da praia? Claro que só tais perguntas seriam temas de discussão de várias naturezas. O que se discute neste texto é o modo como, nos planos de intervenção nos quais venha a caber o prefixo "re", estão sendo atribuídos esses juízos de valores e quais seriam os métodos de projetos compatíveis. Como, por meio desses planos, será realmente possível a manutenção da cultura local e da fixação dos seus habitantes?

As várias nomenclaturas dadas aos planos implicam uma grande confusão de conceitos. Concomitantemente, o poder público parece colaborar com essa confusão, legitimando novos termos para manter o privilégio de definir quais culturas serão selecionadas e valorizadas, associando o tipo de intervenção ao marketing político.

Afinal, qual é a cultura que vale mais?

## REFERÊNCIAS

ABBAGNANO, Nicola. *Dicionário de filosofia*. São Paulo: Mestre Jou, 1982.

BRANDI, Cesare. *Teoria del restauro*. Torino: Einaudi, 1981.

CESCHI, Carlo. *Teoria e storia del restauro*. Roma: Buizoni, 1970.

CHOAY, Françoise. *L'allégorie du patrimoine*. Paris: Seuil, 1992.

CHOAY, Françoise; MERLIN, Pierre. *Dictionaire de l'urbanisme et l'aménagement*. Paris: Presses Universitaires de France, 1988.

DIAZ-BERRIO, Salvador ; ORIVE B., Olga. *Terminología general en materia de conservación del patrimonio cultural prehispánico*. Roma, Mimeo/Iccrom: 1974.

FERREIRA, Aurélio Buarque de Holanda. *Novo dicionário da língua portuguesa*. Rio de Janeiro: Nova Fronteira, 1975.

FOUCAULT, Michel. *Microfísica do poder*. Rio de Janeiro: Graal, 1979.

GUATTARI, Felix. *Restauração da cidade subjetiva in Caosmose*. Rio de Janeiro: Editora 34, 1992.

INSTITUTO DO PATRIMÔNIO CULTURAL DA BAHIA. Centro Histórico de Salvador. Programa de Recuperação. Salvador, 1995.

[IPHAN] INSTITUTO DO PATRIMÔNIO HISTÓRICO E ARTÍSTICO NACIONAL; [MINC] MINISTÉRIO DA CULTURA; CURY, Isabelle (coord.). Cartas Patrimoniais. Brasília, 1995.

LISBOA. *Carta da Reabilitação Urbana Integrada*, 1995.

MELLO, Maria Cristina Fernandes de; VASCONCELLOS, Lélia Mendes de. Terminologias em busca de uma identidade. In: *Revista rua de urbanismo e arquitetura*. Universidade Federal da Bahia (ufba), v. 8, jul.-dez. 2003.

NEVES, Estela; TOSTES, André. *Meio ambiente: a lei em suas mãos*. Petrópolis: Vozes, 1992.

PORTAS, Nuno. Urbanismo e sociedade: construindo o futuro. In: VASCONCELLOS, E. M.; MACHADO, D. P. (orgs.). *Cidade e imaginação*. Prourb-FAU-UFRJ, 1996.

SANTOS, Carlos Nelson F. dos. Preservar não é tombar, renovar não é pôr tudo abaixo. In: *Revista projeto 86*. São Paulo: Projeto, 1985.

_______. *A Cidade como um jogo de cartas*. São Paulo: Eduff/Projeto, 1988.

VASCONCELLOS, Lélia M. de. "A nova arquitetura das docas de Londres: para quem e para que" In: *Revista Sinopses*, São Paulo, n.25, 1996, p.33-47.

VAZ, Lilian; JAQUES, Paola Berenstein. Reflexões sobre o uso da cultura nos processos de revitalização urbana. In: Anais do IX Encontro Nacional da Anpur. Rio de Janeiro, UFRJ, 2001, p. 664-74.

Lincoln Center, Nova York.

Foto: Ana Luisa Howard de Castilho, 2014.

Faneuil Hall Marketplace, Quincy Market, Boston (1976).

Foto: Ana Luisa Howard de Castilho, 1993.

**Imagem parcial das obras do Porto Maravilha, com destaque para a demolição do Elevado da Perimetral, no Rio de Janeiro.**

Foto: Ana Luisa Howard de Castilho, 2014

**Forum Les Halles (1979), Paris.**

Foto: Heliana Comin Vargas, 1998.

**Moll de La Fusta, Barcelona.**

Foto: Heliana Comin Vargas, 1998.

**Centro Pompidou, Paris.**

Foto: Heliana Comin Vargas, 2003.

## Lapa. Rio de Janeiro: Corredor e Distrito Cultural.

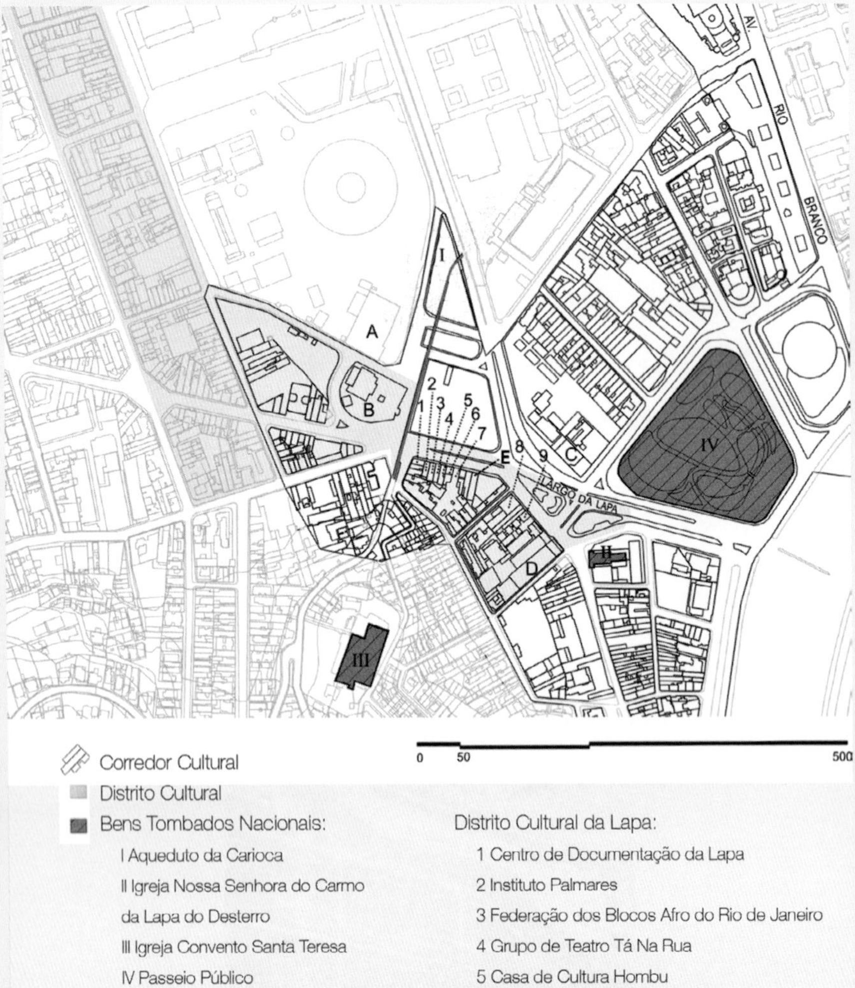


Corredor Cultural

Distrito Cultural

Bens Tombados Nacionais:

I Aqueduto da Carioca

II Igreja Nossa Senhora do Carmo da Lapa do Desterro

III Igreja Convento Santa Teresa

IV Passeio Público

Equipamentos Culturais:

A Fundição Progresso

B Circo Voador

C Escola Nacional de Música UFRJ

D Sala Cecília Meireles

E Casarão Cultural dos Arcos

Distrito Cultural da Lapa:

1 Centro de Documentação da Lapa

2 Instituto Palmares

3 Federação dos Blocos Afro do Rio de Janeiro

4 Grupo de Teatro Tá Na Rua

5 Casa de Cultura Hombu

6 Centro Teatro Oprimido

7 Centro Estadual de Dança Contemporânea

8 Centro Estadual de Artes Visuais

9 Museu da Imagem e do Som

Fontes: IPP. Base Cartográfica e Rioarte/Iplanrio. Prefeitura da Cidade do Rio de Janeiro (1985). Como Recuperar, reformar ou construir seu imóvel no Corredor Cultural; Governo do Estado do Rio de Janeiro. Secretaria de Estado de Cultura. Distrito Cultural da Lapa – Projeto de Arquitetura e Restauração. Rio de Janeiro, 26/6/2000.

**Parte do casario da Lapa, Rio de Janeiro.**

Foto: Monica Botkay, 2004.

**Arcos da Carioca, ou da Lapa, Rio de Janeiro.**

Foto: Monica Botkay, 2004.

**Praça surgida após a demolição de parte do casario.**

Foto: Monica Botkay, 2004.

## Caracterização da área de intervenção, São Paulo.

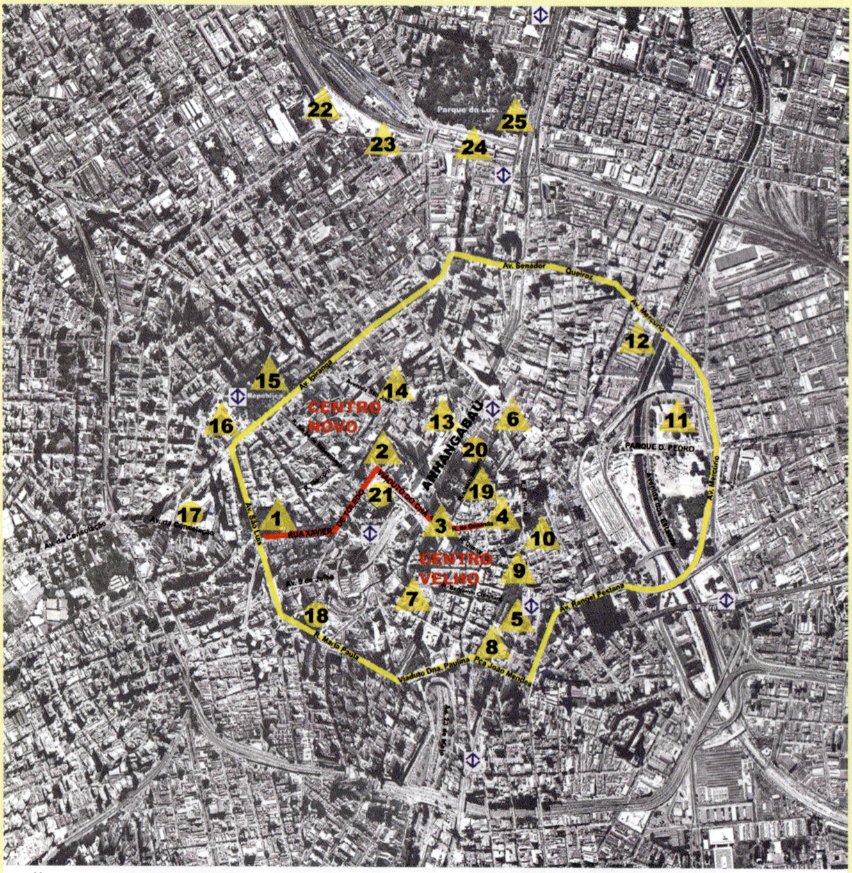


N

Corredor Cultural
Edifícios Públicos, Largos e Praças
Edifícios referenciais privados
Estações de Metrô

1 Praça D. José Gaspar
2 Teatro Municipal
3 Praça do Patriarca
4 Centro Cultural Banco do Brasil
5 Praça da Sé
6 Largo São Bento
7 Largo São Francisco
8 Catedral da Sé
9 Largo da Misericórdia
10 Pátio do Colégio
11 Palácio das Indústrias
12 Mercado Municipal
13 Correio
14 Largo do Paissandú
15 Praça da República
16 Antigo Colégio Caetano de Campos
17 Edifício Copan
18 Câmara Municipal
19 Largo do Café
20 Edifício Martinelli
21 Shopping Light
22 Sala São Paulo (OSESP)
23 Antigo DOPS
24 Estação da Luz
25 Pinacoteca do Estado

## Projeto Corredor Cultural, São Paulo.

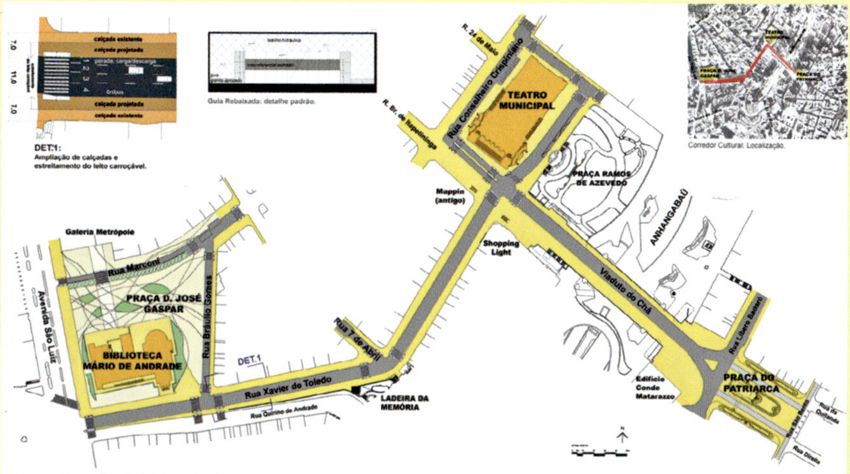


## Praça do Patriarca, São Paulo.

Foto: Horácio C. Galvanese, 2004.

**Paço Municipal recém-restaurado. Coord. Jornalismo/Fotografia CCS – Prefeitura de Porto Alegre.**

Foto: Ricardo Giusti, 2004.

**Vista aérea do Mercado Público, Praça XV de Novembro, Espaço dos Açorianos. Coord. Jornalismo/Fotografia CCS – Prefeitura de Porto Alegre.**

Foto: Aline Gonçalves.

# 3

# A Lapa boêmia na cidade do Rio de Janeiro: projetos, intervenções e dinâmicas do lugar[1]

*Lilian Fessler Vaz*
*Carmen Beatriz Silveira*

A análise das intervenções destinadas à renovação urbana do Rio de Janeiro no século XX revela que, para além dos objetivos parcialmente alcançados, muitas delas produziram resultados imprevistos que contribuíram para a degradação dos espaços da cidade. Por diferentes fatores e circunstâncias, projetos ambiciosos e radicais não lograram instituir dinâmicas que conduzissem aos efeitos esperados, gerando, no decorrer desse século, áreas deterioradas, vazios urbanos e graves perdas ao patrimônio histórico e cultural, bem como a expulsão da população moradora.

Assistiu-se na cidade do Rio de Janeiro, durante décadas, à constante decadência dos bairros centrais, até surgirem indícios de uma reversão dessa dinâmica. Ao contrário do que se observava até meados da década de 1970, seguindo uma tendência contemporânea de cidades europeias e norte-americanas, as grandes

---

1. As autoras agradecem a Juliana Maria Jabor Garcia Santos e a Juliana Povoleri, bolsistas de iniciação científica da UFRJ/CNPq e da Faperj, pela participação nos trabalhos de pesquisa e elaboração de mapas.

intervenções urbanas com base em tabula rasa foram substituídas por intervenções físicas e ações localizadas, pontuais ou mais amplas. Trata-se de intervenções de *infill*, de reciclagem e de reabilitação dos espaços intersticiais das cidades contemporâneas (Busquets, 1996), nas quais atividades comerciais, de serviços residenciais, culturais e de entretenimento, encontram alternativas para os espaços degradados (Vaz e Silveira, 1999). Essas intervenções relacionam-se, muitas vezes, com os projetos de preservação e podem também originar processos de gentrificação.

No caso do Rio de Janeiro, o Projeto Corredor Cultural, desenvolvido na década de 1980, revela-se como uma experiência precursora e paradigmática das chamadas intervenções de preservação/revitalização urbanas. Outra concepção tornou-se paradigmática com a implementação de projetos urbanos, a partir do início da década de 1990, consolidando-se com a entrada em vigor do Plano Estratégico da Cidade do Rio de Janeiro. Excluídos os projetos de pequeno alcance, pontuais, os processos de regeneração em curso desde os anos 1990 dificilmente remetem somente a um projeto específico, pois se inserem em contextos complexos de entrelaçamento de políticas, planos e projetos urbanos.

A área central da cidade do Rio de Janeiro corresponde ao seu centro histórico, que se desenvolveu desde o século XVI até o XIX e vem se renovando desde então. A partir do século XVIII, seu processo de formação conduziu obrigatoriamente a intervenções que provocaram intensas alterações em seu sítio original (aterros de várzeas e desmontes de morros). Desde o final do século XIX até o final da década de 1970, as intervenções visaram alterar o ambiente construído; apenas recentemente a preservação veio a se tornar importante. O Quadro 3.1[2] constitui uma síntese histórica dessas transformações.

Considera-se como área central da cidade do Rio de Janeiro o trecho que corresponde à II Região Administrativa, englobando

---

2. O quadro apresenta, de modo esquemático, as intervenções urbanas por meio dos seguintes tópicos: intervenções, objetivo enunciado e consequências. Enfatiza algumas intervenções realizadas na área da Lapa.

**QUADRO 3.1** – Cidade do Rio de Janeiro – Síntese histórica das transformações espaciais nas áreas central e da Lapa.

| PERÍODO | INTERVENÇÃO/PROJETO | OBJETIVOS ENUNCIADOS | TRANSFORMAÇÕES | LAPA |
|---|---|---|---|---|
| Séculos XVII/XIX | Desmonte de morros; aterros; aqueduto da Carioca. | Ocupação do território; criação de solo urbanizável; construção de infraestrutura urbana. | Alteração do meio ambiente; expansão da área urbana; adensamento populacional. | Criação do futuro marco, elemento simbólico da área; ocupação urbana. |
| Década 1900 | Reforma urbana Pereira Passos: abertura de vias; criação do porto. Abertura da Avenida Central (hoje Avenida Rio Branco). | Saneamento; embelezamento; modernização; ordem urbana. | Início das intervenções de renovação urbana: expulsão de habitações, formação de favelas; destruição do tecido urbano; área central como área de lazer e cultura. | Expulsão de habitações; destruição do tecido urbano e reconstrução da morfologia urbana. |
| Década 1920 | Arrasamento do Morro do Castelo. | Saneamento, "aeração e higiene"; abertura de vias, modernização. | Destruição de marcos e do tecido urbano; formação de vazios e favelas. | |
| Década 1920/30 | Renovação da área da Cinelândia; mudança de uso na Lapa. | Modernização; área de lazer das classes altas; criação de lugares da boemia; sede de jornais. | Início da verticalização; área central como área de lazer e cultura de elite. Lugar de manifestações políticas. | Lapa como lugar da boemia e de lazer das classes médias; de sedes de jornais e de manifestações políticas. |
| Década 1940 | Estado Novo: abertura da avenida Presidente Vargas; controle de atividades urbanas. | Rodoviarismo, transporte individual; embelezamento e ordem urbana; "limpeza de usos sujos". | Expulsão de habitações; formação de vazios; destruição do patrimônio. | Repressão das atividades de lazer, cabarés, prostíbulos. |
| Década 1950 | Arrasamento do Morro de Santo Antônio; degradação da Lapa. | Saneamento; abertura da Av. Norte-Sul (não concretizada). | Destruição da primeira favela da cidade; formação de vazios. | Expulsão de habitações. Destruição do tecido urbano. |

*(continua)*

**QUADRO 3.1** – Cidade do Rio de Janeiro – Síntese histórica das transformações espaciais nas áreas central e da Lapa. *(continuação)*

| PERÍODO | INTERVENÇÃO/PROJETO | OBJETIVOS ENUNCIADOS | TRANSFORMAÇÕES | LAPA |
|---|---|---|---|---|
| Década 1950/60 | Construção do Elevado da Perimetral. | Obra viária. | Rompimento da relação do centro com o mar. | Perda de "status"; degradação do tecido urbano. |
| Década 1960 | Renovação do Estácio e do Catumbi; destruição do casario da Lapa. | Obras viárias – acessos ao túnel Santa Bárbara. | Arrasamento dos bairros do Estácio e Catumbi; expulsão de habitações. | Destruição e degradação do tecido urbano. |
| Década 1970 | Construção do metrô; Dec. n. 322/76 proíbe uso residencial na ACN; destruição do casario da Lapa. | Transporte de massa; ordenação do espaço urbano. | Destruição do tecido urbano histórico; formação de vazios; expulsão da moradia (Dec. 322/76). | Arcos da Lapa "destacados" na paisagem urbana; expulsão de habitações. |
| Década 1980 | Expansão do metrô. | Transporte de massa. | Destruição do tecido urbano histórico; formação de vazios; expulsão de habitações (Dec. n. 322/76). | |
| | Projeto Corredor Cultural; reforma de equipamentos culturais. | Preservação da arquitetura e do ambiente cultural; incentivo à atividade comercial/cultural. | Preservação urbana substitui a renovação: manutenção do patrimônio edificado; expulsão de habitações (Dec. n. 322/76). | Preservação de tecido urbano remanescente da Lapa; equipamentos culturais e de lazer. |
| Década 1990 | Projetos: Rio Cidade; de habitação e cultura; Quadra da Cultura da Lapa. Lei de Uso Residencial/1994. | Requalificação e revitalização; retomada da centralidade; retorno ao uso da moradia. | Ocupação de vazios; retomada da relação do centro com o mar; retomada de atividades culturais. | Revitalização de atividades culturais e de lazer. |

*(continua)*

**QUADRO 3.1** – Cidade do Rio de Janeiro – Síntese histórica das transformações espaciais nas áreas central e da Lapa. *(continuação)*

| PERÍODO | INTERVENÇÃO/PROJETO | OBJETIVOS ENUNCIADOS | TRANSFORMAÇÕES | LAPA |
|---|---|---|---|---|
| Década 2000 | Projetos: Distrito Cultural da Lapa; Revitalização da Praça Tiradentes, Área Portuária; Rua do Lavradio; Rua do Riachuelo; Programa Novas Alternativas; empreendimento residencial. | Retomada da centralidade; revitalização da Área Central. | Retomada de atividades culturais; retorno pontual do uso residencial. | Restauração de sobrados (usos múltiplos); vias públicas com atividades de lazer; incremento do uso residencial de classe média; "Regeneração Cultural". |
| Década 2010 | Projetos: Lapa Legal, Rua dos Inválidos, Porto Maravilha, melhorias na mobilidade urbana, construção de eixos de transporte, teleférico no morro da Providência. Novos empreendimentos. | Revitalização da Zona Portuária; grandes obras de mobilidade urbana; demolição do Elevado da Perimetral; retomada da relação da cidade com o mar. | Retomada das intervenções de Renovação Urbana; expulsão da habitação; destruição de edificações e de vias; descoberta e restauração de sítio arqueológico. Verticalização. | Retomada das intervenções de Renovação Urbana e continuidade da revitalização; verticalização descaracteriza parte da morfologia e ambiência cultural urbana. |

a Área Central de Negócios (ACN), que concentra funções de centro comercial, administrativo, bancário-financeiro, artístico-cultural e de informações, e o seu entorno imediato, onde se encontram áreas de pequeno comércio e residências. Esse recorte da área central corresponde ao bairro Centro, que contém a ACN e as áreas da Lapa, Fátima e Cruz Vermelha, formando um anel periférico ao núcleo. Esse conjunto é fisicamente cercado por sequências de morros que abrigam algumas favelas e áreas residenciais de classes média e baixa.

Nas últimas décadas do século XX, foram detectadas nessa área duas tendências de sentidos opostos: por um lado, fortes indícios de desenvolvimento do setor terciário, de melhoramento, de vitalização; no caminho inverso, indícios de estagnação, de deterioração, de esvaziamento. Essas vertentes originaram-se tanto de processos espontâneos como das mais diversas políticas e intervenções.

Segundo Magalhães (2001), entre os projetos realizados e as ações implementadas destacam-se, na década 1980 e 1990, as intervenções físicas (recuperação de praças, de ruas de serviços, de calçadas, com atenção ao paisagismo, à arte urbana e ao mobiliário urbano), as denominadas "controle urbano" (ordenação de ambulantes, de estacionamento de veículos, retirada de população de ruas) e outras, às quais não faltam ingredientes como o city marketing e as parcerias público-privadas.

Embora certas zonas permaneçam degradadas, alguns focos renovados identificam-se atualmente tanto no *core* quanto no entorno, e tanto no horário comercial habitual quanto à noite. Resultantes do empenho, seja do poder público, de empresas ou de um movimento coletivo de diversos grupos ou tribos urbanas, seja por iniciativa de algum desses agentes, ou uma consequência da ação deles, alguns trechos marcantes podem ser assinalados nesse novo cenário.

Entre as zonas renovadas, destaca-se, para uma discussão sobre a revitalização urbana, o caso da Lapa, área histórica, boêmia e deteriorada, atualmente celebrada como novo *point* da cultura e da noite carioca. Considerou-se a temática da "revitalização" urbana centrada no estudo dessa área, que constitui exemplo significativo desse tipo de intervenção.

Lapa é o nome de um lugar; um lugar bem perto da ACN. Historicamente, tem sido reconhecida por muitos cariocas como um bairro; no entanto, para o poder público municipal, inclui-se oficialmente no bairro Centro. Talvez por não ser limitada e mapeada administrativamente enquanto bairro, mas apenas no imaginário urbano como lugar, seus limites sejam imprecisos. Quem sabe em decorrência do processo de ocupação do seu território, esgueirando-se inicialmente entre morros e brejos e, depois, ocupando-os, seus limites possam ser considerados móveis e fluidos. No processo histórico da cidade, a área da Lapa afirmou-se como um "lugar" e manteve-se "viva" no imaginário urbano, valorizando-se ou desvalorizando-se socialmente no decorrer do século XX até os dias atuais, a depender do momento que se pretende analisar. Pode-se considerar que a Lapa adquiriu, historicamente, valores socioespaciais distintos, modificando-se em diferentes períodos quanto ao seu uso, passando de lugar de moradia a lugar da boemia. Por sua especificidade, é possível afirmar que a Lapa constitui hoje um bairro, o qual tem sido objeto de variadas interpretações no âmbito intelectual, por meio da literatura, do cinema, da dramaturgia teatral ou da mídia (imprensa e televisão), em decorrência da recente valorização desse lugar como *point* noturno de distintos grupos sociais, com espaço privilegiado à participação daqueles que se disponham a pagar o preço do entretenimento alçado à categoria *cult* da cidade.

A Lapa situa-se entre a ACN e as zonas residenciais adjacentes. Essa faixa intermediária foi, por longo tempo, considerada no discurso do poder público como uma zona de expansão do centro, condenada à degradação por ser relegada a segundo plano pelo capital e pelo poder público. A franja constituída pelos bairros centrais era imprecisa funcionalmente, pois nela superpunham-se diversas funções; era indefinida espacialmente, pois se situava entre o centro e o entorno residencial; e era indeterminada temporalmente entre o que já foi, pois se encontrava deteriorada, e o que seria, porque se supunha que seria renovada e faria parte do Centro. Os bairros centrais, onde se situa a Lapa, seriam algo impreciso entre o residencial e o central, indefinido entre o núcleo e a periferia, indeterminado entre o passado e o futuro, sem identidade, espaço nem tempo próprios (Vaz e Silveira, 1994).

Em termos urbanísticos, a Lapa apresenta uma morfologia urbana bastante irregular, resultante do seu processo histórico marcado por diversas intervenções. Assim como a ACN do Rio de Janeiro, a Lapa também atravessou uma série de intervenções que alteraram sua configuração. Cabe registrar rapidamente que o seu território era, em grande parte, constituído de terrenos alagadiços, situados entre morros, lagoas e pântanos, entre os quais se abriram os primeiros caminhos. No século XVIII, foram construídas as primeiras igrejas, o Aqueduto da Carioca, e, sobre o aterro da lagoa do Boqueirão, com o desmonte do morro das Mangueiras, o Passeio Público. Uma urbanização incipiente desenvolveu-se de cada lado do Aqueduto; inicialmente próximo ao jardim e, mais tarde, durante o século XIX, no aterrado sobre os pantanais em que foram abertas várias ruas[3] (Figura 3.1).

A grande Reforma Urbana realizada durante a gestão Pereira Passos (1902-1906) atingiu a área com a abertura do eixo formado pelas ruas Mem de Sá e Salvador de Sá (atravessando a esplanada surgida com a demolição do morro do Senado), com a urbanização do largo da Lapa e a construção da Avenida Beira-Mar, que fez desaparecer a praia da Lapa, além da demolição de casas e cortiços. Assinala-se ainda, nesse período, o surgimento de uma política de intervenção urbana que, inaugurada na área da Lapa, passou a ser implementada em outras áreas da cidade e permanece vigente até os dias atuais. Trata-se dos Projetos de Alinhamento (PAS), destinados à abertura ou ao redesenho de vias urbanas[4]. Esses PAS estabelecem, de fato, o "desenho do chão", o traçado das vias públicas, impondo legalmente a continuidade ao

3. Ruas dos Arcos, do Lavradio, dos Inválidos e do Resende.
4. Os PAs números 1, 2 e 4 propiciaram a ligação da Lapa com o Estácio, mediante a abertura das avenidas Mem de Sá e Salvador de Sá (Abreu, 1987).

**Figura 3.1** – Lapa em 1858, vista do casario que envolvia os Arcos da Carioca e que seria destruído por diferentes intervenções durante o século XX. Litografia com base em fotografia original de Victor Frond, reproduzida de: Vasquez, Pedro. Fotógrafos Pioneiros no Rio de Janeiro: V. Frond, G. Leuzinger, M. Ferrez, J. Gutierrez. Rio de Janeiro, Dazibao, 1990.

processo de reconfiguração da cidade. Desse modo, tanto podem preservar o tecido urbano, conforme ocorreu no caso do Projeto Corredor Cultural, como podem constituir-se em verdadeiros planos de destruição urbana, se na sua implementação não for respeitada a morfologia urbana existente.

No período caracterizado como rodoviarista, ocorreram intervenções urbanas significativas na área da Lapa. Para a abertura da avenida Norte-Sul (que não se efetivou), foi arrasado, nos anos 1950, o morro de Santo Antônio, surgindo a esplanada de mesmo nome, onde grandes vazios permanecem até hoje. Além disso, várias desapropriações de imóveis foram realizadas, mas a grande avenida não se concretizou. Parte considerável do casario da Lapa desapareceu por causa das obras para melhoramento de circulação viária nos anos 1950-1960 e, principalmente, nos anos 1970, quando deixaram de compor a área cerca de cem casarões e sobrados seculares (Jornal do Brasil, 20/12/1994, p. 18). Parte do casario foi demolida em função das obras de expansão do metrô e de construção da praça dos Arcos, resultando na descontextualização dos Arcos da Lapa, que, ao serem desconectados do casario, deveriam destacar-se na paisagem urbana.

A sucessão de intervenções, somente estancada com a implementação do Corredor Cultural, transformou não somente o sítio original mas também o tecido urbano. Este se apresenta fragmentado, com trechos de cunho tradicional, irregular, constituído organicamente, à medida que a urbanização contornava lagoas e charcos que seriam aterrados e morros que seriam arrasados, com trechos de tecido urbano mais moderno, resultante de ocupações e de intervenções realizadas no século XX. Na área, observa-se uma diversidade de construções, uma vez que abriga ainda um vasto patrimônio arquitetônico constituído pelas edificações do final do século XIX e início do século XX, mas também por edifícios residenciais e comerciais sem nenhuma expressão arquitetônica, aos quais se mesclam marcos históricos como a antiga igreja de Nossa Senhora do Carmo da Lapa do Desterro e a igreja e convento de Santa Teresa, do século XVIII, além dos já referidos Passeio Público, primeiro jardim público do Rio de Janeiro, e a maior construção do período colonial, o monumental Aqueduto da Carioca (Arcos da Carioca ou Arcos da Lapa), que não conduz mais água, mas o bonde de Santa Teresa.

A Lapa apresenta ainda uma diversidade de atividades, muitas abrigadas em prédios históricos: culturais e de lazer, como a Sala Cecília Meireles e a antiga Fundição Progresso (hoje Shopping Cultural Fundição Progresso); recreativas, como o Clube dos Democráticos, a gafieira Asa Branca e o antigo Automóvel Clube do Brasil (atualmente, bingo); institucionais, como a sede da Maçonaria Grande Oriente do Brasil e a Escola de Música da Universidade Federal do Rio de Janeiro (UFRJ). Alguns marcos estão abandonados, a exemplo do chafariz da Rua do Riachuelo; vazios, como o edifício do antigo jornal Correio da Manhã; ou em ruínas, como o solar (antigo cortiço) na esquina das ruas dos Inválidos e do Riachuelo. O seu marco mais frágil e insólito, o Circo Voador, permaneceu poucos anos no local[5], inaugurando nova fase da história do lugar. Há de se registrar também alguns importantes exemplares da arquitetura modernista, como o edifício Morro de Santo Antonio, projeto de Luis Nunes, nos anos 1920-1930 (com apartamento duplex), e o Centro Integrado de Educação Pública (Ciep), projeto de Oscar Niemeyer, nos anos 1980, ambos na Rua do Lavradio.

Entretanto, a imagem da Lapa e sua fama não decorrem dessas características ou atividades, mas de outros fatores, de outras razões. Montmartre carioca ou Pigalle dos pobres, a Lapa tornou-se conhecida pelos seus cabarés, clubes de jogo, botequins, restaurantes e hospedarias. Nos anos 1920 a 1930, a Lapa emergiu como o berço da boemia carioca, reduto da malandragem, "paraíso dos sabidos e calvário dos otários, mostruário de mulheres famosas, centro da vida política do país" (Antonio, 2001, p. 140). A Meca dos mais diversos personagens da noite carioca, dos quais o mais célebre foi Madame Satã, distava poucos quarteirões do centro social, cultural e político do Distrito Federal e, portanto, do país; era o avesso do direito da capital federal. Nos anos 1940, no auge da fama, dois fatores causaram seu declínio: a repressão do Estado Novo às atividades ilícitas e a concorrência da vida noturna de Copacabana. A decadência do mundo boêmio, a deterioração do ambiente construído e as renovações modernizadoras convergiram para a degradação do lugar.

## OS PRECURSORES DO PROCESSO DE REVITALIZAÇÃO DA LAPA[6]

Desencadeado no período do Estado Novo, o processo de degradação da Lapa expressou-se com mais intensidade até o final da década de 1970, quando sucessivos indícios de recuperação

5. O velho circo foi substituído em 2004 pela Prefeitura, mantendo-se o nome.
6. Os cinco itens a seguir encontram-se mais desenvolvidos em Silveira (2004).

da vitalidade do lugar foram emergindo. Ações de tombamento[7] e reformas de edificações isoladas por parte do poder estadual[8], desde 1972, e municipal[9], desde 1987, incluindo as iniciativas dos agentes sociais locais, convergiram consecutivamente para a revitalização da área. Algumas medidas do poder público estadual, implementadas a partir do início dos anos 1980, figuram entre as primeiras intervenções significativas das duas últimas décadas: o projeto Arte nos Muros, inaugurado na Lapa em 1983, e a recuperação da Sala Cecília Meireles, finalizada em maio de 1985, concomitantemente à instalação do Circo Voador, em janeiro de 1982, e à restauração do prédio da Fundição Progresso, inaugurada em 1983.

Desse período, evidencia-se a visão antropológica no governo do Estado, por meio das palavras de Darci Ribeiro:

> A cultura é para mim o modo singular de um povo exercer sua humanidade: audível, na língua que fala ou na forma que canta; visível, nas coisas que faz; observável, nos seus modos peculiares de conduta [...]. Dentro deste conceito de cultura, política cultural não pode ser mais do que o estímulo generoso do Estado para que a criatividade popular e erudita floresça, sem nelas jamais interferir. A mão do Estado é sempre uma mão possessa, onde quer que ela queira ditar normas ou impor diretrizes. (Ribeiro, 1986, p. 2-3)

7. O tombamento pelo Sphan, em 1938, do Aqueduto da Carioca, da Igreja de Nossa Senhora do Carmo da Lapa do Desterro, da Igreja e do Convento de Santa Teresa e do Passeio Público foram algumas das primeiras ações do poder público federal de preservação de edificações.
8. O poder público estadual tombou a sede da Maçonaria Grande Oriente do Brasil, em 1972, o Lampadário Monumental do Largo da Lapa, em 1983, a Sociedade Brasileira de Belas Artes, em 1985, e a Fundição Progresso, em 1987.
9. O poder público municipal tombou o Clube dos Democráticos, um conjunto arquitetônico da Rua do Lavradio, a Igreja de Santo Antônio dos Pobres e o cortiço Chora-Vinagre, em 1987; a Escola Municipal Celestino da Silva, em 1990, e a Escola de Música da UFRJ, em 1994.

Ao se destacar uma concepção que considerava o patrimônio imaterial tão significativo quanto o material, procura-se entender a amplitude das ações do poder público, que pretendia estimular e desenvolver os aspectos físicos (pela recuperação dos imóveis) e os socioculturais (por meio do estímulo às potencialidades locais).

Identificam-se, a seguir, as principais ações que contribuíram, em maior ou menor grau, conjugando-se ou complementando-se, para a reversão da dinâmica urbana então existente. Como políticas públicas, são apresentados os projetos do Corredor Cultural, iniciativa do poder público municipal, e da Quadra da Cultura da Lapa, proposta pelo poder público estadual, que antecedem o projeto Distrito Cultural da Lapa.

Para o melhor entendimento do recorte urbano analisado, considera-se como delimitação física da área em estudo o trecho que era conhecido como Lapa em meados do século XX, período significativo para identificar esse lugar com a imagem da boemia carioca, de acordo com Albuquerque[10].

O Projeto do Corredor Cultural, proposto em 1979 e aprovado em 1984, iniciou um movimento que alterou significativamente, nos processos de revitalização, a forma de atuação sobre o espaço da cidade, considerando-se, a partir de então, trechos inteiros como objeto de preservação, em vez de monumentos isolados. Portanto, após um longo período da política de preservação do Sphan[11] restrita a monumentos arquitetônicos, destacados

---

10. A área da Lapa era limitada pelas ruas da Relação, do Riachuelo, Conde de Lages, dos Inválidos e Augusto Severo. Além destas, foram incluídas as ruas Muratori e Taylor, a Travessa do Mosquera, os Arcos da Lapa, as ruas dos Arcos, Mem de Sá, Joaquim Silva, do Lavradio, Gomes Freire e um trecho da rua do Resende. Sugestão de demarcação aproximada da área, de acordo com Albuquerque (1992), residente na área e ex-presidente da Associação de Moradores da Lapa e Corredor Cultural.

11. Durante aproximadamente 45 anos de atuação do poder público em relação ao patrimônio histórico nacional, por meio da implementação da política do Sphan (hoje Iphan), com a aplicação da Lei n. 25/37, foram tombados cerca de 900 imóveis e, em quatro anos de implementação do Projeto Corredor Cultural, foram preservados em torno de 1.300 imóveis (Campofiorito, 1986, p. 6).

do seu contexto sociocultural e espacial mais amplo, observou-se uma modificação significativa.

Dessa forma, com o surgimento do projeto, da lei que determinou o limite para a área do Corredor Cultural e da lei que reconheceu o Corredor Cultural como zona especial do centro histórico do Rio de Janeiro, imprimiram-se as condições básicas para a preservação paisagística e ambiental. A nova concepção preservadora assume a noção de patrimônio cultural e não mais de patrimônio histórico. A preservação dos monumentos passou a ser contextualizada, e estes examinados como elementos integrantes "de uma densa gama de relações socioeconômicas, culturais e ambientais que têm como palco principal a cidade e como atores seus cidadãos" (Pinheiro, 1984, p. 1).

Por questões operacionais, o Projeto Corredor Cultural foi dividido em quatro áreas: Lapa-Cinelândia, Praça XV, Largo de São Francisco e imediações, e Saara (Sociedade dos Amigos das Adjacências da Rua da Alfândega). O projeto do Distrito Cultural da Lapa, desenvolvido adiante, insere-se na chamada Área 1 (Lapa-Cinelândia) do Projeto Corredor Cultural. Antes, porém, outro projeto foi proposto para a área (Figura 3.2).

O Projeto Quadra da Cultura na Lapa, fruto da gestão 1991-1994 do governo estadual, resultou do empenho de incentivar e de valorizar as manifestações culturais do lugar, assinalando a sua "vocação cultural". A esse projeto somaram-se as ações de "recuperação urbanística", implementadas pela prefeitura municipal. Desse modo, imóveis próprios estaduais ocupados irregularmente foram destinados a "atividades culturais, vinculadas a projetos elaborados e executados diretamente pelo Estado ou pelas entidades previamente selecionadas para esse fim"[12]. No ano de 1992, a imprensa noticiava:

12. Decreto n. 17.390, de 15 de abril de 1992, que tratava dos imóveis concentrados na quadra delimitada pela Avenida Mem de Sá, travessa Mosquera, ruas Joaquim Silva e Evaristo da Veiga.

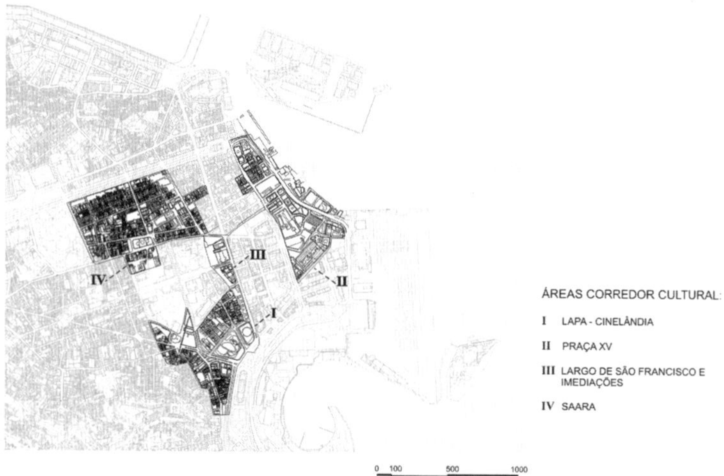


**Figura 3.2** – Área central e corredor cultural. As quatro áreas do Projeto Corredor Cultural assinaladas sobre o mapa da área central da cidade do Rio de Janeiro. Fontes: IPP. Base Cartográfica e Rioarte/Iplanrio. Prefeitura da Cidade do Rio de Janeiro (1985). Como Recuperar, reformar ou construir seu imóvel no Corredor Cultural.

> A Lapa do Circo Voador e da Fundição Progresso está se preparando para abrigar mais um projeto cultural. É a Quadra da Cultura – formada por imóveis que pertencem ao Estado –, na avenida Mem de Sá, em frente aos Arcos. O Projeto tem o apoio de diretores de teatro, como Augusto Boal e Amir Haddad, e de Márcio Galvão, diretor da Fundição Progresso. (Abend, 1992, s.p)

Esses imóveis (alguns ocupados irregularmente), deveriam ser destinados a atividades culturais e residenciais, dando-se preferência a moradores antigos[13]. Apesar da declaração de utilidade pública, para fins de desapropriação de três imóveis[14] situados na Quadra da Cultura, com a mudança de governo em 1995 e com

13. José Roberto de A. Coutinho, então diretor do Departamento de Patrimônio Imobiliário, Secretaria Estadual de Justiça, em entrevista concedida a Carmen Beatriz Silveira em novembro de 2003.
14. Decreto n. 20.674, de 30 de setembro de 1994.

o retraimento dos grupos teatrais interessados, praticamente não ocorreu ação de política cultural até 1999, quando o novo governo assumiu a gestão do Estado do Rio de Janeiro.

## O PROJETO DISTRITO CULTURAL DA LAPA

No processo de implantação de uma proposta de revitalização da área da Lapa, em meados de 1999, iniciava-se uma nova fase. Bastante ampliado no seu escopo, em relação à proposta anterior da Quadra da Cultura, por meio do Decreto n. 26.459 foi instituído o Projeto Distrito Cultural da Lapa, em 7 de junho de 2000, que consistia na "destinação de imóveis próprios estaduais, não afetados ao uso comum do povo ou ao uso especial e alocados ao poder executivo estadual ou pertencentes a entidades vinculadas, para atividades culturais e outras correlatas"[15] (Figura 3.3).

No Projeto Distrito Cultural da Lapa, reafirma-se o patrimônio arquitetônico e cultural da área como aspecto significativo para promover a revitalização e ressalta-se que a sua diversidade cultural estaria nitidamente relacionada com seu patrimônio arquitetônico, marco histórico da cidade do Rio de Janeiro. Destacam-se, ainda, os Arcos da Lapa (a maior obra urbana do período colonial – Figura 3.4) e o casario do século XIX (Figura 3.5), simbolizando a cultura característica do lugar frequentado historicamente por grupos sociais diversos que, à sua maneira e ao seu tempo, vinham usufruindo distintos modos nessa área[16]. Portanto, arcos e casario associados aos aspectos culturais constituiriam hoje elementos simbólicos[17] que transcendem as áreas

15. O projeto compreendia a área contida entre o Largo da Lapa até o final da Rua do Lavradio, incluindo a Travessa do Mosquera, Avenida Mem de Sá, Rua do Riachuelo, Avenida Gomes Freire, Rua dos Arcos, Rua Joaquim Silva, Rua do Resende e Rua da Relação.
16. Governo do Estado do Rio de Janeiro. Distrito Cultural da Lapa: Projeto de Arquitetura e Restauração (2000).
17. Ao contrário do que se propunha nos anos 1970, ao destacar o monumento eliminando o casario vizinho.

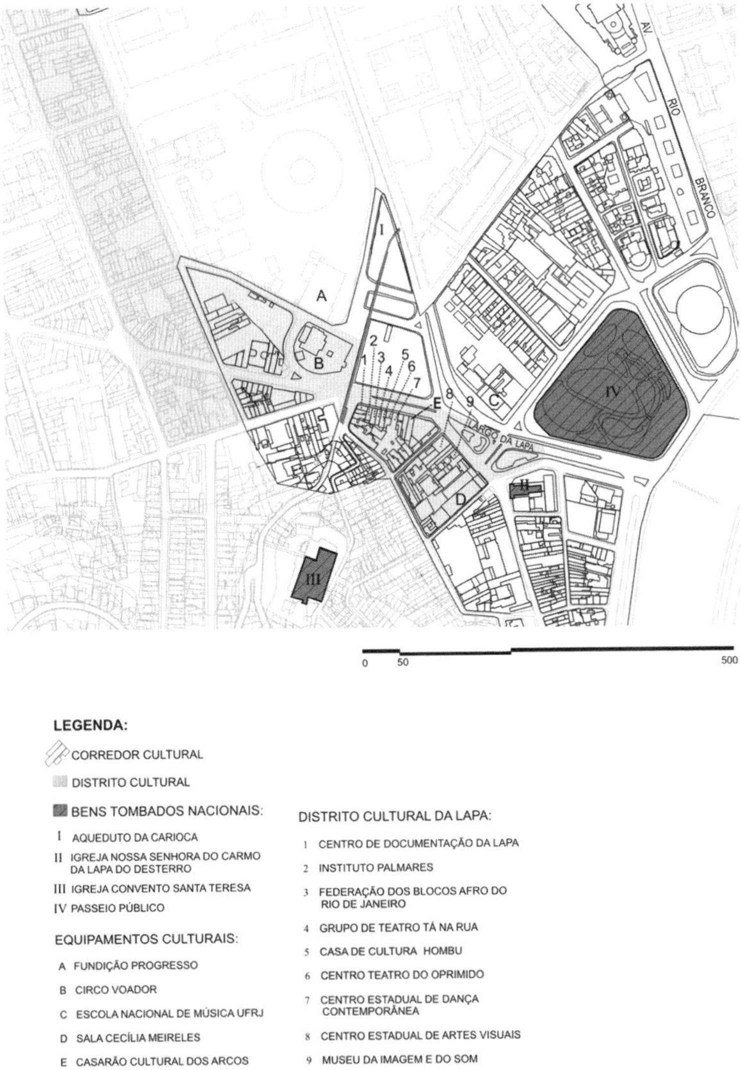


**Figura 3.3** – Lapa – Corredor e Distrito Cultural. A área Lapa-Cinelândia do Projeto Corredor Cultural, a área (aproximada) do Distrito Cultural da Lapa, equipamentos culturais e bens tombados nacionais (ver p.A4). Fontes: IPP. Base Cartográfica e Rioarte/Iplanrio. Prefeitura da Cidade do Rio de Janeiro (1985). Como Recuperar, reformar ou construir seu imóvel no Corredor Cultural; Governo do Estado do Rio de Janeiro. Secretaria de Estado de Cultura. Distrito Cultural da Lapa – Projeto de Arquitetura e Restauração. Rio de Janeiro, 26/6/2000.

**Figura 3.4** – Os Arcos da Carioca (ou da Lapa), vendo-se, à direita, o painel pintado sobre a parede lateral da Escola de Música da UFRJ e, ao fundo, a Área Central de Negócios (ACN) (ver p.A5). Foto: Monica Botkay, 2004.

**Figura 3.5** – Parte do casario da Lapa que abriga equipamentos culturais (ver p.A5). Foto: Monica Botkay, 2004.

específicas de sua localização, tendo se transformado em ambiente urbano relevante no contexto da metrópole.

No âmbito do projeto de arquitetura do Distrito Cultural, afirma-se, ainda, que as intervenções deveriam ser realizadas em nove imóveis, divididos em duas categorias: novas edificações e reconversões/restaurações. As primeiras "integram-se, respeitam e valorizam a arquitetura existente através de sua forma, escala e materiais": são as edificações destinadas ao Centro Estadual de Artes Visuais e ao Centro Estadual de Dança Contemporânea. As reconversões/restaurações correspondem às obras propostas para o casario da rua Mem de Sá, além do Museu da Imagem e do Som[18]. É interessante notar que a maior parte das intervenções físicas propostas situa-se nos limites do antigo Projeto Quadra da Cultura.

No Plano de Trabalho e Detalhamento de Projetos[19], foram abordados os itens essenciais relativos às ações da Secretaria Estadual de Cultura na área da Lapa. São sintetizados, a seguir, seus principais pontos.

## OBJETIVO E DESCRIÇÃO DO PROJETO

Iniciado em junho de 1999 e com previsão de término para setembro de 2002, o projeto tinha como objetivo a "completa requalificação do bairro da Lapa", mediante o desenvolvimento de diversas ações interligadas. Tais ações deveriam acarretar a criação de um programa de desenvolvimento econômico e social, por meio do turismo cultural que seria possibilitado pela diversidade cultural e pelo caráter histórico da área. Portanto, as várias atividades oferecidas pela Lapa nas suas casas de cultura, bares, restaurantes tradicionais, antiquários e hotelaria funcionariam como roteiro de opções ao potencial visitante.

---

18. Ibidem.
19. Trata-se de um dos três documentos oficiais do Projeto Distrito Cultural da Lapa. Governo do Estado do Rio de Janeiro (2000).

O projeto seria viabilizado por intermédio de uma ampla parceria entre o poder público, a iniciativa privada, a comunidade local, as instituições acadêmicas e outras entidades da sociedade civil. Seriam estabelecidas ações integradas entre as diversas secretarias e os demais órgãos públicos envolvidos no projeto, agregando também a área corporativa existente no local, com uma previsão de aplicar um montante de R$ 13,671 milhões, dos quais R$ 741 mil ficariam a cargo do governo do estado e os R$ 12,9 milhões restantes adviriam da iniciativa privada. Desse modo, deveria ser feita a recuperação do patrimônio público imobiliário, a criação e a revitalização de espaços destinados à realização de atividades socioculturais e a implementação de programas de ações sociais.

A recuperação do patrimônio público da Lapa abrangeria a reforma do imóvel que abriga o setor administrativo da Fundação Museu da Imagem e do Som, bem como a criação de novos espaços (Centro Múltiplo de Artes; Centro de Dança Contemporânea do Estado do Rio de Janeiro; Centro de Documentação da Lapa; Centro de Restauro do Patrimônio Público; Casa de Cultura Hombu), e a revitalização de espaços culturais existentes (Centro de Memória e Documentação Afro-Brasileira; Fábrica de Teatro Popular Augusto Boal; Grupo de Teatro Tá na Rua e Instituto Palmares). Finalmente, a instauração de programas e ações sociais[20]; a requalificação da mão de obra excluída disponível na Lapa e seu entorno; e a recuperação de cortiços.

Além dessas ações, o projeto previa o estabelecimento de diálogo entre a comunidade e as instituições, e o levantamento de recursos financeiros na iniciativa privada, destinados à criação de um calendário cultural, à integração da comunidade acadêmica aos programas de governo, à recuperação da história do bairro e ao incentivo ao turismo cultural. Em relação a este último, destaca-se a implementação de um Ônibus da Cultura, que deveria

20. Abrangendo a "Creche e Apareche", em funcionamento no Circo Voador há 16 anos, com o atendimento gratuito a 80 crianças carentes da área.

percorrer um roteiro cultural, atendendo aos moradores e aos usuários interessados em conhecer o Distrito Cultural da Lapa.

## ÁREAS DE ATUAÇÃO, ÁREA FÍSICA DO PROJETO, METAS E CRONOGRAMA DE EXECUÇÃO FÍSICA

Sobre o seu campo de atuação, o projeto abrangeria áreas distintas, como atividades teatrais, ópera, dança, música, artes gráficas, vídeo, literatura, patrimônio cultural, uma rádio educativa-cultural e manifestações da cultura afro-brasileira. Atuaria também na capacitação de recursos humanos e no desenvolvimento de atividades de pesquisa, documentação e informação. Quanto à sua área física de influência imediata, o projeto envolveria sobretudo o bairro Centro, onde se encontra a área da Lapa, estendendo-se pelos bairros periféricos da Glória, Catete, Santa Teresa e Bairro de Fátima. No entanto, graças à diversidade de atividades a serem implementadas com a requalificação da Lapa, preconizava-se ampla influência no conjunto da cidade. Considerava-se, para os limites da Lapa e sua periferia imediata, o atendimento a uma população fixa (residente) de aproximadamente 5 mil pessoas. Além desses habitantes, era necessário contar com uma população flutuante e variável (moradores de outras áreas da cidade e turistas). No total, previa-se o atendimento a cerca de 600 mil pessoas por ano.

As metas a serem alcançadas com o projeto eram as seguintes: definição dos espaços imobiliários; definição de parcerias potenciais; coordenação e execução do projeto; lançamento do projeto para o mercado; captação e definição dos meios de disponibilização dos recursos financeiros; aporte de recursos financeiros e realização das obras. O Plano de Trabalho indicava ainda as etapas de execução do projeto mediante a apresentação de um cronograma de execução física.

Cabe ainda assinalar a diversidade de instituições participantes, entre as quais, oito secretarias de Estado[21]; a prefeitura da

21. As secretarias de Cultura; de Administração e Reestruturação (inserindo, especificamente, o Patrimônio Imobiliário do Estado e o Rio Previdência); de Seguran-

cidade do Rio de Janeiro; Caixa Econômica Federal e o Banco Nacional do Desenvolvimento (BNDES); Petrobras; Serviço Social do Comércio (Sesc); Telemar; Unisys; Federação das Indústrias do Estado do Rio de Janeiro (Firjan); Universidade Federal do Rio de Janeiro (UFRJ) e Universidade Federal Fluminense (UFF). Nesse amplo conjunto de entidades, a atribuição de órgão gestor de todo o projeto estava delegada à Secretaria de Estado de Cultura, sob a coordenação e supervisão direta do Gabinete do Secretário. Algumas das grandes corporações como Petrobras, BNDES, Telefônica, Centro Empresarial Castelo Branco e Unisys, sediadas no entorno da área da Lapa, poderiam ser estimuladas a efetivar parceria com o poder público, este com investimentos em segurança, limpeza, iluminação e estacionamentos.

As ações principais do projeto eram igualmente enfatizadas na justificativa. Evidenciava-se, assim, a melhoria da qualidade de vida que adviria com a implantação dos programas sociais: formação de mão de obra destinada à população carente e "marginal" do bairro; cursos de formação para guias turísticos; e geração de empregos que deveria ocorrer no contexto de instalação do projeto.

Finalizando, destaca-se a pretensão dos proponentes do Projeto Distrito Cultural da Lapa de que este poderia servir de piloto para ser aplicado em outras cidades de interesse turístico e cultural do Estado.

## O PROCESSO DE IMPLEMENTAÇÃO DO PROJETO[22]

O Projeto Distrito Cultural da Lapa esteve sob a mesma coordenação durante cerca de três anos, desde a sua instituição, em

---

ça; de Planejamento, Desenvolvimento Econômico e Turismo; de Ação Social e Cidadania; de Justiça; de Ciência e Tecnologia; e de Energia, Indústria Naval e Petróleo.

22. Este item sintetiza a entrevista realizada com Maria Juçá (2003), acrescida de alguns comentários relativos a notícias veiculadas em periódicos da imprensa alternativa e da grande imprensa carioca.

junho de 2000, até meados de 2003[23]. A entrevista realizada com a coordenadora revelou alguns aspectos significativos das tentativas de implementação de um projeto que se afigurou complexo desde a sua concepção, pois se originou em uma gestão de governo estadual que visava a intervir nos seus imóveis próprios, submetidos, no entanto, a uma legislação urbana de âmbito municipal.

Cabe evidenciar um aspecto significativo para a compreensão desse processo: foi proposto como um projeto de desenvolvimento urbano que apresentava um amplo escopo socioespacial, integrando diversos segmentos sociais. Conforme mencionado anteriormente, o projeto contou com a participação de pesquisadores da UFRJ e da UFF, que auxiliaram na elaboração do diagnóstico da área da Lapa, e foi desenvolvido com a participação de representantes de diferentes grupos locais que, por meio de reuniões organizadas pela coordenação, puderam manifestar seus respectivos interesses. Nos dizeres da coordenadora, ao recuperar o patrimônio público, deveriam ser criadas condições de geração e escoamento da "própria produção". Considerando que a política cultural tem sua complexidade e precisa de instrumentos para viabilizar toda a sua produção, como a "organização política do lugar"[24], a criação de empregos e a capacitação de mão de obra, tais aspectos seriam imprescindíveis para possibilitar uma intervenção em distintos níveis das demandas sociais.

No entanto, no período mencionado, houve muitas mudanças decorrentes de problemas no governo do Estado. Segundo Maria Juçá, entre os entraves que afetaram as possibilidades de instituição do projeto, devem ser ressaltadas as prioridades políticas do governo estadual, que foram se modificando no decorrer dos três anos em que o programa esteve sob a sua coordenação. Em apenas um mandato de governo do Estado, foram nomeados quatro secretários de cultura, e cada mudança resultava, conco-

23. O desenvolvimento do projeto iniciou-se em meados de 1999, mas só foi instituído por decreto em junho de 2000.

24. Maria Juçá, na entrevista citada anteriormente.

mitantemente, em deslocamento de interesses e de focos da gestão da cultura.

A despeito dos problemas esboçados durante os três anos de tentativa de sua implementação, o processo de discussão foi bastante dinâmico e rico, reunindo diversos representantes da sociedade civil. Em 3 de julho de 2002, realizou-se uma ampla reunião na Sala Cecília Meireles, com a equipe do projeto, representantes das universidades envolvidas e das comunidades locais, para apresentação pública e lançamento do projeto com amplo debate. Houve um enfrentamento dos problemas com os ocupantes de alguns imóveis próprios estaduais. De acordo com a coordenadora, o início do processo foi complicado, em razão dos conflitos então existentes com um "núcleo de invasores profissionais" que se apropriaram do patrimônio público para obter renda pelo aluguel dos espaços, edificados ou não, que passaram a ser ocupados como estacionamento, "hospedagem de mendigo" e/ou "equipamento de camelotagem". Nesse contexto, quando houve uma ação do poder público para modificar o quadro existente, desencadeou-se uma forte reação por parte dos ocupantes; e as tentativas de atingir o consenso, promovendo discussões amplas e democráticas, consumiram cerca de dois anos de trabalho. Embora algumas obras previstas no Projeto Distrito Cultural da Lapa tivessem sido iniciadas, como a reforma do casarão destinado a abrigar o Centro de Documentação da Lapa[25], a sua instauração praticamente não ocorreu.

Na gestão estadual que se iniciou em janeiro de 2003, houve uma discordância entre a nova secretária de cultura e a então coordenadora do projeto a respeito da condução do trabalho. Em meados de 2003, a gestão foi transferida para o Instituto Estadual de Patrimônio Cultural (Inepac) e, simultaneamente, houve mudança na coordenação do projeto. A partir desse momento, o escopo do projeto foi bastante restringido, praticamente re-

25. Situado na esquina das ruas Mem de Sá e Evaristo da Veiga. Tribuna da Imprensa (2001).

tornando aos antigos limites da Quadra da Cultura. Atendo-se à proposta de restauração de apenas três imóveis em uma primeira etapa, o governo estadual pretendeu, assim, viabilizar a sua implementação mediante uma concepção bem mais modesta e pragmática.

Malgrado os problemas enunciados anteriormente, o Projeto do Distrito Cultural da Lapa, versão ampliada do Projeto da Quadra da Cultura, acabou por se constituir em elemento catalisador da dinâmica local, estimulou a autoestima de moradores e usuários e resultou em algumas mudanças significativas na área da Lapa. Tais mudanças iniciaram-se com as ações de políticas públicas já mencionadas, sobretudo com a tentativa de instauração da Quadra da Cultura, e decorreram ainda de um processo mais antigo de renascimento da Lapa, constatado em diversos momentos desde meados do século XX, quando a evidente degradação da área inspirava um samba-exaltação: "A Lapa está voltando a ser a Lapa/a Lapa, confirmando a tradição/a Lapa é o ponto maior do mapa do Distrito Federal"[26].

É importante mencionar que algumas ideias relativas ao processo de regeneração cultural da área da Lapa, se não lograram implementar o projeto conforme a sua concepção no decorrer de praticamente uma década, revelaram uma dinâmica capaz de estimular ações da iniciativa privada e de grupos populares, as quais, por sua vez, instigaram o poder público a realizar obras de reurbanização. Entre os resultados positivos dessa revitalização espontânea da Lapa, destaca-se o mosaico feito na escadaria da rua Joaquim Silva, um dos acessos para o Convento de Santa Teresa[27]. Iniciou-se naquele local a recuperação de um espaço onde o artista homenageou a cultura popular; e a população passou a usufruir desse bem, além de assumir o encargo da limpeza e da guarda do lugar (Figura 3.6).

26. De Herivelto Martins e Benedito Lacerda, sucesso na década de 1950.

27. Trata-se de um trabalho inédito feito nos 215 degraus pelo artista plástico chileno Jorge Emiliano Selaron Perez. Folha do Centro (2003, p. 19-20).

**Figura 3.6** – A praça surgida após a demolição de parte do casario, vendo-se ao alto a Igreja e o Convento de Santa Teresa (ver p.A5). Foto: Monica Botkay, 2004.

Nesse processo, além dos usos tradicionais do local (moradia, comércio e indústria), uma diversidade de estabelecimentos foi surgindo ou renovando-se: grupos de teatro, de dança, clubes recreativos, bares e restaurantes tradicionais, lojas e restaurantes naturais, ou antiquários que à noite transformam-se em bares e restaurantes. Essa multiplicidade de atividades e usuários potencializaram a vitalidade do lugar. Considerando a Lapa associada a outros pontos culturais cariocas em processo de revitalização, como a Cinelândia (por meio da Rua do Passeio), a praça Tiradentes (por meio da Rua do Lavradio) e o movimentado largo da Carioca (não por acaso, o núcleo articulador do Corredor Cultural), observa-se que esses eixos permitem diferentes conexões e fluxos dos diversos frequentadores do lugar. A localização privilegiada desses espaços, próximo à ACN, de fácil alcance tanto pelos bairros da Zona Norte como da Zona Sul, favorece a ampla acessibilidade à área da Lapa.

Embora exista uma grande variedade de frequentadores da Lapa (famílias moradoras de baixa classe média, escolares, executivos, turistas nacionais e estrangeiros, ambulantes, travestis, entre outros), um dos principais personagens agora é o jovem. Praticamente ausente do centro do Rio durante décadas, a juventude acorre e consome sobretudo a tradicional música popular brasileira. Cerca de 50 mil jovens nas noites de sexta-feira (Santos, 2002) retornam à Lapa em busca da festa e da rua, recriando um local de cultura e boemia. O antigo conjunto edificado e os espaços públicos reabilitados vêm recuperando uma das áreas mais tradicionais da cidade no entorno de um de seus monumentos históricos mais importantes.

Essa revitalização – no sentido do retorno da vitalidade, principalmente pelo surgimento de novas e variadas atividades e pela atração de uma diversificada gama de grupos usuários no lugar – ocorreu com base em algumas dimensões fundamentais: a valorização da cultura local, com a participação da população e da iniciativa privada, que aproveitou a oportunidade para instalar nos antigos sobrados restaurados, ambientes de consumo, cultura e lazer, incentivando a instauração de grupos musicais e teatrais, além de promover atividades sociais desenvolvidas nos mesmos espaços. Criaram-se, nesse contexto, novos ambientes edificados, restaurados, com múltiplos usos nos sobrados que antes funcionavam apenas com uma única atividade: antiquários ou outro tipo de comércio local. Pode-se afirmar ainda que uma nova urbanidade surgiu no espaço público já existente, nas antigas praças e ruas, recriando um lugar de encontro social, de festa, de boemia e principalmente de cultura.

## REGENERAÇÃO CULTURAL?

A forte dimensão cultural presente na Lapa e nos três projetos abordados (Corredor Cultural, Quadra da Cultura e Distrito Cultural da Lapa) merece algumas considerações. É preciso assinalar que a cultura, nas suas diferentes manifestações, tornou-se recentemente um importante elemento impulsionador das políticas, dos planos e projetos urbanos.

As transformações econômicas, sociais e tecnológicas das últimas décadas induziram a adequação da cidade contemporânea às exigências da nova economia[28]. Emergiram renovadas práticas no campo do urbanismo e do planejamento urbano: intervenções nas áreas centrais e nos vazios das cidades, reabilitações de estruturas físicas existentes para novos usos, preocupações com a dimensão histórica, simbólica e cultural dos espaços.

As formas de intervenção na cidade modificaram-se, adequando-se a cada novo contexto: desde o embelezamento e o saneamento da cidade industrial, que geraram as reformas urbanas clássicas de intervenção e de renovação urbana sob os ideais do modernismo, do racionalismo e do funcionalismo, reduzindo o tecido urbano existente à tabula rasa, passando pela revitalização ou reabilitação urbana dos anos 1960-1970 e pelo projeto urbano, paralelamente ao planejamento estratégico e ao marketing urbano dos anos 1990. Contudo, um novo renascimento urbano emergiu dos planos e projetos nos quais a cultura se destaca como estratégia principal e a ênfase das políticas urbanas recaiu sobre as políticas culturais. Regeneração cultural[29] (Wansborough e Maggeean, 2000, p. 181-97) é o termo que se originou no contexto anglo-saxônico referindo-se à intervenção em áreas consolidadas por meio do planejamento e do projeto urbano com ênfase na cultura.

Bianchini e Parkinson (1993) identificam como experiências precursoras nesses processos as intervenções norte-americanas em áreas históricas[30]. No entanto, os casos europeus de inserção de equipamentos culturais de grande destaque tornaram-se paradigmáticos (o Centro Georges Pompidou de Paris; o Museu

---

28. O que, segundo Peter Hall (2001), deixou de ser uma economia informacional e tornou-se uma economia cultural.
29. Observe que no contexto anglo-saxônico a expressão “regeneração urbana” é amplamente utilizada.
30. Harbor Place, de Baltimore; Waterfront e Quincy Market, de Boston; e South Street Seaport, de Nova York.

de Arte Contemporânea e o Centro de Cultura Contemporânea de Barcelona; e o Museu Guggenheim de Bilbao). Muitas vezes, mesclam-se os dois princípios de regeneração: a reabilitação do ambiente histórico existente e a criação de equipamentos culturais como âncoras de projeto. No caso de ambientes históricos preservados, as edificações existentes aludem à cultura local; no caso de novos equipamentos, é a atividade que atribui a chancela cultural.

Contudo, uma série de análises críticas vem surgindo diante das novas tendências e inúmeras intervenções em diversas cidades, apontando excessos, traduzidos por termos como: homogeneização, estetização, patrimonialização, gentrificação e, principalmente, a espetacularização suscitada pelos novos espaços (Vaz, 2003).

Os equipamentos culturais, principalmente os maiores, tendem a definir uma espacialidade que lhes assegura uma irradiação sobre a sua vizinhança. Alguns ambientes culturais utilizam o entorno, estendendo suas atividades sobre o espaço público próximo. Graças à grande afluência de pessoas, os espaços públicos, que já se haviam tornado elementos essenciais de projetos urbanos, passaram a ter maior importância ainda, valorizando as áreas circundantes ou adjacentes aos grandes equipamentos culturais. A necessidade de atribuir visibilidade aos bens históricos, a crescente difusão da arte pública e o aumento da prática da animação cultural também contribuíram para acentuar o papel dos espaços públicos. Passou a ocorrer uma colonização do espaço circundante, uma propagação do ambiente sociocultural reinante no equipamento gerador ou uma sinergia deste com o local, surgindo novas formas de sociabilidade. É o que vem sendo denominado de território cultural[31].

Esse efeito pode se desenvolver espontaneamente ou pode ser induzido. Historicamente, muitos lugares e territórios cul-

---

31. Foram identificados, no centro do Rio de Janeiro, alguns territórios culturais: concentração de teatros na Praça Tiradentes e arredores, no final do século XIX; de cinemas na Cinelândia, no início do século XX; de centros culturais no início da Av. Presidente Vargas, no final do século XX; e de diversos equipamentos na Lapa, recentemente (Vaz e Jacques, 2003).

turais surgem sem nenhuma intervenção; no entanto, esse efeito pode ser planejado e desenhado, como tem sido o objetivo de projetos urbanos recentes. Nesse caso, os recortes vêm sendo chamados de distritos culturais. Para alguns autores, a expressão regeneração cultural aplica-se apenas às situações de renovação urbana com a criação de distritos culturais, para os quais se compreende a cultura como princípio organizador do projeto, da gestão e do modo de vida local. Wansborough e Maggeean (2000, p. 181) acentuam ainda que o que se objetiva é restaurar e melhorar a qualidade da vida urbana de determinada área, auxiliando "a expressão e o desenvolvimento da cultura local".

Os autores compreendem o distrito cultural ou de entretenimento como uma área espacialmente distinta e limitada que contém alta concentração de ofertas culturais. Suas características-chave são também premissas de projetos urbanos (Wansborough e Maggeean, 2000, p. 188), entre os quais se assinalam: a localização central, de maior acessibilidade; as ofertas culturais tanto em termos de consumo quanto de produção (estúdios, escolas, centros culturais etc.); e os usos mistos (que permitem diversidade econômica, conferem escala humana e contribuem para o sentimento de pertencimento da população), incluindo-se o residencial (que garante a presença de pessoas 24 horas por dia).

Embora os autores dos projetos implementados na Lapa provavelmente não tenham buscado inspiração nesse modelo recente, muitas características acima mencionadas estão presentes nesse objeto de estudo. Talvez, em algumas, residam diferenças que permitem supor que as tendências mundialmente apontadas sobre a revitalização por intermédio do fator cultural estejam ausentes ou sejam pouco marcantes no caso carioca. Neste, referiram-se basicamente à permanência de grande parte do parque imobiliário, com edificações reabilitadas, mas não ostentando aspecto luxuoso nem clean, à diversidade de usos e às ofertas de produção e de consumo culturais anteriormente existentes e recentemente ampliadas.

Seja em função da própria especificidade da área, com sua variedade de usos, incluindo-se o residencial, seja em decorrência das políticas anteriores que incentivaram a emergência de manifestações culturais ou a sua produção, o fato é que o panorama atual da Lapa difere de muitos casos conhecidos de áreas de intervenção. Não se realizaram tombamentos rígidos, engessando o tecido urbano existente; também não se criaram equipamentos culturais monumentais ou de grife, valorizando exponencialmente os imóveis; nem se criaram apenas estabelecimentos comerciais gerando espaços exclusivamente de consumo. Embora não faltasse a ação da mídia e do marketing, pode-se dizer que a espetacularização na Lapa, no sentido proposto por Debord (1997), ocorreu em uma escala bastante discreta.

Com efeito, para o caso específico da área da Lapa, procurou-se compreender como se observa certa similitude entre revitalização/requalificação, preconizada pelo poder público, e a identificação de um processo de regeneração cultural naquele lugar. Inicialmente, aludiu-se à concepção do antropólogo Darcy Ribeiro que, à frente da Secretaria de Ciência e Cultura, assegurava a importância de permitir o florescimento da cultura onde ela existisse, amparando-a, mas deixando livre a criatividade ou, ao menos, impedindo que os "setores técnicos especializados e, portanto, caolhos" (Campofiorito, 1986, p. 6-7) refreassem a proliferação de atividades culturais. Seria possível acrescentar diversas outras citações e comentários, assinalando os fenômenos e processos recentes da Lapa e apontando a potencialidade desse espaço da cidade do Rio de Janeiro como território cultural. Do ponto de vista urbanístico, considera-se que, apesar de sucessivas intervenções terem rasgado o tecido urbano, desfigurando a paisagem e a morfologia, destruindo edificações para viabilizar os planos rodoviaristas e metroviários nos anos 1950-1970, a Lapa revela uma possibilidade de renascer, de regenerar seu tecido tantas vezes agredido e desfeito pelo poder público.

Reitera-se que esse processo de regeneração urbana/cultural foi profundamente estimulado pelo projeto Corredor Cultural. Esse fato é reconhecido por muitos autores, entre os quais Cabral (2003, p. 7), que relembra o período de grande aprendizado com a equipe de intelectuais e técnicos que participaram da concepção do projeto e constata que, graças ao trabalho realizado pela prefeitura, numerosos prédios escaparam da ação demolidora e diversas ruas permaneceram com sua feição original. Desde as discussões iniciais no âmbito da Câmara Técnica do Corredor Cultural, que já evidenciava a necessidade de uma atuação interdisciplinar nas intervenções urbanas, até o momento atual, mais uma vez, no caso da Lapa, constata-se a força e a necessidade da participação social para a efetiva implementação dos planos e/ou projetos urbanos. É interessante lembrar que o termo cultural, já presente naquele projeto, afigura-se hoje como o principal impulsionador dos projetos urbanos.

Entretanto, se o projeto Corredor Cultural foi fundamental para estancar o processo de degradação, os projetos Quadra da Cultura e Distrito Cultural da Lapa constituíram fatores relevantes para alimentar a dinâmica do lugar, embasada na cultura, ainda que as intervenções físicas neles propostas não tenham ocorrido.

Concluindo, é possível afirmar que o recente processo de renascimento da Lapa trata-se de um caso precursor e atípico de regeneração cultural, se for considerada a escala nacional. A Lapa teve como importantes aliadas nesse processo as ações do governo do Estado desde o início dos anos 1980, e do município, com o projeto Corredor Cultural, em 1984, que, associadas ao desinteresse do mercado imobiliário pela área[32], contribuíram para impedir que as destruições urbanas decorrentes de planos viários e metroviários seguissem seu curso. A diversidade socioespacial que permaneceu naquela área, posteriormente incentivada, contribuiu sobremaneira para o sucesso dessa regeneração cultural, independentemente da implementação de qualquer projeto pelo poder público. As palavras de Anísio Teixeira exprimem uma síntese do contexto em que se desenvolveu a Lapa: "A minha tese é a de que a diversificação é a condição do florescimento das cul-

32. Posteriormente, foi realizado um grande empreendimento imobiliário na área, de 13 edifícios e 688 apartamentos (2004).

turas, e a uniformidade, a condição de sua morte e petrificação" (apud Campofiorito, 1985, p. 4).

## DESDOBRAMENTOS RECENTES

Com uma densidade histórica de mais de 200 anos, apenas recentemente a Lapa consolidou-se institucionalmente como um bairro da cidade do Rio de Janeiro. A fama do lugar aliada ao desconhecimento da formalização da Lapa como bairro eram tais que, em 2004, a Secretaria de Cultura do Estado do Rio de Janeiro e a Empresa Brasileira de Correios e Telégrafos promoveram o lançamento de um selo denominado "Bairro da Lapa"[33], quando este ainda nem existia oficialmente. Foi somente em 2012 que uma lei municipal propôs a sua criação, alterada por um projeto de lei, no ano seguinte[34]. As palavras de Anísio Teixeira, mencionadas anteriormente, sobre a necessidade da diversificação para o florescimento das culturas, expressam, em grande parte, o contexto socioespacial em que se desenvolveu a Lapa. O seu reconhecimento institucional como um bairro expõe a sua condição especial na malha urbana carioca, embora não assegure a permanência de sua ambiência[35] cultural.

Para se compreender os desdobramentos recentes dessa área, agora bairro, serão expostos alguns aspectos significativos das permanências e mudanças observadas a partir do ano de 2004, enfocando-se uma leitura de usos e atividades urbanas do bairro, a sua relação com os usuários, com as propostas da municipalidade e, ainda, com alguns empreendimentos imobiliários recentes. Nesse

---

33. Disponível em: http://www.correios.com.br/selos/selos_postais/selos_2004/bairro_lapa.cfm. Acessado em: 01 set. 2013.
34. Lei n. 5.407 de 17 de maio de 2012 e projeto de lei n. 2/2013, com a subdivisão da II Região Administrativa do Centro, que passou a ser constituída pelo bairro Centro e pelo bairro Lapa.
35. Na concepção de Menezes (2006), o termo ambiência compreende um "espaço arquitetonicamente organizado e animado, que constitui um meio físico e, ao mesmo tempo, estético, psicológico ou social, especialmente agenciado para o exercício de atividades humanas".

intuito, foram feitas visitas a campo e leitura de artigos, de dissertações e matérias em periódicos publicadas no último ano. Respaldando-se nesses dados e na abordagem até 2004, que buscava elucidação da configuração do lugar nas suas relações socioespaciais e culturais, discorre-se a seguir sobre alguns fenômenos recentes mediante análise preliminar do contexto.

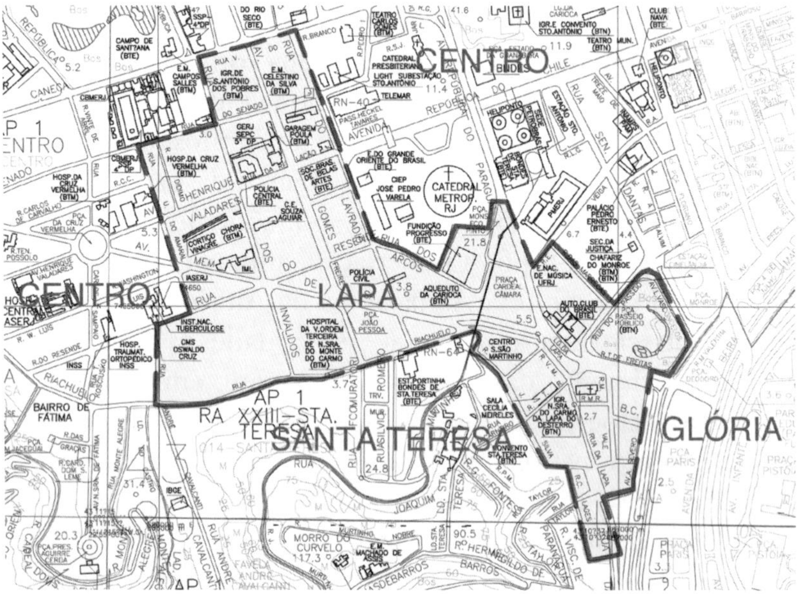


**Figura 3.7** – Limites do bairro da Lapa – Cidade do Rio de Janeiro. Fonte: Rio de Janeiro. Instituto Pereira Passos – IPP. Bairros do Rio de Janeiro. Desenho elaborado por Carlos Rodrigo Avilez A.B. da Silva sobre a base de arquivos do Armazém de Dados/IPP, 2013.

## Considerações sobre a morfologia – permanências na dinâmica do lugar

Assinala-se que o processo de transformação no período examinado reafirmou, em boa parte, a tendência de ocupação verificada anteriormente. Há aproximadamente duas décadas, mantém-se a constatação de duas tendências espaciais na Lapa, com sentidos aparentemente opostos: uma que aponta para o seu desenvolvimento, para alguns melhoramentos, para a sua revitalização e outra, para a sua estagnação, sua deterioração, seu esvaziamento. Considerando sua reorganização espaço-temporal, alguns estabelecimentos se esvaziaram e foram fechados, enquanto outros se renovaram e passaram a atrair um público maior. Em razão da mistura de usos e atividades que permanece naquele lugar, alguns estabelecimentos revelam grande atividade durante o dia e outros, durante a noite. Neste período, ao longo de uma mesma rua, alguns trechos se apresentam iluminados, coloridos e repletos; outros se encontram escuros, fechados, seja pelo esvaziamento de atividades noturnas, seja pela coexistência de usos distintos, com horários de funcionamento praticamente alternados[36] (Figura 3.8).

**Figura 3.8** – Coexistência de imóveis fechados e abertos. Fotos: Lilian Fessler Vaz e Carmen Beatriz Silveira.

Desse modo, na Rua do Lavradio "revitalizada" pelo poder público em 2002[37], diversas lojas de antiquários ou de mobiliário produzido recentemente, porém com estilos de décadas passadas, permaneceram, ou foram substituídas por outras semelhantes às que desencadearam a produção do espaço contemporâneo da Lapa. Essas observações evidenciam algumas mudanças, mas também asseguram a vitalidade da rua no período diurno, sobretudo nos seus trechos centrais. Por causa dessa distribuição es-

36. No site http://oglobo.globo.com/infograficos/mapa-boemia-lapa/, constata-se a existência de 26 casas noturnas/show, 44 bares, 22 restaurantes/padarias/lanchonetes e 9 lojas no bairro da Lapa. No entanto, nas visitas a campo, verificou-se um número maior de lojas. Só na Rua do Lavradio, há 11 lojas de móveis.

37. Nesse processo de intervenções do poder público municipal na Lapa, a Rua do Riachuelo também foi reurbanizada, entre o final do ano 2003 e janeiro de 2007.

pacial de usos e atividades comerciais, observa-se que durante a noite há uma concentração de bares, restaurantes e danceterias nas suas extremidades, irradiando som e luz e atraindo assim um número expressivo de frequentadores.

Outros trechos do bairro foram incorporados ao trecho conhecido como Lapa boêmia, sobretudo nas ruas Mem de Sá, Joaquim Silva e na Avenida Gomes Freire, assim como nas proximidades do Passeio Público e da Praça Tiradentes. Nesse processo, em que se evidencia o acréscimo de atividades noturnas, tem se agravado os conflitos entre moradores e frequentadores ou promotores dessas atividades, conforme se veicula no site do movimento "Eles não amam a Lapa"[38] e na mídia, de modo geral[39].

Vários fatores contribuíram para essa dinâmica do lugar, dentre os quais se destacam os seguintes: o Pólo Novo Rio Antigo, de 2006, uma iniciativa de empresários locais que visa ao desenvolvimento de atividades comerciais, culturais, turísticas e de serviços; e o Projeto Lapa Legal, de 2009, uma proposta da Prefeitura que objetiva a promoção do ordenamento urbano e o desenvolvimento das potencialidades econômicas, turísticas e culturais do novo bairro e de trechos do seu entorno (Figura 3.9).

**Figura 3.9** – Bares na Av. Mem de Sá e rua Lavradio. Foto: Lilian Fessler Vaz e Carmen Beatriz Silveira.

38. Disponível em: http://www.youtube.com/watch?v=FGn9TDCJ8QI
39. Surgido por iniciativa de alguns moradores da Lapa, há cerca de um ano, o movimento "Eles não amam a Lapa" tem suas ações, reivindicações e protestos expostos no site https://www.facebook.com/ElesNaoAmamORio. A pauta das reivindicações vem crescendo e refere-se, em síntese, à qualidade de vida do bairro, identificando aspectos como a ausência de limpeza urbana, de condições de segurança e de controle das atividades noturnas, que prejudicam o cotidiano desses moradores.

Diante da complexidade do processo de ocupação recente e da emergência de algumas contradições, cabe refletir sobre a condição atual desse bairro, e sobre o que são os "bairros centrais", numa concepção genérica. Como a sua identificação informa, trata-se de bairros próximos ou contíguos ao que se considera Centro da cidade que, no entanto, podem ser vistos de modos radicalmente distintos. Na sua acepção tradicional, trata-se apenas dos bairros residenciais ou de usos mistos situados e valorizados pela proximidade ao Centro. Porém, no caso do Rio de Janeiro, esses bairros eram considerados apenas áreas "velhas", desvalorizadas, sobre as quais se supunha que a ACN[40] se expandiria. Mas, como já foi visto, em vez de se expandir no sentido horizontal, a ACN se verticalizou e os bairros centrais permaneceram por muitas décadas abandonados, sofrendo um processo de degradação das suas condições de ocupação.

Nessa abordagem, uma constatação preliminar permite identificar dois fenômenos responsáveis pela conservação parcial das características da urbanização da Lapa. O primeiro é anterior aos movimentos de renovação urbana de meados do século XX: o desinteresse do setor imobiliário e do poder público por aquele trecho da cidade, evidenciado na sua desvalorização para investimentos residenciais ou de comércio e serviços. O segundo refere-se à emergência do movimento de preservação de ambiências urbanas, em particular o Projeto Corredor Cultural[41] e o Projeto Cruz Vermelha[42] e Adjacências, ambos identificados como Áreas de Proteção do Ambiente Cultural (Apac).

---

40. Compreende-se a Área Central constituída de um núcleo e de um anel periférico, conforme explicitado em texto anterior: "O processo de centralização urbana que deu origem à Área Central resultou numa organização espacial composta basicamente de duas frações – o núcleo central e uma franja de usos diversificados (...)". Vaz e Silveira (1993), apoiado no conceito de Corrêa (1989): o centro de gestão de toda a estrutura urbana ou metropolitana, isto é, o núcleo central (*core*, *Central Bussiness District* ou CBD, Área Central de Negócios ou ACN); e a zona periférica ao centro (*frame*, zona de transição, de obsolescência ou deteriorada, periferia imediata).
41. Disponível em: http://portalmultirio.rio.rj.gov.br/cime/CE18/CE18_001.html
42. Disponível em: http://www.cruzvermelharj.org/rss

Mais recentemente, as características da Lapa apontam para a sua diversidade de arquiteturas, espaços públicos, frequentadores, bem como de moradores, suas atividades e modos de vida, conservando uma escala arquitetônica e urbanística anterior ao processo de verticalização. Por esse motivo, viabilizou-se em grande parte a permanência da sua morfologia urbana, em meio à convivência do novo e do velho, do formal e do informal, e da desigualdade social aparentemente reduzida, se comparada aos contrastes socioepaciais da metrópole. Essa configuração foi um dos aspectos significativos que lhe proporcionaram uma ambiência particular, um "algo mais" que fez a diferença e que poderia ser traduzida na singularidade desse bairro nas últimas décadas (Figura 3.10).

**Figura 3.10** – Av. Mem de Sá, mostrando os bares rasgando a fachada. Foto: Lilian Fessler Vaz e Carmen Beatriz Silveira.

A magia da Lapa, que ainda resiste, encontra-se na sua ampla variedade de ofertas, mas, igualmente, na existência de ofertas acessíveis aos frequentadores das classes médias e médias baixas que se espalham por seus espaços públicos. Esses espaços permitem que eles circulem no bairro praticamente durante toda a noite, sem arcar com os custos de entrada nem de consumação, passando entre monumentos, instituições, grupos, bares, barracas, quiosques, desfrutando diferentes ambientes musicais. A Lapa permite flanar, ser apenas um errante (Jacques, 2012, p. 19-24) na cidade que se abre a todos os passantes ordinários (Certeau, 1994, p. 171). Cabe notar que muitos bares e restaurantes nos antigos sobrados, com várias portas abertas ou com fachadas vazadas, espalham-se sobre as calçadas. Nestas, além dos frequentadores e consumidores dos serviços oferecidos nas mesas diariamente colocadas ao ar livre, (configurando uma apropriação do espaço público pela iniciativa privada), observam-se passantes, pedestres apressados e grupos de pessoas que permanecem em pé – geralmente jovens com copos na mão em animadas e longas conversas. Ir para a *night* na Lapa pode significar apenas isto: andar pelas ruas, ver e ser visto pelos demais caminhantes (Figura 3.11).

**Figura 3.11** – Bares na Av. Mem de Sá com a rua Lavradio, com suas tipologias arquitetônicas preservadas. Foto: Lilian Fessler Vaz e Carmen Beatriz Silveira.

Entretanto, a condição atual do bairro da Lapa passa a ser ameaçada mediante a emergência de algumas interferências na ambiência urbana, que se manifestam como contradições socioespaciais relativamente ao processo de ocupação das últimas décadas.

## Considerações sobre a morfologia – mudanças radicais

Paradoxalmente, essa mesma diversidade que conferiu diferentes possibilidades de usos, propiciou uma tendência à exacerbação na convivência desses distintos usos e espaços construídos. A percepção da possibilidade de extrapolação dessa demanda conduziu aos atuais investimentos imobiliários. E isso vem ocorrendo nos velhos sobrados, nas quase ruínas e nos lotes vazios, espaços que se afiguram privilegiados para a expansão do capital imobiliário, de preferência naqueles cujas taxas de ocupação tenham sido ampliadas. Com os gabaritos elevados, os grandes empreendimentos se instauram como agressões ao ambiente construído, como pesados gigantes que irrompem entre delicadas miniaturas, rompendo o frágil equilíbrio, desfazendo a diversidade criativa e desejável naquele lugar, enfim, descaracterizando a Lapa.

A descrição dos espaços públicos da Lapa revelava, até recentemente, uma considerável diferença em relação à grande parte das ruas dos bairros de classes médias e altas do Rio de Janeiro ou de tantas outras cidades brasileiras: sejam as calçadas das ruas das áreas centrais, com seus passantes sérios e apressados; ou das ruas de áreas residenciais com suas sequências de edifícios cercados de

**Figura 3.12** – Prédio do Tribunal Regional do Trabalho, com um antigo sobrado incrustado na fachada. Foto: Lilian Fessler Vaz e Carmen Beatriz Silveira.

grades, guaritas, cancelas, portas, câmaras e alarmes guardados por porteiros e sistemas de segurança eletrônicos. Espaços públicos esvaziados, sem "os olhos e ouvidos da rua", na feliz expressão de Jane Jacobs (2003). Esse parece ser o caso dos entornos de gigantescos empreendimentos, já implantados ou em fase de implantação na Lapa: conjuntos de três e quatro torres de alturas diferentes, que vão abrigar milhares de pessoas em seus escritórios e de veículos em suas garagens.

Nessa direção, sublinham-se algumas mudanças ocorridas há pouco, mais radicais que o surgimento e o desaparecimento ou mesmo a substituição de botequins ou restaurantes no casario tradicional. Malgrado a dinâmica expressiva com que lojas são abertas, fechadas, reformadas, denotando a vitalidade comercial do lugar, verifica-se que esses estabelecimentos situam-se geralmente em antigos sobrados ou pequenos prédios construídos há várias décadas. A configuração socioespacial, contudo, começa a ser drasticamente alterada após três décadas com poucos registros de novas edificações no bairro. Recentemente, evidenciou-se um exemplo significativo de descaracterização da morfologia tradicional na rua do Lavradio. Trata-se da construção que abriga o Fórum do Tribunal Regional do Trabalho, inaugurado em 2004[43]. Outras edificações de destaque foram implantadas ou estão em fase de implantação: um grande condomínio residencial fechado – o Cores da Lapa[44], lançado em 2005; uma ação de *retrofit* em prédio antigo – o Viva Lapa[45], em 2006 – e três complexos de prédios de grande porte[46]. Em 2013, foi anuncia-

---

43. Oliveira e Santos, 2010. Disponível em: http://www.trt1.jus.br
44. Situado à Rua do Riachuelo, n. 92, formado por seis prédios, com 688 apartamentos, todos vendidos em duas horas no dia do seu lançamento. Nos dois meses que antecederam esse lançamento, ações publicitárias desencadearam o movimento "Eu sou da Lapa", com o propósito de valorização da Lapa como local de moradia (Guterman, 2012)
45. Situado à Avenida Gomes Freire n. 558, oferece apartamentos de 1 quarto de alto luxo.
46. A reportagem "Grandes empreendimentos prometem mudar a cara da Lapa boêmia" de 27 de fevereiro de 2010, informa que se trata de três complexos de prédios

do outro empreendimento imobiliário, um grande hotel de rede internacional, o Townhouse Ramada Hotel[47]. Esses lançamentos imobiliários estão entre os fatos mais impactantes e indutores de outras transformações na Lapa e nos demais bairros centrais.

Exemplo emblemático desses empreendimentos é o mencionado Centro Empresarial Senado (Figura 3.13) constituído por um conjunto de quatro torres recém-construídas, parte das quais sedia atividades da Petrobras, ocupando todo um quarteirão. Na observação de campo, verificou-se que esse megaempreendimento dispõe de sistemas de segurança sofisticados e concentra os fluxos de entrada e saída dos seus anunciados mais de 10 mil ocupantes e visitantes por apenas dois acessos: um, destinado a pedestres e outro, a pedestres e veículos, únicas aberturas na cerca de painéis de vidro que contorna todo o perímetro do quarteirão. Para complementar a implantação dessas edificações, promoveu-se a urbanização do entorno, incluindo a Travessa Dídimo e um trecho da Rua dos Inválidos. No trecho dessa rua, em que se destaca a Igreja de Santo Antonio dos Pobres, há vários sobrados em processo de restauração[48]. Nas proximidades, na Rua do Senado, observa-se também um longo tapume que possivelmente substituiu outros sobrados e indica outro novo e vasto canteiro de obras.

---

que abrigarão 11 mil funcionários (principalmente da Petrobras e da Eletrobras) além de visitantes. Cada complexo é composto por edifícios interligados com garagens para milhares de veículos. O primeiro, o Centro Empresarial Senado, ocupa uma quadra formada pela Avenida Henrique Valadares, pelas ruas do Senado, dos Inválidos e pela Travessa Dídimo, e abriga aproximadamente dez mil funcionários da Petrobrás em duas das suas quatro torres que totalizam 70 pavimentos; o segundo, em obras, situa-se na rua Evaristo da Veiga; o terceiro deverá ser construído sobre um vasto terreno na rua dos Arcos. Disponível em: http://g1.globo.com/Noticias/Rio/0,,MUL1502584-5606,00-GRANDES+EMPREENDIMENTOS+PROMETEM+MUDAR+A+CARA+DA+LAPA+BOEMIA.html

47. A ser construído na rua do Resende, n. 192.
48. Um dos sites consultados informa que a "WTorre Rio, construtora responsável pelo empreendimento de R$ 600 milhões, que será alugado pela estatal", comprou 12 sobrados nas ruas do Senado e dos Inválidos, que estão sendo revitalizados e serão alugados para comerciantes. Disponível em: http://oglobo.globo.com/rio/futura-sede-da-petrobras-atrai-empreendimentos-revitaliza-area-do-rio-antigo-6712357#ixzz2iyEI7SgP

**Figura 3.13** – Centro Empresarial Senado, contrastando com a escala da Igreja de Santo Antonio dos Pobres. Foto: Lilian Fessler Vaz e Carmen Beatriz Silveira.

Caminhar e passar pelos sobrados das ruas Mem de Sá ou do Lavradio e seguir pelas calçadas que circundam esse conjunto corporativo significa uma transposição dos espaços de morfologia urbana dos séculos XIX e XX para aqueles do século XXI, do ambiente externo repleto para outro esvaziado, do espaço que se abre e acolhe para o espaço que se fecha e hostiliza o cidadão. Assim, percebe-se a eliminação do espaço público na sua forma de uso mais tradicional, que, no caso da Lapa, é uma de suas características historicamente construídas.

Esta preocupação também se coloca no caso da ocupação do terreno situado na Rua dos Arcos para a construção da futura sede da Eletrobras[49], nas proximidades da Rua do Lavradio e dos Ar-

49. A edificação deverá ser construída num trecho da rua dos Arcos excluído do Bairro da Lapa, situado no Bairro Centro. No entanto, o terreno encontra-se na linha divisória dos dois bairros e contíguo ao prédio da Fundição Progresso, o que acen-

cos da Carioca. Trata-se de uma situação privilegiada no coração do Projeto Corredor Cultural, que é responsável há décadas pela preservação do casario e das atividades que abriga. Para viabilizar esse empreendimento, o prefeito da cidade alterou a legislação[50], que passou a permitir construções com embasamento de até três pavimentos e torres com até 44 andares naquele local. Apesar da polêmica instituída com essa ação do poder público, desrespeitosa daquele ambiente legal e historicamente preservado, a nova medida prevaleceu.

## CONSIDERAÇÕES FINAIS – ROMPIMENTO DA AMBIÊNCIA DA LAPA?

Enquanto as transformações anunciadas começam a se instaurar, percebe-se que as políticas públicas municipais, específicas para a área, foram bastante discretas com a implantação parcial das medidas previstas no Projeto Lapa Legal. Contudo, as recentes alterações na legislação, com a construção das novas torres empresariais, poderão ter forte impacto na vizinhança: o tradicional Aqueduto da Carioca, hoje Arcos da Lapa, o grande monumento colonial cuja visibilidade foi preservada por meio de intervenções do próprio poder público, será agora ofuscado pelo enorme edifício da Eletrobras. Outro símbolo marcante e indiscutível da Lapa era o bondinho de Santa Teresa que deixou de funcionar por causa do grave acidente ocorrido em 2011, que causou perdas irreparáveis com a morte de usuários. Apesar das promessas do responsável por essa modalidade de transporte, o governo estadual, o bonde ainda não foi recuperado, mas permaneceu nas imagens publicitárias da "Lapa Legal", mesmo com o seu desaparecimento da "Lapa Real". A despeito das propostas positivas de "intervenção urbana e gestão em área de proteção do ambiente cultural" contidas no projeto Lapa Legal, as diversas

---

tuará o contraste entre as arquiteturas do final do século XIX e início do século XX com as do século XXI, já visível naquele trecho.

50. Sancionando a Lei Complementar 106/2009.

intervenções apontadas deixam dúvidas quanto ao futuro da proteção da morfologia, da ambiência e dos dois mais importantes símbolos do local: o bondinho e os Arcos da Lapa.

Como visto, a Lapa é reconhecida pelo seu espaço construído, importante patrimônio histórico, e pelo seu espaço público, intensamente utilizado por diferentes grupos sociais. A essas duas características se acrescenta a apropriação criativa desses espaços realizada pelos diversos grupos culturais sediados no local, o que proporciona ao bairro a sua ambiência singular. Essa compreensão do nosso objeto de estudo, recentemente desenvolvido por Violeta Vilas Boas (2013, p. 8, 30, 89), nos permite destacar a dimensão cultural observada no bairro, assinalando não somente o seu patrimônio histórico construído, isto é, a sua materialidade, mas também a sua imaterialidade tanto pela sua face artística (grupos musicais, de teatro, de dança etc.) quanto pela sua face antropológica (boêmios, moradores, frequentadores, prostitutas, travestis, ambulantes etc.). Compreendemos que é do múltiplo entrelaçamento desses elementos que resulta a especificidade da Lapa.

É essa especificidade que vem sendo desfeita pela invasão dos grandes empreendimentos, que rompem com a materialidade da Lapa, isto é, com sua morfologia arquitetônico-urbanística historicamente construída e tecida, e que promovem, mediante a gentrificação do lugar, o esgarçamento do seu tecido social. Nessa direção, podemos afirmar que os empreendimentos citados expressam um potencial de destruição da ambiência específica da Lapa, eliminando espaços públicos e arquiteturas preexistentes e conduzindo à desestruturação dos grupos sociais e movimentos culturais que os acolhem. Ambos configuram-se como parte da microrresistência cotidiana, que ainda permanece e busca dialogar com os espaços construídos, sejam eles "luminosos" ou "opacos", conforme a visão de Milton Santos (1999)[51].

---

51. Ao examinar o processo de urbanização das grandes cidades, o autor identifica dois polos opostos: os trechos ocupados pelos grupos sociais das classes mais altas - os espaços "luminosos", em contraposição aos trechos em que se instalam as popula-

Na mesma perspectiva, torna-se necessário sublinhar a ação promovida por agentes culturais da cidade, moradores da Lapa e grupos (como o Reage, Artista!), com o intuito de expressar sua indignação contra a violência da polícia militar nos espaços públicos daquele bairro, em decorrência das manifestações políticas recentes na cidade do Rio de Janeiro, ocorridas a partir de junho de 2013[52]. Esses grupos realizaram o evento "Ocupa a Lapa", uma Ocupação Política e Cultural, como forma de protesto, celebração e confraternização, por meio da apresentação da diversidade cultural local, com os vários grupos e suas práticas artísticas nos espaços públicos (teatro, circo, música, dança, poesia etc.). Ações dessa natureza constituem manifestações concretas da microrresistência cotidiana da Lapa, contestando a diluição de sua identidade e ambiência.

## REFERÊNCIAS

ABEND, Célia. Cultura desemboca nos Arcos da Lapa. In: *Jornal do Brasil*. Rio de Janeiro, 4/2/1992.

ABREU, Maurício de Almeida. *Evolução urbana do Rio de Janeiro*. Rio de Janeiro: Iplanrio/Jorge Zahar, 1987.

ALBUQUERQUE, Jurandir Lucas de. Entrevista concedida em 27/7/1992.

ANTONIO, João. A Lapa acordada para morrer. In: LUSTOSA, Isabel. *Lapa do desterro e do desvario: uma antologia*. Rio de Janeiro: Casa da Palavra, 2001.

BIANCHINI, Franco; PARKINSON, Michael. *Cultural policy and urban regeneration: the west european experience*. Manchester: Manchester University Press, 1993.

BUSQUETS, Joan. *Nuevos fenómenos urbanos y nuevo tipo de proyecto urbanístico. In: Presente y futuros*. Barcelona, Comitè d'Organitzación del Congress UIA, Barcelona 96, Col. Legi d'Arquitectes de Catalunya, CCBB y Actar, 1996, p.48-58.

CABRAL, Sergio. Na Lapa, em se plantando dá. In: *Capital Cultural*. Rio de Janeiro, ano IV, n.40, nov. 2003.

ções mais pobres – os espaços "opacos". Nas suas palavras: "Na cidade 'luminosa', moderna, hoje, a 'naturalidade' do objeto técnico cria uma mecânica rotineira, um sistema de gestos sem surpresa". Assim, cristalizam-se no espaço urbano, segundo Milton Santos: "áreas constituídas ao sabor da modernidade e que se justapõem e contrapõem ao resto da cidade onde vivem os pobres, nas zonas urbanas 'opacas'". Nestas últimas, seriam "os espaços do aproximativo e da criatividade, opostos às 'zonas luminosas'" (Santos, 1999, p. 261).

52. Disponível em: http://apafunk.blogspot.com.br/2013/09/ocupa-lapa.html. Acessado em: out. 2013

CAMPOFIORITO, Ítalo. Muda o mundo do Patrimônio. In: *Revista do Brasil*, ano II, n. 4. Rio de Janeiro, Secretaria de Ciência e Cultura, Prefeitura do Município do Rio de Janeiro, 1985.

______. Patrimônio Cultural: onde a cultura existe, dar voz a ela. In: *Revista do Brasil*. Edição Especial – Política Cultural do Rio de Janeiro. Rio de Janeiro/Governo do Estado do Rio de Janeiro/Secretaria de Ciência e Cultura/Prefeitura do Município do Rio de Janeiro, 1986, p. 6-18.

CASTELO BRANCO, Adriana. Distrito Cultural da Lapa sai do papel, enfim. In: *O Globo*. Rio de Janeiro, 28/9/2003.

CERTEAU, Michel de. *A invenção do Cotidiano: 1. As Artes de Fazer*. Petrópolis, RJ: Vozes, 1994.

DEBORD, Guy. *A sociedade do espetáculo. Comentários sobre a sociedade do espetáculo*. Rio de Janeiro: Contraponto, 1997.

FOLHA DO CENTRO. Selaron e a obra de arte das escadas de Santa Teresa. In: *Folha do centro*. Rio de Janeiro, jul. 2003.

GASPARI, Elio. A linda lição da Lapa. In: *O Globo*. Caderno Opinião. Rio de Janeiro, 10/4/2002.

GUTERMAN, Bruna da Cunha. *Cidade-Produto, Bairro-Marca: como a Lapa está se tornando o mais carioca dos bairros*. Dissertação, IPPUR/UFRJ. Rio de Janeiro: Instituto de em Planejamento Urbano e Regional da Universidade Federal do Rio de Janeiro – IPPUR/UFRJ, 2012.

______. Brand Lapa: *O mais carioca dos bairros. Reanimação cultural ou uma estratégia competitiva de consenso*. Artigo apresentado na Semana IPPUR/2010. Rio de Janeiro: Instituto de em Planejamento Urbano e Regional da Universidade Federal do Rio de Janeiro – IPPUR/UFRJ, 2012.

GOVERNO DO ESTADO DO RIO DE JANEIRO. Secretaria de Estado de Cultura. *LAPA – Distrito Cultural – Polo de cultura, turismo, educação e lazer*. Rio de Janeiro, s/d.

______. Secretaria de Estado de Cultura. *Plano de trabalho do Projeto Distrito Cultural da Lapa*. Secretaria de Desenvolvimento de Turismo e Planejamento/Rio Previdência/Procuradoria Geral do Estado/Secretaria de Estado de Ação Social e Cidadania/Secretaria de Administração e Reestruturação, Rio de Janeiro, maio 2000.

______. Secretaria de Estado de Cultura. *Distrito Cultural da Lapa: projeto de arquitetura e restauração*. Rio de Janeiro, 26/6/2000.

HALL, Sir Peter. *Cities in Civilization*. Nova York: International, 2001.

JACOBS, Jane. *Morte e vida de grandes cidades*. São Paulo: Martins Fontes, 2003.

JACQUES, Paola B. *Elogio aos errantes*. Salvador: Edufba, 2012.

JORNAL DO BRASIL. Corredor Cultural salva casarões no Centro. In: *Jornal do Brasil*. Rio de Janeiro, 20/12/1994.

JUÇÁ, Maria. entrevista concedida em 23/8/2003.

MAGALHÃES, Roberto A. *A requalificação do centro do Rio de Janeiro na década de 1990*. Rio de Janeiro, 2001. Dissertação (Mestrado). Prourb, FAU, UFRJ.

MESENTIER, Leonardo. *A renovação preservadora: um estudo sobre a gênese de um novo modo de urbanização no centro do Rio, entre 1967 e 1987*. Rio de Janeiro, 1992. Dissertação (Mestrado). Ippur, UFRJ.

OLIVEIRA, Anita Louveiro; SANTOS, Patricia Daffond. Música e imaginários na produção da cidade: a vitalidade complexa da Lapa carioca. Scripta Nova. In: *Revista electrónica de geografia y ciencias sociales*. V. XIV, n. 331. Barcelona: Universidad de Barcelona, 2010.

PINHEIRO, Augusto Ivan de Freitas. Planejamento urbano e preservação ambiental: o corredor cultural no contexto urbano do Rio de Janeiro. In: *Anpocs* (encontro anual), São Paulo, 23-26/10/1984.

______. O Corredor Cultural, um projeto de preservação para o centro do Rio de Janeiro. In: *Seminário sobre desenho urbano no Brasil.* Rio de Janeiro. Anais do II Sedur. Benamy Turkienicz e Maurício Malta (eds.). São Paulo, Pini; Brasília, CNPq; Rio de Janeiro, Finep, 1986.

______. Entrevista. In: *Capítulos da memória do urbanismo carioca.* Freire, Américo; Oliveira, Lucia Lippi (orgs.). Rio de Janeiro: Folha Seca/FGV, 2002.

PREFEITURA DA CIDADE DO RIO DE JANEIRO. Guia do patrimônio cultural carioca: bens tombados. Secretaria Municipal das Culturas (SMC)/Departamento Geral de Patrimônio Cultural (DGPC), 2000.

RIBEIRO, Darcy. Política Cultural Rio. In: *Revista do Brasil.* Edição Especial – Política Cultural do Rio de Janeiro. Rio de Janeiro/Governo do Estado do Rio de Janeiro/Secretaria de Ciência e Cultura/Prefeitura do Município do Rio de Janeiro, 1986, p. 2-5.

RIOARTE; IPLANRIO. Prefeitura da Cidade do Rio de Janeiro. Como recuperar, reformar ou construir seu imóvel no corredor cultural. Rio de Janeiro: Prefeitura da cidade do Rio de Janeiro, 1985.

SANTOS, Joaquim Ferreira dos. *Noites das mil e uma Lapas.* Disponível em: http://www.jb.com.br. Acessado em 08 dez. 2002.

SANTOS, Milton. *A natureza do espaço: técnica e tempo, razão e emoção.* São Paulo: Hucitec, 1999.

SILVEIRA, Carmen B. *O entrelaçamento urbano-cultural: centralidade e memória na cidade do Rio de Janeiro.* Rio de Janeiro, 2004. Tese (Doutorado), Ippur/UFRJ.

TRIBUNA DA IMPRENSA. Reforma em casarão dá início ao distrito cultural da Lapa. In: *Tribuna da Imprensa.* Rio de Janeiro, 11/9/2001.

VAZ, Lilian F. O papel dos equipamentos culturais na revitalização urbana. In: Anais do Seminário Museus e Cidades. MHN, Rio de Janeiro, 2003, p. 225-38.

VAZ, Lilian F.; JACQUES, Paola B. Considerações sobre lugares culturais na cidade do Rio de Janeiro. In: Anais do Encontro da União Geográfica Internacional. Rio de Janeiro, 2003 (CD-ROM).

VAZ, Lilian F.; SILVEIRA, Carmen B. A área central do Rio de Janeiro: percepções e intervenções, uma visão sintética no decorrer do século XX. In: *Cadernos Ippur* (UFRJ), Rio de Janeiro, ano VIII, n. 2/3, set.-dez. 1994.

______. Áreas centrais, projetos urbanísticos e vazios urbanos. In: *Revista Território.* Rio de Janeiro, Laget/UFRJ, ano IV, n. 7, jul.-dez./1999.

VILAS BOAS, Violeta P. *O espaço da celebração na nova ordem da Lapa: o projeto Lapa legal e suas influências na preservação da ambiência cultural da Lapa.* Dissertação de mestrado, Programa de Pós-Graduação em Urbanismo da Faculdade de Arquitetura e Urbanismo da Universidade Federal do Rio de Janeiro – . Prourb/FAU/UFRJ, 2013.

WANSBOROUGH, Matthew; MAGGEEAN, Andrea. The role of urban design in cultural regeneration. In: *Journal of Urban Design.* [s.l.] v. 5, n. 2, 2000.

MENEZES, Ulpiano Bezerra de. *A cidade como bem cultural - áreas envoltórias e outros dilemas, equívocos e alcance da preservação do patrimônio ambiental urbano.* Apud VILAS BOAS (2013).

# 4

# Requalificação do centro de São Paulo – Projeto Corredor Cultural[1]

*Maurício Faria Pinto*
*Horacio Calligaris Galvanese*

O início da acelerada expansão urbana da cidade de São Paulo está associado ao ciclo cafeeiro e às infraestruturas que se tornaram necessárias à sua plena estruturação. Aqui, faz-se referência especificamente à riqueza que os produtores de café acumularam na capital paulista, à dinâmica que essa riqueza fomentou na economia e à ferrovia constituída como canal de ligação entre o interior produtor de café e o porto de Santos. Autores como Langenbuch chegam a considerar a conclusão da rede ferroviária principal, em 1875, um dos marcos referenciais do início do crescimento de São Paulo (Langenbuch, 1971).

Até então, o núcleo urbano paulistano estava restrito àquilo que as narrativas sobre a cidade da época identificavam como Triângulo, delimitado em seus vértices pelo Convento de São Francisco, Convento do Carmo e Mosteiro de São Bento.

---

1. Colaboradora: Luciane Shoyama.

O ciclo cafeeiro rompeu esses limites herdados do período colonial e estimulou seu crescimento na direção do "cinturão das chácaras", envoltório do núcleo tradicional que, nesse período, já apresentava uma configuração bastante compacta e quase completamente edificada. Entre essas chácaras, podem-se citar a do Marechal Arouche, a do Barão de Itapetininga (Francisco Xavier dos Santos), a de Martinho da Silva Prado, a do Chá e a da Glória.

A aglutinação dessas áreas à malha urbana crescente dava-se por meio de loteamentos, os quais configuravam novos bairros. A planta da cidade de São Paulo de Henry B. Joyner, referente ao ano de 1881, já identificava uma superação do Vale do Anhangabaú e uma expansão da cidade nas direções oeste e noroeste (Figura 4.1).

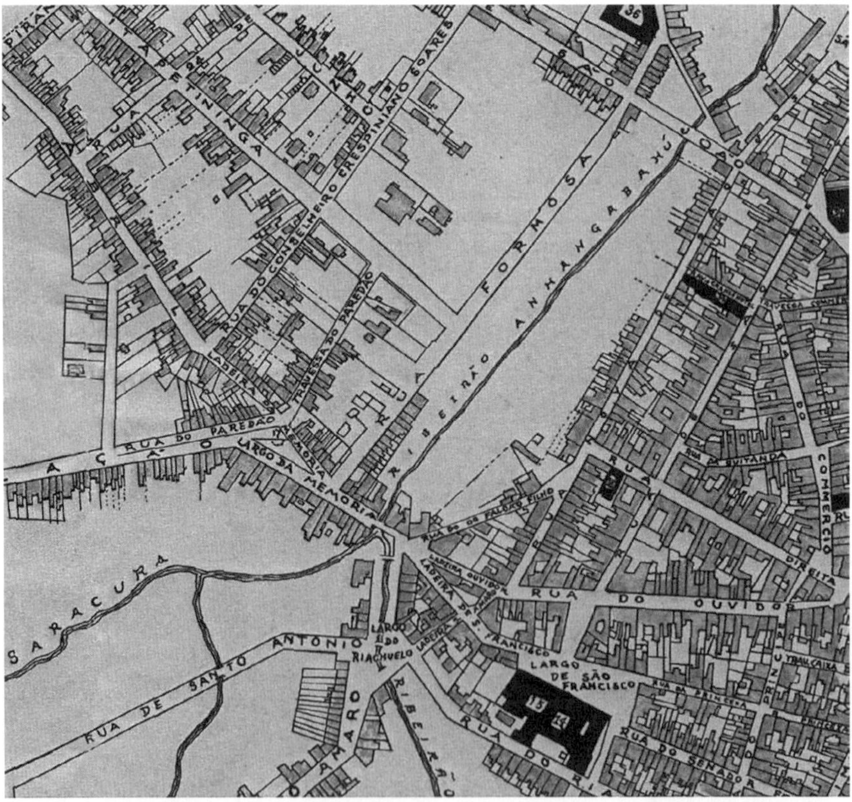


**Figura 4.1** – Planta da cidade de São Paulo, de Henry B. Joyner, 1881, acervo DPH/PMSP.

No âmbito desse crescimento contínuo e acelerado, em 1892 foi inaugurado o Viaduto do Chá. Idealizada pelo promotor francês Jules Martin, a obra passou a simbolizar o ambiente empreendedor que se disseminava na capital paulista. Ela transpunha o Vale e conectava o núcleo original da cidade, a partir do que viria a ser a Praça do Patriarca, a um de seus vetores de crescimento, o que facilitou a circulação entre a parte antiga e a nova da cidade e deu origem ao que mais tarde seria chamado de Centro Novo. Esse primeiro Viaduto do Chá tinha uma extensão de 240 m, dos quais 180 m eram de estrutura metálica (Figura 4.2).

A Praça do Patriarca, por sua vez, surgiu não apenas por causa do processo de renovação urbana que criou e reformou diversas praças na área central, entre elas o Parque do Anhangabaú, as praças Ramos de Azevedo, Santa Ifigênia, São Bento, Piques e Memória (Toledo, 1989), mas também da necessidade de que se ordenasse melhor a confluência das ruas Direita, São Bento e Líbero Badaró, e do Viaduto do Chá. Foram mantidos os alinhamentos das ruas Direita – no alinhamento da Igreja de São João – e São Bento, e seccionou-se a quadra de maneira a conformar o novo alinhamento com o da Rua do Ouvidor. A inauguração da Praça do Patriarca deu-se em 1926 e propiciou um alargamento do tecido urbano na cabeceira do Viaduto do Chá, que até então estava alinhado em relação à Rua Direita.

As transformações que se davam na área central no fim da década de 1920 e início da de 1930 expuseram a obsolescência do Viaduto do Chá. Era necessária uma nova obra, que melhor articulasse a recém-aberta Praça do Patriarca com a imponência imposta pelo Theatro Municipal na cabeceira oposta. Por meio de um concurso público, foi escolhido o projeto do arquiteto Eliziário Bahiana, cuja execução foi concluída em 1938.

Em 1941, a partir da inauguração da Avenida Ipiranga, o Centro Novo começou a se verticalizar, em um processo que se consolidou nas décadas seguintes, de 1950 e 1960. Paralelamente, instalaram-se lojas, magazines, livrarias, salas de cinema e teatro, caracterizando o Centro Novo como região nobre, com oferta de

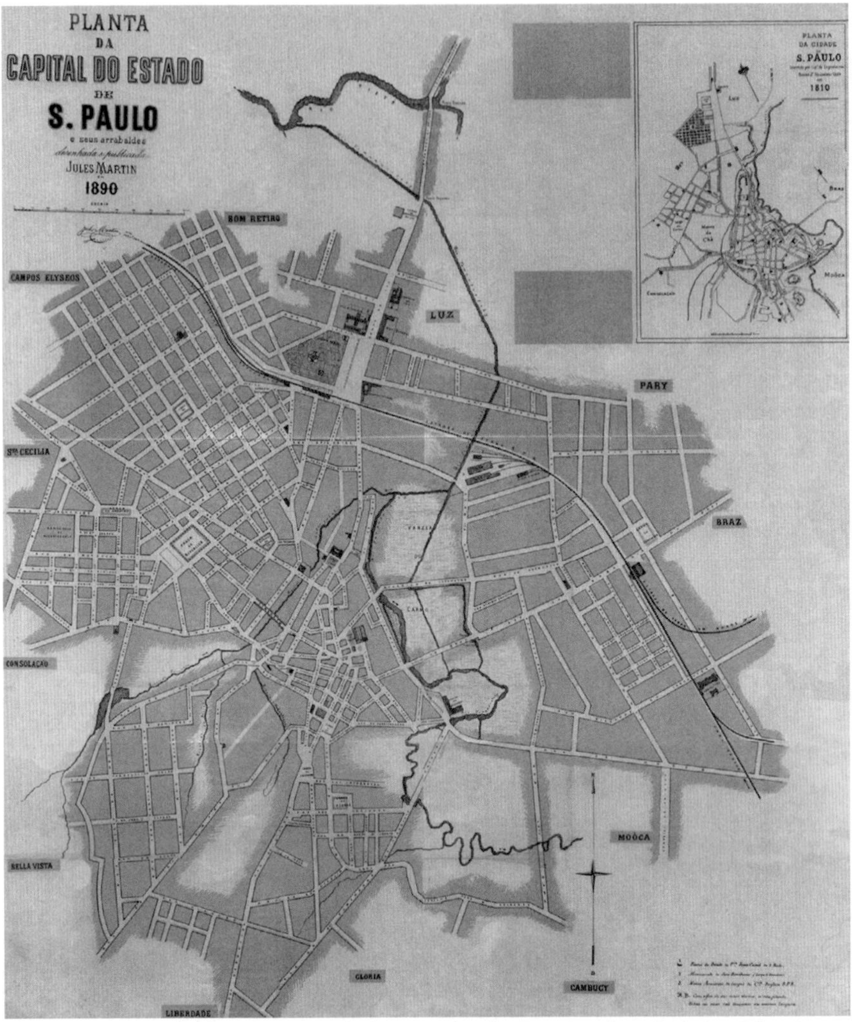


**Figura 4.2** – Planta da capital do Estado de São Paulo, de Jules Martin, 1890, acervo DPH/PMSP.

comércio, cultura e lazer. No início dos anos 1970, iniciaram-se as obras do metrô e, em 1982 e 1983, foram inauguradas, respectivamente, as estações República e Anhangabaú.

É interessante ressaltar que a dinâmica econômica que caracteriza a cidade de São Paulo produziu um fenômeno de transferências sucessivas de seu centro econômico principal, expressando a sequência das transformações do perfil econômico da própria cidade. A primeira manifestação, nesse sentido, foi em relação à ascensão e supremacia do capital financeiro, que, no início da década de 1970, configurou um importante deslocamento do núcleo de comando econômico do centro histórico para a Avenida Paulista. Vinte anos mais tarde, com a transformação da metrópole industrial em metrópole terciária, o território conformado pelas avenidas Brigadeiro Faria Lima e Engenheiro Luís Carlos Berrini e pela Marginal Pinheiros passou a recepcionar novos tipos de edifício com alta tecnologia, que abrigaram os escritórios dos setores de direção de grandes corporações, muitas delas já em um segundo movimento de transferência, agora, oriundas da Avenida Paulista. Nos tempos atuais, é justamente esta a área de concentração territorial das funções de liderança estratégica dos negócios na cidade de São Paulo, identificada como um dos polos da rede de cidades mundiais que se formou a partir da nova economia globalizada[2].

Assim, ao longo do terço final do século XX, o centro histórico de São Paulo viu seu papel de principal centralidade econômica metropolitana esvaziar-se e, aos poucos, perder força como marco referencial de identidade da população paulistana. Edifícios foram sendo desocupados, os estabelecimentos comerciais mais bem qualificados transferiram-se para os shopping centers ou para regiões mais valorizadas da cidade e as ruas foram ocupadas por uma caótica atividade ambulante informal.

Contudo, o núcleo histórico da região central da cidade de São Paulo manteve-se como área de atividades tradicionais capa-

---

2. Para Borja e Castells (1997, p. 318), "Os sistemas urbanos tradicionais, baseados em uma hierarquia nacional – capital, centros regionais, centros locais – perdem sua lógica quando se desenvolvem mecanismos de inserção dos núcleos urbanos nos sistemas mundiais de produção, comunicação e troca. As cidades se integram em sistemas urbanos que não seguem uma lógica de continuidade territorial mas se estruturam em função de pontos – os centros urbanos e eixos – os fluxos de mercadorias, pessoas, capitais e informação. O território tende a organizar-se como espaços interconectados em rede com seus pontos fortes nos centros urbanos, afastando-se da tradicional hierarquia da rede urbana nacional". (tradução nossa)

zes de promover intenso fluxo de pessoas. Referimo-nos ao Fórum, ao Tribunal de Justiça e a toda atividade jurídica que gravita em torno deles. O mesmo ocorreu com as Bolsas de Valores e de Mercadorias, que mantiveram sua base de funcionamento no Centro; com a área financeira, que deslocou suas funções diretivas, mas manteve suas agências tradicionais; com o setor público, que conservou órgãos dos diversos níveis da administração na região central; e com as áreas de educação e cultura, que preservaram alguns de seus mais significativos patrimônios em atividade (Faculdade de Direito do Largo São Francisco, da Universidade de São Paulo, e Theatro Municipal). Permaneceram ainda aquelas ruas de comércio especializado tradicional, como a 25 de Março e a José Paulino (confecção), a Florêncio de Abreu (ferragens) e a Santa Ifigênia (eletrônicos).

Em consonância com a tendência de revalorização de centros históricos observada em cidades de outros países, já de algum tempo, o Centro de São Paulo vem recebendo atenção especial dos diversos níveis da administração pública, da sociedade civil e de segmentos do setor privado, sejam aqueles interessados em vincular sua imagem institucional à recuperação do Centro, sejam aqueles detentores de patrimônio imobiliário na região com perspectiva de valorizá-lo. Esse esforço teve como precedentes, em período anterior correspondente à década de 1990, tentativas de reordenamento dos elementos constitutivos da paisagem urbana, como no Projeto Corredor Sé-Arouche, e intervenções pontuais que pretenderam contribuir para uma reversão da tendência de esvaziamento das funções do Centro, identificando uma nova vocação ligada a equipamentos, atividades e referências no campo da cultura.

Nessa linha, o governo estadual implantou, nos distritos de Santa Cecília e Bom Retiro, a Sala São Paulo, sede da Orquestra Sinfônica, reciclando a Estação Júlio Prestes, da antiga Estrada de Ferro Sorocabana; reformou a Pinacoteca do Estado, que incorporou estrutura metálica e vidro à sua arquitetura; transformou o antigo prédio do Departamento de Ordem e Política Social

(Dops) também em equipamento de cultura; e recuperou a Estação da Luz, que abriga a Estação Luz da Nossa Língua, também conhecido como Museu da Língua Portuguesa.

Igualmente, fazem parte desse esforço outras iniciativas, como a inauguração do Centro Cultural do Banco do Brasil (CCBB), em uma antiga agência bancária do chamado Centro Velho (distrito Sé); o início da reciclagem de um desativado edifício comercial da Rua 24 de Maio, no Centro Novo (distrito República), para o funcionamento de uma unidade de lazer e cultura do Serviço Social do Comércio (Sesc); e a instalação de uma filial do Museu de Arte de São Paulo Assis Chateaubriand (Masp), na Galeria Prestes Maia, que liga a Praça do Patriarca, junto ao Viaduto do Chá, ao Vale do Anhangabaú.

O Corredor Cultural insere-se nesse empenho de (re)valorização do centro histórico da cidade de São Paulo e, como tal, integrou-se a uma proposta mais abrangente, desenvolvida em paralelo e consubstanciada no Projeto Ação Centro. O Corredor foi concebido e começou a ser implantado na Praça do Patriarca, em 2001 e 2002, por uma diretoria da Empresa Municipal de Urbanização (Emurb), que foi substituída no fim de 2002 e passou à nova direção da empresa a responsabilidade pelas alterações de projeto e por sua execução no trecho restante.

## CARACTERIZAÇÃO DA ÁREA DE INTERVENÇÃO

O projeto do Corredor Cultural corresponde a uma pequena área do denominado Centro de São Paulo[3], e constitui-se em um plano de ações que visa a requalificação do sistema de espaços públicos entendidos como ruas, passeios e praças, segundo um

3. O Centro de São Paulo é formado pelos distritos da Sé, República, Bom Retiro, Cambuci, Liberdade, Bela Vista, Consolação e Santa Cecília e, administrativamente, corresponde ao total da área sob jurisdição da Subprefeitura Sé. O Corredor Cultural é apenas um pequeno trecho no interior dos distritos República e Sé. (http://www.prefeitura.sp.gov.br/cidade/secretarias/subprefeituras/se/historico/index.php?p=425)

conceito de projeto integral, conformado ao longo do percurso que começa na Biblioteca Municipal Mário de Andrade (na Praça Dom José Gaspar), segue pela Rua Xavier de Toledo, Praça Ramos de Azevedo (onde está localizado o Theatro Municipal), Viaduto do Chá (elemento de ligação entre o Centro Velho e o Centro Novo) e Praça do Patriarca (em cuja galeria, a Prestes Maia, instalou-se o Masp Centro) e encerra-se na Rua da Quitanda, próximo ao CCBB (Figura 4.3).

Além dos referidos equipamentos de cultura, estão inseridos no território de intervenção, ou lindeiros a ele, alguns outros marcos referenciais da história da cidade, tais como: a Ladeira da Memória, que liga a Rua Xavier de Toledo ao Vale do Anhangabaú; o Shopping Light, antigo edifício-sede da Light, tombado como patrimônio histórico, localizado na cabeceira oeste do Viaduto do Chá junto à Praça Ramos de Azevedo; o edifício antigo do Mappin Stores, com frente para o Theatro Municipal; o edifício Conde Matarazzo, antiga sede das indústrias homônimas, localizado na cabeceira leste do Viaduto; e a Galeria Prestes Maia.

O Corredor Cultural, assim como o Centro em geral, é servido por uma completa rede de transportes públicos – com ônibus, metrô e táxis – e, por ser o núcleo do sistema viário radial desenvolvido em São Paulo, conta com uma acessibilidade diversificada. Por outro lado, ressente-se de oferta adequada de estacionamentos para automóveis, uma vez que parte significativa dos edifícios não dispõe de garagem.

Toda a dinâmica urbana que envolve esse pequeno setor do Centro de São Paulo tem o seu ciclo mais intenso durante o horário comercial, pois, à noite, há uma forte redução das atividades e o consequente esvaziamento de população.

Simbolicamente, a Rua Xavier de Toledo, a oeste, representa a principal porta de entrada de toda a região central, assim como o Viaduto do Chá, sobre o Vale do Anhangabaú, é um dos mais tradicionais cartões-postais de São Paulo. Por outro lado, tanto as praças Dom José Gaspar e Ramos de Azevedo, no Centro Novo, como a do Patriarca, no Centro Velho, são acessadas por um con-

**Figura 4.3** – Caracterização da área de intervenção (ver p.A6).

junto de vias de pedestres – os chamados "calçadões", onde há um importante comércio de rua, outrora mais bem qualificado – que se irradia para as demais vias que integram o Corredor Cultural. Além disso, até o início da implantação do Corredor, a Praça do Patriarca e a Rua Xavier de Toledo acomodavam inúmeros pontos terminais de linhas de ônibus. Por causa dessas peculiaridades, o território recepciona um intenso fluxo de pedestres, o que acabou por atrair o comércio informal ambulante, que se instalou em passeios públicos estreitos e malconservados.

Contando com os diversos meios de transporte oferecidos, mais de 2 milhões de pessoas, vindas de todos os pontos da região metropolitana da cidade e de outros estados do país (Paes, 2001), circulam diariamente pelo Centro Velho, Centro Novo e pelos bairros centrais. Parte significativa desse público transita a pé por esse corredor, em particular no eixo de ligação entre o Centro Velho e o Novo.

Portanto, o território em que se insere o Corredor Cultural compõe um conjunto urbano caracterizado, de um lado, por uma forte referência histórica para os paulistanos – fruto de seu patrimônio construído e da função de ligação entre "dois lados" do Centro – e, de outro, pelos intensos fluxos de pedestres, automóveis e ônibus que diariamente dele se utilizam.

## O PROJETO CORREDOR CULTURAL

Para empreender processos de requalificação de centros históricos, são necessários significativos investimentos de recursos capazes de atualizar as diversas infraestruturas, recuperar patrimônios históricos, agregar funções urbanas complementares e atrair novos usuários. Mas, tanto quanto inversões de recursos, esses processos requerem esforços coordenados entre atores públicos, privados e sociedade civil, geralmente empenhados em conjunto em viabilizá-los (Figura 4.4).

Em São Paulo, esse processo contou com a organização não governamental Associação Viva o Centro, criada em 1991, que

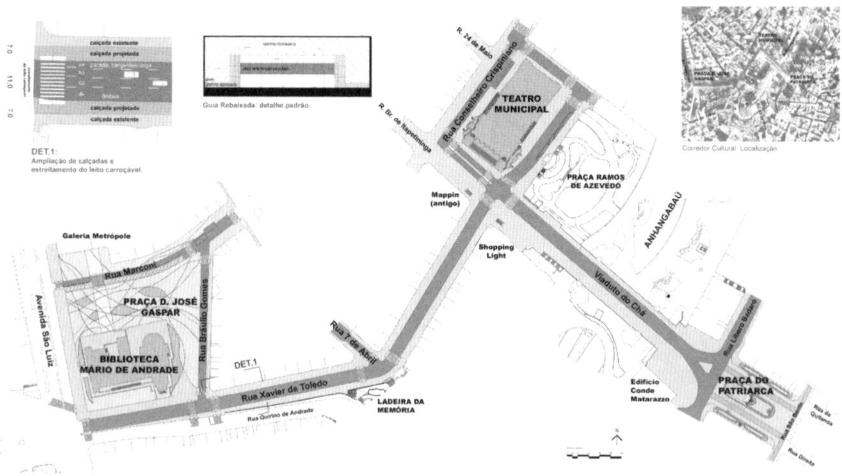


Corredor Cultural, Projeto Original.

**Figura 4.4** – O projeto introduzia a acessibilidade e mobilidade, baseada na integração intermodal, capaz de articular trajetos mistos, compondo três tipos básicos de locomoção: por meio de automóvel, transporte público (metrô/ônibus/trem) e a pé (ver p.A7).

vem cumprindo uma função continuada de organização dos atores privados, de reflexão sobre o Centro e de proposição e interação com as instituições públicas, no sentido de construir um processo sustentado e duradouro de recuperação da área central da cidade.

Com uma estrutura organizacional que abriga um corpo técnico e um quadro de consultores, além de bons meios de comunicação próprios, a Associação Viva o Centro disseminou-se por intermédio das Ações Locais, que são o elo vivo entre a direção e a realidade de cada lugar. De certa forma, ela foi, desde sua fundação, o permanente condão por meio do qual as reflexões sobre o Centro se desenvolveram. Sua estrutura tornou-a presente, representativa, e lhe conferiu real capacidade de ação política, técnica e institucional. Desse modo, a reforma da Praça do Patriarca, um elemento constitutivo do Corredor Cultural, foi iniciada com a contratação, pela Associação Viva o Centro, do projeto do arquiteto Paulo Mendes da Rocha, posteriormente doado à municipalidade que o implementou (Figura 4.5).

**Figura 4.5** – Corredor Cultural: Praça do Patriarca acabada (ver p.A7). Foto: Horacio C. Galvanese, 2004.

Inseriu-se também, no projeto do Corredor Cultural, o Banco do Brasil. A obra de recuperação de sua antiga agência, na esquina das ruas da Quitanda e Álvares Penteado, para transformá-la em um centro cultural, à semelhança do bem-sucedido CCBB no centro da capital carioca, sinalizava um novo polo de atração para atividades culturais, porém não se integrava a outras iniciativas que pudessem lhe dar ressonância em sua efetivação. A perspectiva da criação de um Corredor Cultural e um senso de oportunidade que combinava os interesses da municipalidade e dos promotores daquela intervenção certamente potencializaram a iniciativa. A estratégia das oportunidades apresenta-se como uma linha primordial do urbanismo contemporâneo. Dessa forma, o CCBB associou-se ao conceito do Corredor, passando a ser sua primeira intervenção.

Todavia, por mais que haja disposição e determinação de cidadãos, entidades e comunidade em requalificar um centro histórico, essa empreitada, por sua própria natureza, não pode prescindir da atuação do poder público, especialmente do poder local, sobretudo porque a ele compete fazer cumprir o papel articulador inerente à função do espaço público.

Com a coordenação da Administração Regional da Sé (hoje, Subprefeitura Sé), os diversos órgãos da prefeitura paulistana, com alguma responsabilidade sobre o Centro, sistematizaram, ainda em 2001, o Plano Reconstruir o Centro, que representou uma costura, integrada e coordenada, de ações para essa área da cidade. Como desdobramento do Plano Reconstruir o Centro, o projeto BID-Monumenta para recuperação de patrimônio histórico, no bairro da Luz, foi retomado com participação dos níveis federal, estadual e municipal. O mesmo ocorreu com o desenvolvimento do programa Ação Centro, iniciado pelo antigo Pró-Centro, com recursos da ordem de US$ 160 milhões, compartilhados entre o Banco Interamericano de Desenvolvimento (BID) e a Prefeitura do Município de São Paulo, cujas ações foram revistas e passaram a significar um investimento decisivo para a requalificação da região central.

Paralelamente a essa inversão de recursos, tanto o Estado quanto o município passaram a transferir inúmeros órgãos, empresas públicas e secretarias para a área central, o que fortaleceu, no âmbito administrativo, as referências de centralidade e contribuiu com o incremento de dinâmica urbana na área (Figura 4.6).

Uma intervenção-piloto de requalificação urbana, o Corredor Cultural foi o primeiro investimento público municipal no Centro, durante o período mais recente e, em 2001, já integrava o Plano Reconstruir o Centro. Os recursos para sua implantação tiveram origem em contratos firmados entre a Emurb e as empresas que exploram publicidade – quer em placas de denominação de logradouros, quer em relógios instalados em espaços públicos – e, por fim, em contrapartidas financeiras obtidas por meio da Operação Urbana Centro[4].

---

4. Operação Urbana é um instrumento urbanístico, que outorga, de forma onerosa, direitos adicionais de construção, ou novos usos, a determinada área urbana. Em outras palavras, autoriza o poder público municipal a conceder índices e parâme-

**Figura 4.6** – Corredor Cultural: Praça Dom José Gaspar. Executada a partir de revisão do projeto original. Foto: Horacio C. Galvanese, 2004.

As Operações Urbanas já têm alguma história na cidade de São Paulo. No caso da Operação Urbana Centro, a concepção da lei que a criou (Lei n. 12.349/97) previu, mais do que contrapartidas de qualquer natureza, estímulos para que ramos como os de hotéis, escolas de diferentes níveis, edifícios residenciais e esta-

tros urbanísticos adicionais à legislação ordinária de uso e ocupação do solo, em troca de contrapartida financeira a ser paga pelo interessado para realização de infraestrutura urbana no interior do perímetro da respectiva Operação. Portanto, ela é um instrumento que lida com a lógica de mercado. Só se viabiliza onde há interesse imobiliário com demanda acima dos limites estabelecidos pela legislação urbanística ordinária. Cada Operação Urbana necessita de autorização legislativa – lei – específica aprovada no legislativo municipal, a qual descreve o perímetro da Operação, confere direitos e responsabilidades às partes envolvidas, define os critérios de financiamento da Operação e estabelece um programa de intervenções e obras que serão custeadas com as contrapartidas. Os recursos advindos das contrapartidas são considerados recursos extraorçamentários, porque são depositados em uma conta bancária vinculada a cada Operação e não se confundem com o caixa da prefeitura. Com a sanção da Lei Federal n. 10.257/2001, denominada Estatuto da Cidade, passou-se a adotar o termo Operação Urbana Consorciada.

cionamentos se instalassem no Centro. Foram poucos os casos de adesão à Operação, mas as limitadas contrapartidas mostraram-se suficientes para compor os valores necessários à complementação dos custos referentes às obras do Corredor.

## OBJETIVOS E PREMISSAS

As premissas do projeto do Corredor Cultural partiram de uma diretriz que buscava valorizar a qualidade do projeto de desenho urbano e o senso de aproveitamento das oportunidades dadas pela dinâmica preexistente, incorporando iniciativas pontuais – públicas ou privadas – anteriormente em desenvolvimento, mas, até então, não articuladas entre si, de forma a potencializá-las, fazê-las interagir e criar um sentido de conjunto em determinado perímetro, com o espaço público redesenhado atuando como elemento integrador. Tais premissas visavam contribuir com a estratégia global pretendida para o Centro, por meio de uma intervenção em escala relativamente pequena, mas na qual seriam testados e demonstrados determinados conceitos urbanísticos de validade ampla, norteadores de outras intervenções seguintes, em escalas maiores.

O projeto propunha-se a interligar e potencializar polos isolados de atividades relevantes – CCBB, Museu de Arte de São Paulo (sede Patriarca), Othon Hotel, Shopping Light, Loja de Departamentos Extra-Mappin, Theatro Municipal, Biblioteca Mário de Andrade – por meio de uma reestruturação do espaço público intersticial, de maneira que se produzisse sinergia entre esses polos, e destes com a rua, articulando um conjunto urbano em processo de transformação (Figura 4.7).

No Corredor Cultural, adotou-se a ideia de desenho urbano, abrangendo uma poligonal formada por uma malha de espaços públicos – ruas e praças – com os respectivos lotes e edificações, tratados como um conjunto. Essa atitude representava uma superação crítica da linha de atuação adotada até então no Centro, mais concentrada e perceptível no entorno da Estação da Luz,

**Figura 4.7** – O projeto do Corredor Cultural propunha interligar e potencializar polos como o Theatro Municipal de São Paulo. Foto: Juliana Santarosa, 2007.

que consistiu na intervenção em espaços fechados situados em lotes ou glebas isolados – Pinacoteca do Estado, Jardim da Luz, Sala São Paulo, Museu de Arte Sacra, e edifício do antigo Dops.

Nessa abordagem, partiu-se do critério urbanístico de que o desenho sequencial do chão dos espaços públicos abertos atua como um sistema indutor das características do ambiente urbano, devendo potencializar a dinâmica das atividades que se dão dentro dos lotes e edificações, ou seja, a recuperação de espaços fechados em lotes isolados tem um efeito urbanístico limitado se não vier acompanhada de uma recuperação simultânea da função estruturadora da rua. Nesse sentido, não bastava a simples reforma física das vias e calçadas, era preciso conceber a malha dos espaços públicos abertos como uma rede de articulação de fluxos.

Ao mesmo tempo, em sua versão original, o projeto do Corredor Cultural previa não apenas um nível mais exigente para o projeto urbanístico, mas um padrão também mais elevado de execução da obra pública e de sua manutenção posterior, de maneira a produzir uma percepção visível de requalificação.

## PARTIDO URBANÍSTICO

Uma disputa presente em qualquer projeto urbano que incida em áreas dinâmicas das grandes cidades refere-se à relação entre pedestres e veículos. Premidos pela tarefa de dar vazão ao volume sempre crescente de veículos, a engenharia de tráfego tende a tirar espaço dos pedestres em favor das dimensões do viário. Uma variante dessa cultura rodoviarista se expressa, inclusive, em nome da prioridade ao transporte coletivo, ao buscar obter mais lugar para os ônibus nas vias, em detrimento do passeio público.

O rodoviarismo, de certa forma, compõe a cultura política de São Paulo e mantém-se com base no senso comum de que é preciso sempre o máximo de espaço para a circulação viária, independentemente das especificidades de cada local. Resiste às propostas de desenho urbano que envolvam ampliação (em geral apenas restauração) do passeio público, com estreitamento do leito carroçável.

Essa cultura fica expressa também na constatação de que a cidade foi incorporando a presença das grandes obras viárias, com respostas de engenharia avançadas e complexas, nas quais, porém, as soluções para os espaços destinados aos pedestres apresentam forte disparidade, com calçadas acanhadas e mal executadas, além de paisagismo e mobiliário urbano precários.

Diante desse fato, o Projeto Corredor Cultural, em sua versão original, pretendia estabelecer um avanço em relação à conquista de mais espaço, com diferencial de qualidade para o pedestre. Partia da premissa urbanística de que o caminhar é a forma fundamental de configuração dos fluxos de vitalidade internos a determinado conjunto urbano que se pretende requalificar. Assim, a priorização, a especial valorização – espacial, funcional e estética – do passeio público, como espaço da soberania do pedestre, seria sua linha mestra. Ao mesmo tempo, o Projeto procurava levar na devida conta a importância estratégica da acessibilidade externa ao lugar, enfrentando também a desafiadora questão da relação entre acesso por automóveis e acesso por transporte público.

## O PROJETO

Quando houve a formulação do Projeto Corredor Cultural, estava em andamento um rearranjo dos itinerários dos ônibus nessa região do Centro, que eliminaria alguns pontos terminais de linhas na Praça do Patriarca e na Rua Xavier de Toledo, permitindo, assim, ampliar e qualificar os espaços das calçadas que seriam liberados desses pontos finais. Tratava-se de uma oportunidade especial a ser aproveitada para a aplicação da diretriz de priorização do passeio público.

Ao mesmo tempo, o Projeto (Figura 4.4) previa, originalmente, a eliminação de vagas de estacionamento de automóveis existentes junto ao meio-fio de um dos lados da Rua Xavier de Toledo, visando inclusive o alargamento das calçadas, mas também a reposição de parte delas em outro trecho do Projeto, que estabelecia a reabertura da Rua Marconi até a Avenida São Luiz, lateralmente à Praça Dom José Gaspar. Cabe destacar que, nesse caso, um trecho de arruamento seria adicionado ao viário local para melhorar a acessibilidade, revertendo a anterior condição de "calçadão" desse pedaço de rua. Com o mesmo propósito de ampliar o passeio, o Projeto estabelecia, ainda, um pequeno estreitamento do anterior leito viário da Rua Xavier de Toledo, mantendo, porém, o mesmo número de faixas para a circulação de veículos. Por outro lado, proporcionava condições para a implantação de uma ampla garagem subterrânea embaixo da Rua Xavier de Toledo, antevendo e reservando os espaços para a implementação desse equipamento.

Na Praça do Patriarca, propunham-se a eliminação da presença de ônibus e automóveis e a consequente liberação do espaço aos pedestres, com faixas de piso reforçado para a circulação diurna restrita a carros de valores, viaturas policiais, bombeiros e ambulâncias, mas se admitindo, de maneira controlada, a passagem noturna e, nos fins de semana, de automóveis para acesso ao CCBB e a outros polos de atividades próximos a ele.

Com esse conjunto de soluções, mesmo em escala restrita, o Projeto prefigurava e introduzia toda uma estratégia alternativa de acessibilidade e mobilidade, baseada na integração intermodal, capaz de articular trajetos mistos compondo três tipos básicos de locomoção: por automóvel, por transporte público (metrô/ônibus/trem) e a pé. Ao valorizar também a função e o espaço do automóvel, o Projeto estabelecia certo contraponto à visão que absolutiza o transporte coletivo, associando-o aos "trabalhadores", em oposição aos carros particulares associados à "elite".

As premissas do Projeto original sustentavam-se no fato de que o automóvel tem um papel econômico específico em uma metrópole terciária, por se relacionar com as atividades profissionais ligadas ao prioritário setor de serviços, que, em geral, envolve múltiplas locomoções diárias e no qual a produtividade depende da mobilidade. Sendo assim, aquele uso realmente necessário do automóvel estaria ligado ao maior valor adicionado das atividades econômicas com ele exercidas, e não propriamente à renda dos seus condutores, já que existem inúmeros prestadores de serviços com rendimentos modestos. Nesse sentido, a inclusão do automóvel na estratégia de acessibilidade para o Centro, com a presença dos carros particulares devidamente dimensionada e dosada, passaria a ser um elemento estratégico no fortalecimento de funções econômicas mais dinâmicas na própria área central, o que abrange também a atração de moradores ligados a elas, para os quais o veículo próprio é imprescindível.

De outra parte, o projeto de Paulo Mendes da Rocha para a Praça do Patriarca reunia alguns elementos que podiam ser valorizados dentro da estratégia geral de requalificação do Centro. Desenvolvia-se a partir de uma nova marquise de estrutura metálica, ampla e curvilínea, com linhas arquitetônicas instigantes, marcantes, modificadoras da espacialidade preexistente. Alterando os visuais no eixo de ligação entre Centro Velho e Centro

Novo, ele transmitia o sentido de transformação que se pretendia imprimir na área central. O estilo, próprio de uma arquitetura contemporânea, valorizava a noção do novo, afastando a ideia de uma fixação apenas no passado e lançando a relação passado-presente-futuro. O próprio caráter controvertido e polêmico da solução arquitetônica favorecia a visibilidade, a focalização e a polarização de atenções em torno da obra, permitindo que se pudesse constituir em um novo marco referencial na região do Centro (Figura 4.5).

Além da marquise como peça principal, o conjunto do projeto da Praça do Patriarca adotava partidos que eram importantes para todo o restante do Centro e iriam desdobrar-se no Projeto Corredor Cultural. Ele priorizava o espaço do pedestre, estruturando uma ampla esplanada, livre de obstáculos ao caminhar; acolhia o grande fluxo da ligação Centro Velho-Centro Novo, indicando uma articulação entre essas duas partes da área central; relacionava-se com polos de atividades já implantados no entorno – Masp-Centro, CCBB, Othon Hotel –; e valorizava construções que já estavam presentes na própria praça e representam vários períodos históricos, dialogando com elas na condição de edificação nova.

Ao mesmo tempo, a intervenção inaugural na Praça do Patriarca, ao incidir em um local que se relaciona com grandes fluxos e articula várias dinâmicas, interagiu com outros processos posteriores no seu entorno, como a transferência da sede da Prefeitura para um edifício histórico em um dos vértices da própria praça, a reabilitação de outros imóveis notáveis ao seu redor e a nova presença de importantes órgãos do governo estadual na sua proximidade. Embora tais transformações específicas não estivessem ainda definidas quando do Projeto, o papel deste era justamente recepcionar tal tipo de mudança na área.

Finalizada a Praça do Patriarca, foi desenvolvido um segundo ciclo de obras, que envolvia a Praça Dom José Gaspar, a Rua Xavier de Toledo e a Praça Ramos de Azevedo, compondo assim o trajeto que, somado ao Viaduto do Chá (já anteriormente reformado), constituiria a primeira configuração do Corredor Cultural.

O projeto original de reforma da Praça Dom José Gaspar pretendia superar o divórcio formal então existente entre a Biblioteca Mário de Andrade, a própria Praça, a Galeria Metrópole e suas conexões laterais. Ele integrava esses elementos por meio da remoção dos gradis que os separavam, criava uma nova frente da Biblioteca para a Praça e reordenava, de forma orgânica, os seus canteiros, anteriormente alteados e delimitados por paralelepípedos, para ampliar as áreas de circulação e de estar, tornando seus espaços mais permeáveis aos trajetos do caminhar, de maneira a adequar a praça às funções urbanas nela presentes (Figura 4.6). O acesso da Rua Marconi à Avenida São Luiz, para circulação controlada de veículos, era recuperado como elemento de definição dos limites físicos da Praça, e a movimentação de pedestres entre a Galeria e a Biblioteca ganhava uma passarela em nível, formalmente demarcada como elemento de ligação entre elas.

A essência dessa proposta original para a Praça Dom José Gaspar estava em reordenar seus espaços, torná-la mais clara e fazê-la convidativa, de modo a estimular o fluxo de pedestres. Trabalhava um conceito de qualidade ambiental urbana, em que estão presentes os aspectos de permeabilidade do solo, vegetação e arborização, além de outros fatores ambientais referentes a conforto físico dos usuários, permeabilidade visual, luz, beleza estética, mitigação do impacto decorrente da proximidade dos veículos em movimento na rua, melhoria geral na sensação de segurança e bem-estar, aspectos de ambiência urbana inerentes à vida de um centro de metrópole.

Esse conceito mais amplo de qualidade ambiental urbana não é ainda bem recebido por órgãos de defesa do meio ambiente, o que gerou conflitos e impasses com o próprio Ministério Público e com uma corrente de ambientalistas, os quais defendiam que todas as árvores da praça ficassem intocadas, opondo-se ao manejo de algumas delas, mesmo com o plantio de muitas outras no entorno, a título de compensação.

A definição do projeto para o trecho derradeiro dessa segunda intervenção envolveu, de maneira mais aguda, o tradicional conflito de posições entre desenho urbano e engenharia de tráfego.

Os técnicos em trânsito resistiram, sistematicamente, às soluções de projeto que estreitavam as faixas de rolamento, ainda que elas fossem destinadas a vias de velocidade reduzida e que o mesmo número dessas faixas para a circulação de veículos fosse mantido. Também resistiram à eliminação total de vagas de estacionamento próximo das calçadas da Rua Xavier de Toledo, embora outras vagas fossem repostas com a reabertura de trecho da Rua Marconi. Diante da contradição entre o traçado do passeio a favor do pedestre e o traçado da via a favor dos veículos, a engenharia de tráfego manifestava-se sempre pela priorização dos aspectos relativos ao trânsito.

Desse confronto entre as duas culturas técnicas, surgiu um projeto final a meio termo, que avançava em relação à reconquista do espaço do autêntico passeio público, mas o fazia ainda com algumas limitações e lacunas (Figuras 4.8 e 4.9). A experiência demonstrou que tal confronto tem caráter permanente, pois, mesmo durante a execução da obra, as pressões da engenharia de tráfego produziram uma sequência de novas alterações no desenho das vias, mutilando partes do projeto original[5].

De qualquer forma, essa segunda intervenção representou um ganho de partido urbanístico. Ao cobrir a extensão de um trajeto de algumas centenas de metros, ela concretizava a diretriz que valoriza o desenho do espaço público aberto, das ruas, praças e, especialmente, dos passeios – enfim, o desenho do chão público – como elemento fundamental de estruturação do respectivo conjunto urbano, superando a prática da reabilitação de espaços fechados isolados e das ações apenas pontuais.

## CONCLUSÃO: UM BALANÇO DO CORREDOR CULTURAL

A ausência de cultura urbanística em relação ao papel estruturador dos passeios e das demais áreas de circulação de pedes-

5. Posteriormente, na Rua Xavier de Toledo, uma faixa à esquerda foi destinada a pontos terminais de ônibus, não prevista no projeto.

**Figura 4.8** – Corredor Cultural: Rua Xavier de Toledo. Proposta original *versus* largura mantida. Foto: Horacio C. Galvanese, 2004.

**Figura 4.9** – Corredor Cultural: Rua Xavier de Toledo. Passeios ampliados. Foto: Horacio C. Galvanese, 2004.

tres para a vida urbana, particularmente nos centros históricos, diante de uma forte cultura de prioridade aos veículos em geral, expressou-se nas obras de implantação do Corredor Cultural. Mas, a despeito das perdas importantes em relação ao projeto original, sobretudo quanto à restrita ampliação da largura da calçada em um dos lados da Rua Xavier de Toledo e ao empobrecimento da configuração urbanística da Praça Dom José Gaspar – em ambos os casos restringindo-se a oferta de espaço nos caminhos reservados aos pedestres, com alguma redução dos fluxos –, e apesar do padrão deficiente de execução das obras nesses dois logradouros (apenas o leito viário apresenta bom padrão construtivo), a intervenção do Corredor Cultural representou um avanço marcante dentro das estratégias de requalificação para o Centro de São Paulo.

Primeiro, porque, conforme já assinalado, houve interferência na configuração do contínuo de espaços públicos abertos, na função da rua como grande fator de articulação do conjunto urbano capaz de aproveitar o potencial transformador dos polos de renovação, que se implantam em imóveis individuais.

Um segundo diferencial está no fato de o Projeto Corredor Cultural ter considerado as atividades urbanas e seus fluxos de rua como uma energia a ser explorada e desenvolvida pela ação de reurbanização, superando a ideia de que a simples melhoria do ambiente físico, da obra pública em si, geraria automaticamente a desejada requalificação.

Por fim, um terceiro avanço marcante dentro das estratégias para o Centro de São Paulo, resultado dos dois anteriores, deve-se à escolha do traçado para a localização do Corredor Cultural, que levou em conta as dinâmicas da área central como um todo e a vocação do lugar para atuar como "centro do centro", captando a sua condição de espaço de articulação entre Centro Velho e Centro Novo e de território de aglutinação de funções urbanas qualificadoras.

## Desdobramentos recentes

Decorridos mais de dez anos da proposta de implantação do Projeto Corredor Cultural, é possível constatar que pouco do que se intencionou definitivamente permaneceu.

O partido adotado, que propunha a constituição de um corredor com o poder de conectar e articular, por meio de passeios e outros espaços públicos ampliados e requalificados, bens culturais em processo de renovação, na prática, descaracterizou-se naquilo que representava enquanto inovação, qual seja, a plena valorização do espaço público na escala do pedestre como elemento integrador das funcionalidades culturais do centro da cidade, e a dinamização cultural permanente.

A importante reforma pela qual passou a Biblioteca Mário de Andrade, se por um lado recuperou suas infraestruturas e renovou suas funções, de outro, não aproveitou a oportunidade de incorporá-la à reformada Praça Dom José Gaspar conforme se propunha. Ainda que, enquanto intervenções independentes, tanto biblioteca quanto praça devolveram à cidade equipamentos qualificados, a solução adotada manteve a biblioteca de costas para a praça, permanecendo inclusive o gradil como uma barreira intransponível à desejada integração (Figura 4.10).

A Rua Xavier de Toledo, no segmento delimitado pelas Ruas Dr. Bráulio Gomes e Sete de Abril, ao contrário do que previa a proposta original, teve as faixas laterais, à direita e à esquerda, tomadas por pontos finais de linhas de ônibus, numa confirmação de que não há qualificação ambiental-urbana que resista, na cultura urbanística atual, aos ditames da operação do sistema viário, seja para transporte público, seja para o automóvel. Em toda a sua extensão, o padrão de manutenção do piso das calçadas, que se pretendia diferenciado, não foge ao baixo padrão de conservação comum aos demais passeios públicos da cidade (Figura 4.11). E, considerando que o desenho e a destinação do chão público com prioridade para o caminhar seria o elemento estruturador da mudança no conjunto urbano, essas reduções

**Figura 4.10** – Praça Dom José Gaspar e o gradil da Biblioteca Mário de Andrade ao fundo. Foto: Horacio C. Galvanese.

quantitativas e qualitativas dos caminhos para o pedestre representam o principal comprometimento da visão que orientava o Projeto. O urbanismo mais uma vez ficou em desvantagem diante do estrito pragmatismo da engenharia de tráfego e de transporte.

O Theatro Municipal também passou por significativas obras de reforma e readequação de suas estruturas de palco e demais instalações, o que lhe permitiu fortalecer seu papel no cenário da música erudita, em especial o da música lírica, o que já não é pouco. Porém, o Theatro manteve aquela situação em que um equipamento cultural de qualidade, por si só, não é suficiente para estabelecer uma relação com o entorno no sentido da qualificação do espaço público e do tecido urbano ao redor.

A recuperação pela qual havia passado o Viaduto do Chá resistiu ao tempo e ele se mantém como um equipamento símbolo

**Figura 4.11** – Linhas terminais de ônibus nas faixas laterais da Rua Xavier de Toledo. Foto: Horacio C. Galvanese.

da cidade e marco referencial de ligação entre o Centro Novo e o Centro Velho.

O edifício Matarazzo reformado consolidou-se como sede do governo municipal, mas a Praça do Patriarca carece de manutenção adequada, em especial a estrutura metálica projetada pelo arquiteto Paulo Mendes da Rocha, que requer uma conservação sistemática. Já o CCBB confirmou as expectativas e transformou-se em importante polo de referência da atividade cultural no Centro, mas também sem interagir com o entorno.

Outras ações previstas que confeririam sinergia ao Corredor Cultural não foram ainda efetivadas. Merecem referência o Sesc da Rua 24 de Maio, de cujo funcionamento espera-se a implementação de fluxos de pessoas e dinâmicas culturais que ajudem a reverter a progressiva desqualificação urbana pela qual passa o quadrilátero formado pelas ruas Sete de Abril, Xavier de Toledo, e avenidas São João e Ipiranga; a garagem pública sob a Rua Xavier de Toledo, que só recentemente foi anunciada por meio de parceria público-privada pela municipalidade; e a revitalização do Othon Hotel, localizado em uma das esquinas da Praça do Patriarca e defronte à sede da Prefeitura de São Paulo que, diferentemente do que se desejaria, encerrou suas atividades de hotelaria e teve o prédio ocupado por população ligada ao movimento dos sem-teto. Da mesma forma, a proposta de implantação de uma filial do Masp na Galeria Prestes Maia não logrou êxito e foi abandonada.

Restou como positivo no Projeto Corredor Cultural, ainda que não tenha sido efetivada na prática, a propositura da pauta referente à valorização dos espaços públicos voltados para o estímulo ao caminhar.

Contudo, houve nesse período novas ações e iniciativas que reforçaram a vocação cultural do Centro. É o caso da Praça das Artes, complexo cultural edificado pela municipalidade de São Paulo que pretende complementar as funções do Theatro Municipal e agregar atividades relacionadas à música e à dança, e do Edifício Lutetia, na Praça do Patriarca, patrimônio histórico projetado por Ramos de Azevedo, cuja particularidade refere-se à instalação da Residência Artística, conceito que a Fundação Armando Alvares Penteado (FAAP), proprietária do edifício, adotou nos andares acima dos ambientes de exposição e que abriga artistas nacionais e internacionais para troca de experiências e conhecimentos com alunos e professores daquela instituição de ensino.

Contudo, mais importante talvez do que constatar a descontinuidade do conceito de Corredor Cultural no Centro da cidade de São Paulo seria identificar as causas que levaram ao seu abandono.

É conhecida a fragilidade da cultura urbanística na proposição e condução das políticas públicas em São Paulo. O desequilíbrio entre o intenso e rápido crescimento populacional sob um modelo de espalhamento da malha urbana e as infraestruturas urbanas proporcionalmente necessárias a esse crescimento têm levado, sequencialmente, os governos municipais à condição de verdadeiros gestores do imediatismo, que de maneira sistemática e repetitiva apenas reagem com ações meramente setoriais às demandas mais prementes da cidade. Assim é que questões como habitação, sistema viário, trânsito, transportes públicos e drenagem são comumente tratadas de forma pontual e desarticulada. Somente agora começam a ser elaborados planos municipais, porém ainda setoriais, como de macrodrenagem, transportes urbanos ou de habitação.

Ainda assim, não se observa nas intervenções setoriais, tampouco nesses planos municipais, maior sensibilidade em relação à qualidade urbano-ambiental, ao adequado tratamento dos passeios e demais espaços públicos, à valorização da paisagem urbana, à integração das ações, seja na concepção dos projetos, seja na sua execução, ou ainda na sua posterior conservação, temas que ao menos o Projeto do Corredor Cultural apresentou à reflexão.

Rapidamente o conceito de integração dos equipamentos culturais e de sua articulação por meio da valorização dos espaços do caminhar, que o Corredor Cultural encerrava, foi substituído pela lógica setorial e fragmentadora, portanto reduzida, de encontrar solução exclusivamente adequada a necessidades e demandas específicas, como, por exemplo, no estreitamento das calçadas e na implantação concentrada de terminais de ônibus naquele trajeto.

Mas para além da qualificação física e material dos espaços públicos e edifícios que compunham a concepção do Corredor Cultural do Centro da cidade de São Paulo, ele incorporava também o conceito de "programa" que, de forma duradoura, articularia eventos e ações capazes de criar novos fluxos de frequentadores e nova dinâmica cultural, contribuindo com a revitalização do Centro. Também pressupunha uma ação permanente de zeladoria do espaço público em parceria com entidades representativas dos protagonistas do Centro, como a Associação Viva o Centro. Contudo, a cultura política nacional, mesmo em casos de continuidade administrativa, ainda não comporta o compromisso com uma ação estratégica continuada que se oriente por um projeto de cidade e não apenas de governo.

## REFERÊNCIAS

ADMINISTRAÇÃO REGIONAL DA SÉ. Pró-Centro. *Reconstruir o centro: reconstruir a cidade e a cidadania*. São Paulo, set. 2001.

BORJA, Jordi; CASTELLS, Manuel. *Local y Global. La gestión de las ciudades en la era de la información*. Madri: Torres, 1997.

LANGENBUCH, Juergen Richard. *A estruturação da Grande São Paulo: estudo de geografia urbana*. Rio de Janeiro, Instituto Brasileiro de Geografia, Departamento de Documentação e Divulgação Geográfica e Cartográfica, 1971.

PAES, Célia da Rocha. *Elementos conceituais para a elaboração e análise do projeto da Praça Dom José Gaspar*. São Paulo: Emurb, 2001.

TOLEDO, Benedito Lima de. *Anhangabaú/Benedito Lima de Toledo*. São Paulo: Federação das Indústrias do Estado de São Paulo, 1989.

# O centro histórico de Porto Alegre e o Projeto Monumenta: a estratégia dos eixos[1]

5

*Briane Panitz Bicca*

No processo de urbanização brasileiro, Porto Alegre é uma cidade de formação tardia, tanto que a produção de açúcar no Nordeste e a lavra do ouro em Minas Gerais estavam em declínio e as Coroas portuguesa e espanhola ainda disputavam as terras que hoje formam o Rio Grande do Sul. Explica-se: o mais setentrional dos territórios brasileiros tinha posição estratégica no acesso às riquezas minerais extraídas das terras da América Espanhola pelo Rio da Prata, onde os portugueses haviam se estabelecido com a Colônia de Sacramento, em 1680. Na costa sul, entretanto, o litoral recortado de Santa Catarina era a última possibilidade de atracação segura até o estuário do Prata, já que, a partir daí, estende-se um litoral sem baías, de mar batido, frio e turbulento. Apenas em 1737 essa costa recebeu a primeira fortificação portuguesa na desembocadura da Lagoa dos Patos, em

1. Colaboração: Zita Possamai, Luiz Merino Xavier, Fausto Bugatti Isolan, Charles Henrique Rosa Santos e Pedro Vargas.

Rio Grande, dando origem, em 1760, à Capitania do Rio Grande de São Pedro, com sede em Viamão, afastada do litoral e de mais fácil defesa dos ataques da Coroa Espanhola.

Após o Tratado de Madri (1750), que passou a Colônia de Sacramento ao domínio espanhol e anexou a região missioneira ao território luso, a faixa de fronteira definida pelo Rio Uruguai deveria ser prontamente ocupada por Portugal. Por essa razão, famílias açorianas foram destinadas a povoar a região das Reduções Jesuíticas. Mas a reação dos jesuítas e dos guaranis a essa ocupação acabou por retê-las em um local estratégico, às margens do Lago Guaíba, em um sítio elevado próximo à Lagoa dos Patos, o único caminho para o mar, nascendo aí a tímida nucleação do Porto de São Francisco dos Casais, fundada oficialmente em 1772 (Figura 5.1).

Na segunda metade do século XIX, a confluência da riqueza do interior com a incipiente industrialização da capital fomenta seu papel de praça comercial e bancária, fortalecida pela produção das colônias de imigração alemã (1824) e italiana (1875). Os antigos trapiches de atracação tornaram-se obsoletos. Uma es-

**Figura 5.1** – Aquarela do viajante alemão Herman Wendroth, na qual a península do antigo centro cercada pelo Guaíba é vista do Morro Santa Teresa. Fonte: Museu Joaquim José Felizardo/Biblioteca Walter Spalding, 1852.

trutura de pedra é construída entre 1856 e 1858, junto à Praça do Comércio, depois Praça da Alfândega (Figura 5.2), seguida por uma ampliação de grandes proporções no início do século XX, com a edificação de uma longa linha de armazéns sobre o aterramento do litoral lacustre, da Ponta do Gasômetro ao bairro Navegantes, onde se concentravam as indústrias. Foi nesse momento que o aspecto luso da cidade cedeu lugar ao ecletismo *fin de siècle* (Figura 5.3). A construção da alfândega, dos correios, do mercado público e do paço municipal atestam o crescimento da cidade nessa época. No alto da colina, reforçaram-se as funções de governo, legislativas e eclesiásticas, distribuídas no entorno da Praça da Matriz, ligadas pela Rua da Ladeira à área portuária (Figura 5.4). Nesta última, a principal via é a Rua da Praia, paralela à orla, iniciando-se na ponta da península, onde se estabeleceram, no fim da década de 1920, a usina de energia elétrica do Gasômetro e a cadeia, demolida nos anos 1970. A imponente Igreja Nossa Senhora das Dores marcou seu perfil inicial, coroado no

**Figura 5.2** – Tomada desde o trapiche, com a murada e a escadaria do cais (final do séc. XIX). À esquerda, a agência da Caixa Econômica Federal e, à direita, a Alfândega. Fonte: Museu de Comunicação Social. Hipólito José da Costa, 1910.

**Figura 5.3** – Praça da Alfândega e Praça Barão do Rio Branco, sobre a área aterrada com o cais ao fundo. Fotógrafo Desconhecido/Iphae/RS, 1930.

**Figura 5.4** – Praça Marechal Deodoro (Matriz), monumento a Júlio de Castilhos e, ao fundo, os prédios gêmeos do Teatro São Pedro e Tribunal de Justiça. Fotógrafo Desconhecido/Iphae/RS, 1930.

outro extremo pela Santa Casa de Misericórdia, conformando o principal eixo longitudinal da cidade (Figura 5.5).

Com a abertura da Avenida Borges de Medeiros, inaugurada em 1932, rasgando e "saneando" o emaranhado de ruas e becos, Porto Alegre ingressou na modernidade, já então marcada pelo

**Figura 5.5** – Igreja Nossa Senhora das Dores. Foto: Cristiano Mascaro, 2004.

positivismo que deixa seus traços na arquitetura e na estatuária das fachadas. O magnífico Viaduto Otávio Rocha, no alto da Rua Duque de Caxias, rua senhorial dos casarões e sobrados, coroa a Avenida Borges de Medeiros, onde os primeiros arranha-céus inauguram a verticalização da cidade. O sistema de bondes elétricos tem um forte papel integrador, ligando o centro a todos os bairros, sistema este desativado em 1971. Com o adensamento da região metropolitana, hoje com 3,4 milhões de habitantes, cresce a demanda por transporte público ligando o centro de Porto Alegre aos municípios vizinhos. A partir das décadas de 1980-90, concentram-se ao norte da Avenida Borges os terminais de transporte público, incluindo o metrô de superfície, cuja estação central localiza-se em frente ao Mercado Público. São 400 mil pessoas/dia circulando pelo Centro, o que, se de um lado lhe confere invejável dinamismo econômico, de outro, fomenta a substituição do antigo casario.

## A EVOLUÇÃO DA PRESERVAÇÃO DO PATRIMÔNIO EM PORTO ALEGRE E O PROJETO MONUMENTA

Já bastante desfigurada por haver perdido boa parte do seu patrimônio, Porto Alegre, nas últimas décadas do século XX, viu crescerem as iniciativas em favor da perservação do seu Centro Histórico. Essas iniciativas garantiram a permanência de importantes exemplares da arquitetura pública e de um número menor de edificações particulares. Contribuíram para tanto a oposição corajosa dos pioneiros preservacionistas, as campanhas públicas, os inventários do patrimônio municipal iniciados em 1971, a organização dos serviços estadual e municipal de patrimônio e os tombamentos, entre outros. Desses, o primeiro, em âmbito federal, da Igreja Nossa Senhora das Dores, é concomitante ao de Ouro Preto (1938), e o último (1999), do Sítio que vai do Palácio Piratini ao Pórtico do Cais Mauá, ensejou a Porto Alegre a oportunidade de ingressar no Programa Monumenta. Por sua vez, a consolidação do Inventário Municipal do Patrimônio pela

Equipe do Patrimônio Histórico e Cultural (Epahc), órgão da Secretaria Municipal da Cultura, iniciado em 1988 e atualmente composto por 2.900 imóveis de preservação e 2.390 de controle da paisagem, vem respaldando negociações que acomodam interesses, resguardando do desaparecimento inúmeros exemplares de valor cultural e ambiental.

A aplicação dessa norma tem revelado bons resultados, especialmente quando as áreas livres dos terrenos permitem ocupação mais intensiva do fundo ou da lateral dos lotes. Para as chamadas cascas, edificações das quais restaram apenas as paredes externas, a norma, em algumas situações, permite uma elevação moderada do gabarito do corpo central da edificação, se restaurado o seu perímetro. No caso de edifícios tombados, a aquisição de alguns deles pelo município, com índices construtivos, mostrou-se relativamente eficaz na proteção ao patrimônio do Centro Histórico.

Uma atitude inovadora e especialmente significativa nesse âmbito, com larga repercussão tanto simbólica quanto prática, foi a instalação pela administração municipal, em 1996, do Projeto Corredor Cultural da Rua da Praia e, em 1998, do Projeto Revitalização do Centro, que levou a área central a ser assumida como receptáculo do principal conjunto histórico da cidade.

Com o objetivo de revalorizar o Centro, esse último projeto reuniu em vários foros as representações das entidades relacionadas à área para discutir a problemática do Centro em suas múltiplas vertentes e propor um conjunto articulado de iniciativas. Dessa forma, teve início a concepção de que cabe à municipalidade uma ação conjunta, coordenada e diferenciada em relação ao patrimônio da área central, embrião do seu tratamento como Centro Histórico. Por meio dessas discussões, a população e o empresariado também começaram a se apropriar da ideia de que a cidade deve tratar cuidadosamente dos seus monumentos e espaços públicos tradicionais. Entre as várias ações empreendidas naquele período, destacou-se um projeto conjunto com entidades de comerciantes: a qualificação de uma importante artéria central, a Avenida Otávio Rocha – referência das potencialidades desse procedimento cooperativo. Também foram de iniciativa do Projeto Revitalização, em 1999, por intermédio da Representação da Organização das Nações Unidas para a Educação, a Ciência e a Cultura (Unesco) no Brasil, as primeiras negociações para a inclusão de Porto Alegre no Programa Monumenta, do Iphan. A continuidade desse processo ocorreu recentemente com a instalação do Programa Viva o Centro, sob a coordenação da Secretaria de Planejamento Municipal. Cabe assinalar, pela mudança positiva, a iniciativa da Secretaria Municipal de Meio Ambiente (Smam), de criar um setor de controle da publicidade, muito atuante na regulamentação e fiscalização dos espaços ocupados por placas, faixas, *outdoors* etc., cujo trabalho fez uma diferença marcante na fisionomia da área comercial do Centro, ao ponto de fachadas antigas, antes cobertas por letreiros, voltarem a enriquecer o ambiente.

## AS POLÍTICAS DE PRESERVAÇÃO DO PATRIMÔNIO

Deve-se abrir espaço aqui para apontar o papel desempenhado pelo processo de planejamento urbano na preservação do patrimônio de Porto Alegre. Datam de 1914 as propostas pioneiras de medidas reguladoras para o crescimento da cidade, mas o primeiro Plano Diretor é de 1959, tendo recebido sucessivas atualizações. No âmbito da preservação do patrimônio, o órgão local, a Epahc, da Secretaria Municipal da Cultura, em base à listagem de 1971, elaborou, em 1998, um minucioso inventário das edificações de valor cultural, estendido a todos os bairros da cidade. Apesar do tempo transcorrido, apenas em 2008 esse inventário entrou na pauta da Câmara de Vereadores para aprovação como lei municipal. Entretanto, sua aplicação como instrumento administrativo de proteção vem trazendo grandes benefícios à cidade.

Outro instrumento legal de proteção ao patrimônio e ao ambiente natural da cidade foi o das Áreas Especiais de Interesse Cultural e Ambiental. Constituiu-se em uma nova categoria de proteção, cuja regulamentação vem sendo discutida pelo executivo desde 2003, sem que tenha sido transformada em lei. Para as

Áreas Especiais são estabelecidos regimes construtivos diferenciados para oitenta áreas de valor cultural, ambiental e paisagístico, entre as quais o Centro Histórico. Trata-se do resultado de quatro anos de trabalho da Epahc, em convênio com a Faculdade de Arquitetura do Centro Universitário Ritter dos Reis. Por seu intermédio, foram delimitados perímetros de proteção dos locais com maior concentração de unidades arquitetônicas que definem as características dos bairros ou de ambientes urbanos diferenciados, por sua harmonia, ou reconhecidos por seu caráter tradicional e popular, ou, ainda, por conter paisagens significativas. Na proposta foram incluídos grupos de conjuntos residenciais, aglomerados fabris, paisagens rurais e a orla do Guaíba. Os bairros mais antigos conteriam áreas protegidas, de forma a impedir ou limitar a substituição de unidades unifamiliares tradicionais por edificações em altura.

A continuidade dessa política apresenta resultados evidentes, cujo somatório vem gradativamente agregando densidade à área central. As sucessivas restaurações reforçam, dão visibilidade e novos contornos ao Centro, evidenciando sua face histórica muitas vezes escondida atrás das fachadas maltratadas. Hoje, define-se claramente um polo histórico municipal constituído em torno do Paço dos Açorianos (Figura 5.6), sede do governo local, do Mercado Público e da Praça XV de Novembro (Figura 5.7), com seu tradicional abrigo dos bondes. Em sua extensão, subindo pela Avenida Borges de Medeiros, encontra-se o Viaduto Otávio Rocha, obra única por suas qualidades formais e perfeita integração à paisagem (Figuras 5.8 e 5.9).

Foram emblemáticos para Porto Alegre, no início da década de 1980, o bloqueio da demolição da Usina do Gasômetro e a restauração do Theatro São Pedro, construído em 1858 e fechado por longos anos, cuja edificação histórica e intensa programação fazem dele o teatro porto-alegrense por excelência. A Usina do Gasômetro, transformada em espaço cultural municipal, e a instalação pelo Estado da Casa de Cultura Mário Quintana, no antigo Hotel Majestic, e mais adiante no edifício Força e Luz,

**Figura 5.6** – Paço Municipal. Coord. Jornalismo/Fotografia CCS – Prefeitura de Porto Alegre (ver p.A8). Foto: Ricardo Giusti, 2004.

**Figura 5.7** – Vista aérea do Mercado Público, Praça XV de Novembro, Espaço dos Açorianos. Coord. Jornalismo/Fotografia CCS – Prefeitura de Porto Alegre (ver p.A8). Foto: Aline Gonçalves, 2002.

**Figura 5.8** – Viaduto Otávio Rocha. Coord. Jornalismo/Fotografia CCS – Prefeitura de Porto Alegre (ver p.B1). Foto: Carla Ruas, 2004.

do Centro Cultural Érico Veríssimo, pela CEEE, consolidaram, nos anos 1990, o Corredor Cultural da Rua da Praia, a mais tradicional da cidade. No passado, era a rua dos cinemas, cafés e grandes magazines; hoje, ela mantém sua movimentação febril de principal via de pedestres, parcialmente aberta a lotações e táxis, medida essa que resultou em significativa redução do comércio ambulante. O cruzamento da Rua da Praia com a Avenida Borges de Medeiros, aberto a todas as expressões e denominado Esquina Democrática, é tombado como patrimônio municipal por sua força simbólica na história política da capital.

Ainda na Rua da Praia, na proximidade da Praça da Alfândega, há outro local carregado de história: o Largo dos Medeiros, outrora foco da disseminação das informações vindas dos poderes instalados na Praça Matriz, e das redações dos jornais, então situadas do lado oposto da praça. A Praça da Alfândega, que recebeu

**Figura 5.9** – Viaduto Otávio Rocha, com vista da Avenida Borges de Medeiros (em construção). Fotógrafo Desconhecido/Reprodução Coord. Jornalismo/Fotografia CCS – Prefeitura de Porto Alegre. Reproduzido do *Jornal do Correio do Povo*, 01/10/1934, p. 7, por Aline Gonçalves.

da imprensa o epíteto de Praça Cultural da cidade, possui três espaços especialmente significativos: o Museu de Arte do RS, o Memorial do RS e o Centro Cultural Santander. O centenário Clube do Comércio (Figura 5.10), além de oferecer restaurante e salas de leitura, realiza congressos e convenções, acolhendo um vasto programa de atividades culturais durante a Feira do Livro. Essa tradicional feira da Praça da Alfândega, sempre iluminada pela floração lilás dos frondosos jacarandás, comemora, em 2014, a sua 60ª edição. O movimento de afirmação do Centro e especialmente da Praça tem na Feira do Livro[2] o seu elemento mais dinâmico, uma vez que, em seus quinze dias de exposição, abriga um público crescente e diversificado, expandindo continuamen-

2. http://www.feiradolivro-poa.com.br/.

**Figura 5.10** – Praça da Alfândega e, ao fundo, prédios do Clube do Comércio e Edifício Imperial. Foto: Cristiano Mascaro, 2004.

te a representação do mercado editorial e livreiro, assim como a sua programação paralela, que ocupa todos os espaços culturais do Centro. Outra contribuição de peso para a consolidação da nova dinâmica do Centro é a Bienal de Artes Plásticas do Mercosul, que, em 2013, registrou mais de 1 milhão de visitantes e ocupou os principais espaços culturais da Praça da Alfândega (Figura 5.11).

Também no eixo da Rua da Praia, na Igreja Nossa Senhora das Dores, a restauração dos elementos artísticos da nave, dos altares laterais e do altar-mor permitiram a plena retomada da sua função religiosa, garantindo-lhe a já tradicional realização de concertos e gravações em virtude de sua excelente acústica. Os custos dessa intervenção interna foram a contrapartida da paróquia, por meio da Lei de Incentivos Fiscais do Estado, captada da iniciativa privada, às obras civis de restauração do corpo da igreja, realizadas pelo Projeto Monumenta, incluindo a adequação do conjunto às normas de acessibilidade para portadores de necessi-

**Figura 5.11** – Vista do Memorial do Estado e Monumento ao Barão de Rio Branco na Praça da Alfândega (ver p.B1). Foto: Cristiano Mascaro, 2004.

dades especiais. O vizinho Solar Conde de Porto Alegre, sede do Instituto dos Arquitetos do Brasil – Rio Grande do Sul, com intensa programação cultural, sinaliza as condições de sinergia para a constituição de outro foco de interesse cultural na área central.

Outro eixo do Centro Histórico se desenvolve transversalmente à linha d'água, indo da Praça da Matriz até o Pórtico do Cais Mauá, passando pela praça da Alfândega, onde se constata também um notável crescimento da função cultural, especialmente ao redor da praça da Matriz: à instalação de entidade com fins culturais no Solar Palmeiro, residência senhorial debruçada sobre a Praça, somou-se a restauração do antigo Palácio Provincial, conhecido como Forte Apache, que acolhe o Centro Cultural do Ministério Público Estadual. Na face ocupada pelo Theatro São Pedro, em complementação e lateral ao imóvel, é concluído o complexo do Multipalco, composto de dois teatros e respectivas salas de ensaios, provido de três pavimentos subterrâneos de estacionamento e coroado por uma praça com concha acústica, alusiva ao espírito do antigo Auditório Araújo Viana, demolido na década de 1970 para dar lugar à Assembleia Legislativa do Estado. O Multipalco desenvolve-se em extensão à Praça da Matriz, aproveitando o pronunciado desnível do terreno em relação à Rua Riachuelo, na proximidade do Arquivo Histórico do Estado. Nas imediações, na Rua General Câmara, antiga Rua da Ladeira, descendo em direção à Rua da Praia, em prédio inventariado por seu valor cultural, encontra-se o Centro Cultural dos Bancários, proporcionando, entre outros serviços, salas multimeios, biblioteca e videoteca e um restaurante-cafeteria.

Nesse panorama, estão dadas as condições para que a população se aproprie cada vez mais do Centro Histórico, apagando gradativamente a imagem produzida nos anos 1970-80 e automaticamente repassada a cada geração de que "o centro é perigoso". O Projeto Monumenta se empenhou para consolidar a percepção de que Porto Alegre possui um Centro Histórico variado, rico em experiências humanas e estéticas, batendo continuamente nessa tecla, em especial, pelos meios de comunicação social.

Um tema candente no cenário da área central relaciona-se à ocupação da extensa faixa de armazéns do Cais Mauá, cuja função portuária foi desativada. Com o pretendido acesso à orla do Centro Histórico, serão multiplicadas as possibilidades de lazer e turismo – por meio da contemplação, da navegação de passeio, da gastronomia, dos eventos, do acesso à informação turística etc., o que representa a incorporação do Cais Mauá, hoje inacessível à população embora repleto de potencialidades (Figura 5.12). O Porto é uma chance única de expansão diversificada do Centro, e o Projeto Monumenta, escolhendo como sua "obra de arranque" o Pórtico do Cais Mauá, comprometeu-se com essa meta. Uma

**Figura 5.12** – Vista do Cais do Porto (ver p.B2). Foto: Cristiano Mascaro, 2004.

das dificuldades a superar é o fato de que essa faixa encontra-se isolada do centro da cidade por três barreiras paralelas: o muro de contenção das cheias do Guaíba, construído no início dos anos 1970; o tramo inicial do metrô de superfície, da década seguinte; e a Avenida Mauá, que carreia todo o tráfego pesado de passagem pelo Centro, rumo à Zona Sul. A possibilidade de ampliação da comporta do muro em frente ao Pórtico do Cais e a iniciativa da Companhia do Trensurb de recuar a extremidade da linha do metrô, permitindo a ampliação da comporta, além de aumentar a permeabilidade em alguns pontos da linha do metrô, acena para a melhoria do acesso de pedestres e veículos ao Porto. Mas essas providências pontuais não respondem à lentidão em dar início à obra de revitalização do Cais Mauá, demanda que os meios de comunicação repercutem permanentemente.

Completam esse panorama sinais de valorização dos imóveis particulares de relevância cultural e ambiental, para os quais, tudo indica, abrem-se novas perspectivas. Multiplicam-se as reformas, e as fachadas pintadas de novo começam a dar cor às ruas. É sintomática dessa inflexão a adesão dos proprietários pelo financiamento do Monumenta destinado a imóveis privados de valor cultural ou de compatibilização com o ambiente urbano. Por outro lado, as pesquisas têm demonstrado o crescente desejo, por parte de alguns estratos da população, de morar no Centro. Uma confirmação dessa tendência foi o cadastramento feito em 2004, pelo Departamento Municipal de Habitacão, no qual 6 mil pessoas se mostraram interessadas em habitar nos prédios centrais do Programa de Arrendamento Residencial (PAR), da Caixa Econômica Federal (CEF). Esse programa adquiriu algumas edificações desabitadas no Centro, adequando-as ao uso residencial, o que aumenta a população residente, e fomenta as atividades relacionadas à habitação, com reflexo na redução da marginalidade. Reforçar o uso habitacional desse estoque de edifícios, predominantemente no estilo proto-modernista do período entre guerras, além de aumentar a população residente, garante sua permanência, tão cara à fisionomia do Centro. De forma geral, observa-se a gradativa incorporação ao patrimônio da cidade da produção dos anos 1940-50 e até 1960, cuja singeleza e escala harmoniosa com o entorno constituem uma característica não só do Centro, como de vários bairros tradicionais.

## PROGRAMA MONUMENTA

O Programa Monumenta foi integrado por um conjunto de 26 cidades em várias regiões brasileiras, escolhidas entre os sítios históricos tombados federais, representativos das manifestações arquitetônicas e urbanísticas de várias épocas, quais sejam: Alcântara (MA), Belém (PA), Cachoeira (BA), Congonhas (MG), Corumbá (MS), Diamantina (MG), Goiás (GO), Icó (CE), Laranjeiras (SE), Lençóis (BA), Manaus (AM), Mariana (MG), Natividade (TO), Oeiras (PI), Olinda (PE), Ouro Preto (MG), Pelotas (RS), Penedo (AL), Porto Alegre (RS), Recife (PE), Rio de Janeiro (RJ), Salvador (BA), São Cristóvão (SE), São Francisco do Sul (SC), São Paulo (SP), Serro (MG). Instituído no final de 1999 pelo Ministério da Cultura, em cooperação com o Banco Interamericano de Desenvolvimento (BID), apoio técnico da Unesco e parceria da CEF, o Programa Monumenta foi calcado na experiência de Quito. Em 1988, a capital do Equador sofreu um abalo sísmico que danificou gravemente os monumentos do seu Centro Histórico, já então inscrito como Patrimônio da Humanidade. O retorno positivo obtido pelas ações de restauração e dinamização cultural a partir da instituição de um fundo para reconstrução de Quito, com recursos do BID, levou o Banco, em 1995, a propor ao Ministério da Cultura (MinC) do Brasil um programa similar, voltado às principais cidades históricas do país e implantado pelas administrações municipais. Por seu intermédio, o MinC, a partir de 1999, passou a oferecer sua capacidade de gestão, os recursos financeiros e a orientação técnica do Instituto do Patrimônio Histórico e Artístico Nacional (Iphan) para a implantação de um conjunto de ações de acordo com o perfil de cada cidade, abarcando da restauração de monumentos públicos à qualificação de espaços urbanos históricos, do financiamento de proprietários de imóveis privados de valor histórico à execução de ações culturais de variados perfis, especialmente a capacitação nas profissões relacionadas à preservação do patrimônio de cada sítio e a valorização das suas expressões culturais. Os recursos que alimentaram o Programa totalizaram US$ 200 milhões, dos quais 70% do orçamento federal e de financiamento do BID e 30% de contrapartida local, composta majoritariamente pelos municípios, como no caso de Porto Alegre. Puderam ser também incluídos investimentos estaduais e da iniciativa privada, desde que centrados nos itens específicos do Plano de Trabalho definido em convênio. Em algumas cidades, o Monumenta foi assumido pelo Estado, garantindo assim os 30% de contrapartida local. Cabe sublinhar que as condições para ingresso no Monumenta eram altamente vantajosas para os municípios, pois estes recebiam 70% de recursos a fundo perdido, não necessitando ser ressarcidos, e a parcela de 30% de contrapartida local podia ser integrada com recursos oferecidos pela iniciativa privada para executar as ações previstas no Plano de Trabalho. O governo, por intermédio do Orçamento da União, financiou 20% do Programa e assumiu o empréstimo do BID, de 50% do total.

O prazo de execução do Programa Monumenta foi sendo prorrogado a cada ano, encerrando-se definitivamente em dezembro de 2013, tendo se estendido por mais de um decênio, isso em vista dos seus bons resultados e do tempo necessário à implantação dos complexos procedimentos de gestão e financeiros, envolvendo negociações em todos os níveis. Essas incluíam, no âmbito local, as câmaras de vereadores, os governos estaduais, a iniciativa privada, os movimentos sociais, as instituições de ensino e os formadores de opinião, cujo apoio foi essencial para o êxito da iniciativa. Os recursos, garantidos pelo governo federal, reforçaram localmente as iniciativas do Monumenta, despertando o interesse da iniciativa privada na construção e restauração de edificações, além de impulsionar a tramitação e a aprovação dos projetos nas diversas instâncias. O Programa Monumenta era regido por um Regulamento Operativo, contendo os princípios e as normas do Programa, revisto semestralmente para adequar e aperfeiçoar a sua execução. Competia à Unidade Central de Gerenciamento (UCG) do Iphan se relacionar com o BID, executar o Componente Federal do Programa, assim como concentrar sua capacidade gerencial e técnica na análise e aprovação dos projetos, dos contratos de obras, assim como no andamento destas, na formação de agentes de preservação, edição de documentos dirigidos ao aperfeiçoamento técnico das intervenções, de obras de referência e na divulgação do patrimônio brasileiro, especialmente das 26 cidades participantes do Programa. Por meio de Editais lançados a partir de 2007, o Programa Monumenta ampliou para além das originais a possibilidade de participação a um número maior de cidades históricas, somando 87 cidades, nesse caso especialmente para o financiamento de iniciativas culturais, de educação patrimonial, de formação de artífices em restauração e fomento de atividades econômicas nas áreas tombadas. Para essas ações, contratadas via Unesco, foi imprescindível o aporte de contrapartidas em serviços das entidades proponentes. Com referência ao rebatimento de funções na esfera local, à Unidade de Execução do Projeto (UEP), coube coordenar as múltiplas ações, sensibilizar os agentes envolvidos, estabelecer os contatos com a Unidade Central de Gestão para dar cumprimento a todos os trâmites, orientar e aprovar preliminarmente os projetos de restauração, e encaminhá-los às instâncias municipais de análise, tratar dos termos dos contratos das obras, bem como orientá-las durante a sua execução, efetuar as medições e encaminhar pagamentos, além de registrar o andamento das operações.

Somando-se às ações culturais executadas diretamente pela UCG aquelas realizadas nas cidades, por entidades de vários perfis, sob a supervisão da UCG e das UEPS, foram executadas mais de 200 obras até meados de 2008, às quais se somou a elaboração de 12 planos diretores de centros históricos, em torno de 30 publicações e igual número de cursos para formação de artífices de restauração, além de exposições, seminários etc. A exemplo das demais cidades, um pequeno livro que fez parte da série de edições dedicadas aos centros históricos do Monumenta, produzidos pela Unidade Editorial do Iphan, contém a experiência de Porto Alegre: "Praça da Alfândega". A Unidade Editorial do Programa Monumenta editou obras de referência e manuais técnicos sobre as várias especialidades da restauração voltadas para formação de artífices e para a orientação das obras, tendo editado ainda livro sobre as restaurações em prédios de proprietários particulares em todas as cidades, denominado "Recuperação de Imóveis Privados em Centros Históricos", de 2009, assim como outra publicação sobre as "Intervenções Urbanas na Recuperação de Centros Históricos", de 2010.

No transcurso da aplicação do Programa foram sendo implantados mecanismos de acompanhamento e avaliação. Em relação à progressão das ações, as UEPS produziram, desde 2004, sucessivos Relatórios de Acompanhamento semestral, cotejando as ações locais do Programa com os objetivos gerais e o marco lógico do mesmo (espécie de documento contendo as ações, as finalidades do projeto e os indicadores de desempenho e de avaliação), estabelecidos quando da assinatura do convênio dos Municípios com o MinC/Iphan. Também foi sendo realizado, desde 2006, um Relatório de Manutenção e Conservação semestral, elaborado pela UEP, com o objetivo de registrar a situação das edificações já restauradas pelo Programa em cada cidade, de forma a acompanhar, ao longo do tempo, a atuação dos responsáveis pela sua gestão, por meio de uma ação sistemática e permanente para sanar todos os sinais de degradação possíveis de ocorrer. Nos casos em que foi observado desleixo na conservação desses prédios, coube ao Iphan notificar os gestores dos bens para a correção dos danos; caso não fossem reparados, o município ficava impedido de assinar novos contratos com o Programa Monumenta. Como ação de mais longo prazo, o Programa previa ainda a criação pelo município de um Fundo Monumenta de Preservação a ser mantido pelo período mínimo de vinte anos, destinado à conservação permanente, sistemática e preventiva das edificações históricas e de valor cultural.

## O PERFIL DO PROJETO MONUMENTA PORTO ALEGRE E A ESTRATÉGIA DOS EIXOS

É marcante a concentração de monumentos, edificações, logradouros de valor histórico-cultural e arruamento nos moldes tradicionais que formam o Centro Histórico de Porto Alegre. Este reúne, entre outros, as sedes do executivo, do legislativo e do judiciário estaduais, templos e uma dezena de casas de cultura e teatros, museus e memoriais, bibliotecas e arquivos, praças históricas, somados a uma variedade de edificações privadas de valor cultural, constituindo-se um lugar que define a personalidade da cidade e conforma a sua imagem.

A escolha do partido geral do Projeto Monumenta Porto Alegre, baseado nos eixos longitudinal e transversal à orla do Lago Guaíba, inspirou-se na preexistência do Corredor Cultural da Rua da Praia e do perímetro tombado pelo Iphan, que se estende da cumeada à orla, cruzando-se no Largo dos Medeiros, ponto fortemente ancorado na história da cidade. Esses eixos, levemente ampliados para conter um volume significativo de imóveis privados de valor cultural, abarcam os principais monumentos e logradouros tradicionais do Centro Histórico, incluindo um trecho do Porto. A estratégia da concentração dos investimentos do Monumenta nesses eixos, além de criar um efeito dinamizador no entorno, reforçou a imagem do Centro Histórico, tornando-a mais visível e compreensível aos olhos da população. O fato de os limites dos eixos serem bem demarcados veio ao encontro desse propósito: o eixo transversal foi definido, na cumeada, pelo quarteirão do Palácio Piratini, da Catedral e da Cúria Metropolitana, e, no outro extremo, pelo Pórtico e pelos Armazéns A e B do Cais Mauá. No eixo transversal, do Corredor Cultural da Rua da Praia, o trecho do Monumenta foi limitado, de um lado, pela Esquina Democrática e, de outro, pela imponente Igreja Nossa Senhora das Dores.

A área do Projeto Monumenta Porto Alegre (Figura 5.13), com 24,5 hectares, incluiu o “Sítio Histórico das Praças da Matriz e da Alfândega”, tombado pelo Iphan, o entorno do sítio e sua vi-

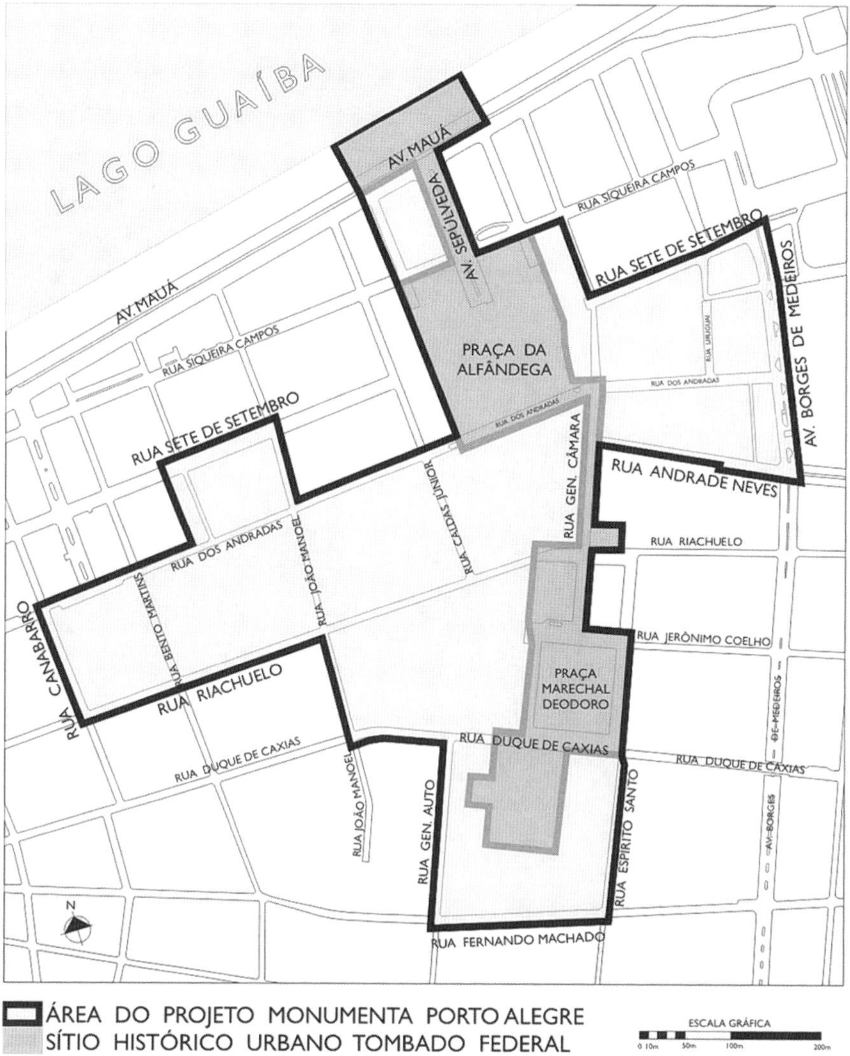


**Figura 5.13** – Área de abrangência do Projeto Monumenta Porto Alegre.

zinhança ampliada, constituída de aproximadamente 280 imóveis e contornada por uma avenida perimetral, coletando os fluxos de veículos provenientes das outras regiões da cidade (Figura 5.14). Entre os usos do solo que ocupam grandes parcelas do Centro Histórico destacam-se o Porto, as áreas institucionais do Exército e do governo estadual, a Santa Casa de Misericórdia, a Univer-

**Figura 5.14** – Centro Histórico de Porto Alegre e Lago Guaíba. Vista Aérea (ver p.B3). Fonte: Digital Globe, Intersat, Geotec e Prefeitura de Porto Alegre.

sidade Federal do Rio Grande do Sul, a Estação Rodoviária e o Parque Maurício Sirotsky Sobrinho, estes últimos, periféricos à área do Monumenta.

Quanto aos aspectos socioeconômicos, as atividades que se distribuem por todo o Centro têm a maior concentração e diversificação na Rua da Praia (dos Andradas), que abrigou, até aproximadamente o fim da década de 1960, o comércio dirigido aos consumidores de renda mais alta. Foi notória a migração de lojas de confecções, bazares, livrarias e confeitarias para os shopping centers. Entrementes, a área passou por um intenso processo de adensamento e verticalização, mas mesmo assim continua a apresentar zonas claramente diferenciadas, conforme as atividades ali desenvolvidas, sejam residenciais, sejam do setor terciário. Os usos se mantem, não se podendo falar em decadência, ainda que haja outros locais da cidade com um quadro mais dinâmico de ocupação. O comércio e os serviços, contudo, permanecem fortes, especialmente os bancos, as financeiras, as lojas de calçados, confecções, eletrodomésticos e de música, as agências de viagem, as lotéricas, os restaurantes e lanchonetes. Algumas das maiores cadeias de lojas de eletrodomésticos têm, nas filiais instaladas no Centro, os seus melhores pontos de venda. Proliferam academias e cursos de todo o tipo.

Mais recentemente, vem se manifestando uma ocupação mais rápida dos locais comerciais e uma melhora do padrão de apresentação das lojas. Os cafés voltaram ao Centro, e este continua sendo o endereço preferencial dos advogados. Entretanto, a multiplicação de ambulantes em horários de inatividade do comércio, sobretudo nos dias que antecedem datas festivas, é um fenômeno gerador de conflitos com os lojistas e com os demais usuários da área central. Anteriormente a sua restauração, a própria Praça da Alfândega apresentava uma linha de barracas de artesãos cruzando-a de ponta a ponta, o que, associado à presença de densa vegetação, contribuia para reduzir a visibilidade da Praça no nível dos pedestres (Figura 5.15).

Da mesma forma, o antigo terminal de ônibus de Viamão, antes localizado na Avenida Sepúlveda, prejudicava a ambiência da área. Por negociação do Projeto Monumenta, o mesmo foi transferido em 2004 para a área dos terminais. Ao longo da Avenida Mauá, o trânsito pesado, não só de ônibus, mas principalmente de veículos de carga e automóveis, cooperava e assim permanece para seccionar ainda mais a Área do Projeto. Situação mais favorável encontra-se no entorno da Praça da Matriz, que não apresenta maiores congestionamentos. A circulação veicular

**Figura 5.15** – Vista da Praça da Alfândega (ver p.B2). Foto: Fábio Del Re, 2004.

entre as duas principais praças é bastante limitada por diversas barreiras: áreas de circulação exclusiva de pedestres, mobiliário urbano inadequado, inversões de fluxos de trânsito e uma malha viária limitada, tornando-a mais adequada ao caminhante.

Quanto à situação dos domicílios, a maioria dos imóveis residenciais é de propriedade dos moradores, enquanto os não residenciais são, em sua maior parte, ocupados por locatários. Os domicílios residenciais apresentam boas condições de habitabilidade, e os não residenciais examinados caracterizam-se por serem pequenos negócios, com até quatro pessoas trabalhando. Os moradores geralmente vivem há bastante tempo no Centro e, em sua maioria, têm mais de 30 anos, sendo bastante baixo o número de crianças. Não foram encontrados analfabetos, e é significativo o número de residentes que estão cursando ou já concluíram o ensino superior. Seus rendimentos estão acima da média de renda da população brasileira.

## O PROCESSO DE CONSTRUÇÃO DO PROJETO

A concepção do Projeto Monumenta Porto Alegre ocorreu em etapas. No verão de 2001, uma Oficina de Planejamento Municipal deu início ao Projeto Porto Alegre, contando com ampla representatividade de todos os setores interessados no Centro Histórico, com base na qual foi apresentada uma carta-consulta, detalhada no Perfil do Projeto, que continha um rol de ações e orçamentos preliminares, aprovados no segundo semestre de 2001, que reunia as propostas e uma variedade de estudos de viabilidade. Depois de firmado o convênio entre o MinC e a municipalidade, em junho de 2002, iniciou-se a restauração do Pórtico do Cais Mauá, escolhido como "obra de arranque" por seu simbolismo como entrada fluvial da cidade, tendo em vista ser o reforço da relação do lago Guaíba com o Centro Histórico um dos itens programáticos do Monumenta Porto Alegre; cuja obra foi concluída no outono de 2002 (Figuras. 5.16 e 5.17). Ainda no período de montagem do Perfil do Projeto, a Câmara de Vereadores aprovou a lei que instituiu o Fundo – FUMPOA de Preservação Monumenta. Cabe a este, no prazo mínimo de 20 anos, receber as parcelas de resgate do empréstimo outorgado aos proprietários de imóveis de valor cultural na Área do Projeto. Foram 140 os imóveis que puderam concorrer ao empréstimo, tendo sido 15 os selecionados, cujas obras foram executadas, prevendo-se a reaplicação dos recursos depositados no Fundo na conservação permanente do patrimônio da área do Projeto e de sua vizinhança. Atendendo a lei que o institui, cabe ao Município efetuar um depósito anual à conta do Fundo. Foi instituída a Regulamentação desse Fundo, de forma a poder implantá-lo na Secretaria Municipal da Cultura, com o respectivo Conselho Curador, ação executada em 2014 .

Em 2003, foi negociado e firmado um convênio com o Governo do Estado do Rio Grande do Sul, por intermédio da Secretaria de Estado da Cultura, para a elaboração de projetos e a restauração de cinco monumentos de propriedade estadual,

**Figura 5.16** – Pórtico do Cais Mauá. Anterior à restauração. Coord. Jornalismo/Fotografia CCS – Prefeitura de Porto Alegre. Foto: Ireno Jardim, 2001.

tendo sido o Palácio Piratini a primeira delas, seguindo-se a restauração do Museu de Arte do Rio Grande do Sul (Margs), a primeira fase da restauração da Biblioteca Pública e do Memorial RS, cujos projetos foram elaborados pelo Instituto do Patrimônio do Estado (Iphae) e aprovados pelo Iphan-RS, que acompanhou as obras e participou das medições, a cada etapa. Para a instalação da Pinacoteca Rubem Berta, o município recebeu um imóvel da Secretaria do Patrimônio da União, do Ministério do Planejamento, situado na Rua Duque de Caxias junto à Praça da Matriz. O projeto de restauração e adequação foi elaborado pela Epahc-Equipe do Patrimônio Artístico e Histórico e Cultural, da Secretaria Municipal da Cultura, contando a obra com recursos do Monumenta, estando já em funcionamento.

No que diz respeito aos imóveis privados, foi firmado, em 2003, convênio entre o Município e a Caixa para contratação das obras de restauração de prédios privados com financiamento do

**Figura 5.17** – Pórtico do Cais Mauá após a restauração. Coord. Jornalismo/Fotografia CCS – Prefeitura de Porto Alegre. Foto: Andréa Aguiar, 2004.

Monumenta. Por seu turno, foi contratado e elaborado o Projeto de Qualificação do Espaço Público, atendendo às diretrizes definidas por um Grupo de Gerenciamento, reunindo as três esferas da administração pública, tendo as obras na praça da Alfândega e Av. Sepúlveda sido concluídas em 2013, abrangendo readequação dos pavimentos, redesenho dos canteiros, instalação de mobiliário, remanejamento de equipamentos e redes, melhoria da iluminação ao nível do pedestre e iluminação cênica dos monumentos. Essa intervenção conferiu um sentido de conjunto à restauração de monumentos e edifícios privados na praça e marcou a efetiva mudança do ambiente do Centro Histórico. Preparando as obras de melhoria na Praça da Alfândega, os vestígios existentes no seu subsolo foram mapeados por meio de procedimento de investigação geofísica, usando equipamento de georradar para detectar estruturas presentes no subsolo.

Foi realizada uma oficina de arqueologia para a sensibilização de jovens que acompanharam a subsequente escavação arqueológica na Praça. Com a finalidade de oferecer embasamento para as decisões de projeto, foi realizada uma pesquisa histórica, tendo como objeto o Centro Histórico, seus monumentos e edificações de valor cultural, acompanhada de um levantamento de fontes visuais para a formação de um banco de imagens fotográficas e iconográficas. Esses elementos alicerçaram a elaboração do Projeto Interpretativo da história da área central, por intermédio do qual foi previsto serem instalados elementos de comunicação visual contendo informações históricas, fotográficas e literárias, em lugares representativos para a memória da cidade, de forma que a população e os visitantes pudessem se apropriar do seu passado, incorporando-o à imagem e à vivência do Centro.

Deve-se sublinhar a ação do Iphan-RS de normatização das intervenções no perímetro de tombamento federal e sua vizinhança.

Dentre as ações específicas no âmbito sociocultural, destacam-se duas: a primeira, de realização das oficinas de qualificação dos artesãos da Praça da Alfândega, com o objetivo de produzir linhas de artesanato com características de Porto Alegre e da Praça, cujos bons resultados levaram a equipe a buscar os meios para garantir a continuidade à formação oferecida. A segunda tratou-se do Projeto do Museu de Percurso do Negro, com o objetivo de instalar marcos na paisagem do Centro Histórico, relacionados à história da presença da população negra, ação essa conjunta entre a municipalidade e as entidades representativas do movimento negro. A etapa a cargo do Monumenta foi cumprida integralmente, com curso de formação de jovens monitores, publicação de um livro com o registro do projeto, construção do primeiro marco, O Tambor, na praça Brigadeiro Sampaio; entretanto, uma das propostas do Monumenta foi a de estabelecer parcerias que dessem continuidade a essa iniciativa, o que aconteceu por intermédio de uma diversidade de fontes, destacando-se a instalação do Bará do Mercado, pela Secretaria Municipal da Cultura, ainda pelo Monumenta, da Pegada Africana na Praça da Alfândega, dos Territórios Negros, com a Companhia Carris de ônibus, e mais um marco do Museu de Percurso no largo fronteiro ao Mercado por meio do Prêmio Funarte-Arte Negra, inaugurado em novembro de 2014. Por esses exemplos pode-se perceber a repercursão do Museu de Percurso do Negro, acreditando-se no acerto do Projeto Monumenta em financiá-lo.

## PARCERIAS DO PROGRAMA MONUMENTA E DO PROJETO PORTO ALEGRE

Para tornar possível o entendimento do mecanismo de implantação do Programa Monumenta, dada a variedade e o volume de ações desenvolvidas, cabe conhecer os organismos e instituições envolvidos no seu planejamento, implantação e financiamento, nas três instâncias da administração pública, bem como as oportunidades de parceria com organizações da sociedade civil e a iniciativa privada. Foram eles:

- no âmbito federal: MinC, cuja iniciativa foi decisiva para implantação do Programa em cujo orçamento foram consignados recursos a ele destinados, tendo coordenado a sua implantação nas 26 cidades, passando à seguir ao Iphan a integralidade do seu controle e execução. O MinC estabeleceu relações institucionais e financeiras com organismos internacionais e nacionais, nos três níveis; Caixa, responsável por repassar os recursos do Programa Monumenta para estados e municípios e executar os financiamentos para obras de restauração de imóveis privados de valor cultural;
- no âmbito internacional: BID, desde 1995, impulsionou a montagem do Programa por meio de Missões Técnicas até a assinatura do Contrato com o governo brasileiro em 1999, e após por via da sua representação em Brasília, por cuja aprovação, no período inicial da implantação, passavam todos os projetos das cidades; Unesco, que juntamente com o MinC

abraçou a proposta do BID desde 1995 até 2013, realizando os primeiros estudos para a montagem do perfil do Programa e cooperando para a constituição da equipe técnica central, a Unidade Central de Gestão – UCG, por meio do seu escritório em Brasília, assim como para o reforço técnico das equipes das superintendências do Iphan nos estados com cidades participantes do programa;

- no âmbito local: as municipalidades, às quais coube a gestão e a execução descentralizada do Programa, por meio das suas secretarias municipais. Tendo em vista a reduzida equipe de coordenação local com a qual contou o Monumenta Porto Alegre, só foi possível o cumprimento das metas do projeto com o efetivo envolvimento dos órgãos e instâncias responsáveis pela execução de cada uma das suas ações.

O perfil do Programa Monumenta previa a parceria com os proprietários privados que, além de tomarem o financiamento para a restauração dos seus imóveis, se comprometessem em arcar com o custo da obra interna do prédio. Tomando por parâmetro as obras de imóveis privados em Porto Alegre, estima-se que os proprietários tenham feito investimentos diretos de 50% além do valor financiado.

Os artesãos da Praça da Alfândega, reunidos na Artefan, como os engraxates da Praça, tiveram o Monumenta como parceiro. Assim, também inúmeras entidades participaram da discussão para a construção da proposta nas diversas fases até a efetivação do contrato com o Iphan. O Monumenta teve interessados nas instituições acadêmicas, tendo sido várias as pesquisas e os estudos sobre suas ações e repercussões. Cursos superiores, especialmente os de arquitetura de outras cidades do Rio Grande do Sul e até de Santa Catarina visitavam sistematicamente o Projeto Monumenta e as obras em curso, produzindo trabalhos sobre o mesmo e participando de visitas guiadas à área de concentração de obras. Foram muitas as demandas de entidades representativas da área central para proferir palestras sobre o andamento do Monumenta, entrevistas na TV e nos periódicos atualizavam permanentemente o Projeto em Porto Alegre.

## ALGUMAS REFLEXÕES E RESULTADOS PRELIMINARES

O Programa Monumenta demonstrou o seu potencial de agregação em prol dos Centros Históricos, reunindo em torno dos seus objetivos um conjunto de agentes interessados em se somar aos projetos locais, incluindo atividades e ações independentes do quadro estrito do seu Plano de Trabalho. Por se tratar de um Programa com abrangência nacional, de responsabilidade do Iphan, contando com financiamento do orçamento federal e do BID, somado ao apoio da Unesco e da Caixa, criou-se em torno dele uma imagem positiva e dinâmica, que bem explorada e utilizada, recolheu bons resultados, seja na captação de recursos para execução das suas próprias ações, que passaram a integrar os 30% de contrapartida local, seja no incentivo a projetos complementares, contando com outras fontes de recursos. Essa extensão do Monumenta para além do seu escopo original foi um dos aspectos mais interessantes desse processo, mas que para sua capitalização necessitou estar solidamente ancorado na vida da cidade, aproveitando as oportunidades de convencimento de potenciais parceiros para o amplo leque de possibilidades que se ofereceram em torno da preservação dos Centros Históricos, com destaque para a sua capacidade de atração de atividades dinamizadoras da economia local. Ter uma proposta de Projeto Monumenta convincente, cujas ações estivessem bem articuladas entre si foi essencial para granjear aliados.

O Projeto Monumenta Porto Alegre buscou assim orientar os seus procedimentos, a começar pela adoção incondicional do termo Centro Histórico de Porto Alegre para designar a área tradicionalmente conhecida pela população como "o Centro". Passou, também, a contar com aliados nesse movimento de revisão do olhar da cidade sobre si mesma, habituando a população à ideia de que possui uma área central com características que antes costumava identificar somente em cidades históricas mais conhecidas, como Olinda, Recife, Salvador, Ouro Preto. Esse convencimento necessitou de contínua alimentação pela mídia até se tornar uma ideia incorporada naturalmente à mentalidade das pessoas. Complementar a essa primeira, outra atitude positiva no plano das mentalidades adotada pelo Monumenta foi a de questionar o sentimento de medo de ir ao Centro. O aumento visível das atividades pós-horário comercial, especialmente voltadas para o atendimento das necessidades do público que trabalha no Centro, como cursos universitários, de informática, pré-vestibulares e academias, cujos usuários são a juventude, aliado ao crescimento da função de moradia, imprimiu ao Centro uma nova dinâmica, ainda desconhecida para uma significativa parcela da população da cidade, especialmente os formadores de opinião, que continuam a tocar no velho diapasão do perigo do Centro. As estatísticas mostram que o Centro Histórico não é mais nem menos perigoso que a maioria dos bairros que o envolvem.

Acompanhando essa mudança de percepção do Centro, verificou-se o reforço da presença da administração municipal, alicerçado na constatação da crescente dinâmica da região central. O Programa Viva o Centro desenvolveu intensa atividade de coordenação das iniciativas relacionadas ao centro da cidade nas diversas esferas. Esse é o caso da obra de abertura ao trânsito da extremidade da Avenida Borges de Medeiros na confluência com a Avenida Mauá; ainda da reforma e melhoria das condições da Estação Central do Metrô, que possui aspectos interessantes de acessibilidade e abertura de visuais para o Lago Guaíba desde as plataformas de embarque de passageiros. Uma ação de imediata repercussão positiva foi a realização, aos sábados, de uma Feira de Antiguidades na área de maior concentração de antiquários e as periódicas visitas guiadas ao centro, com frequência crescente.

No que tange à implantação das ações diretamente financiadas pelo Monumenta, agora já é possível contabilizar seus efeitos. A começar pela “obra de arranque”, de restauração do Pórtico do Cais Mauá – uma cobertura de estrutura metálica, característica da arquitetura industrial francesa do fim do século XIX, forjada em ferro, formando uma praça seca coberta, com admiráveis qualidades estéticas e amplitude de visão para a orla e a linha verde das ilhas –, que surtiu o efeito desejado: o Centro Histórico retomou, timidamente, o seu contato com o Guaíba. A primeira atividade pós-restauração foi a instalação de um evento relacionado à arquitetura de interiores nos Armazéns A e B. O relatório do empreendimento registrou a elevação de 65% da frequência em relação aos anos anteriores, aumento do período de abertura das bilheterias e extensão da permanência no local. Daí resultaram vários investimentos contabilizados como contrapartida privada, entre eles a abertura de amplos portais envidraçados nas laterais dos armazéns voltadas para o Pórtico, permitindo a ligação dos dois armazéns pela praça coberta, com visão privilegiada da paisagem lacustre. A intenção do Monumenta foi a de despertar o interesse da população em se aproximar e usufruir do Porto, demonstrando a viabilidade de uma ocupação dos armazéns com novos usos e acesso franco ao Cais Mauá, uma vez que a área da alfândega já havia sido transferida para o Cais Navegantes, mais ao norte. Dentre as ações iniciais do Monumenta, essa foi a de maior impacto para a cidade, enriquecendo o perfil do Centro Histórico. Para preparar essa abertura do Porto para o Centro Histórico, foi tranferido o terminal de transporte coletivo metropolitano de Viamão, instalado há mais de 20 anos na Avenida Sepúlveda, bulevar de ligação da Praça da Alfândega com o Pórtico do Cais Mauá. Colaborando com esse objetivo, foi executado pela Trensurb, o recuo em 20 metros da extremidade da linha do metrô de superfície que avança sobre o eixo do Pórtico, tendo cabido ao Instituto de Pesquisas Hidráulicas da UFRGS elaborar o estudo de alternativas para a ampliação da comporta do Muro, fronteira ao Pórtico, com recursos do Ministério das Cidades. Ambas as intervenções, além de corrigir uma distorção, alinhariam melhor a visão do Pórtico em relação ao eixo da Avenida Sepúlveda, aumentando a segurança e a comodidade dos pedestres na travessia da Avenida Mauá. Nessa lógica, no local dessa travessia foi realizada pela Empresa Pública de Transporte e Circulação (EPTC) a mudança da localização de um semáforo, de modo a privilegiar o pedestre. Além disso, o Plano de Acessibilidade, parte do Perfil do Projeto Monumenta, previu tratamento semelhante em outros cruzamentos assim como a melhoria das condições gerais de acesso ao Centro Histórico, planejando-se a implantação de linhas circulares de micro-ônibus e do Bonde Histórico, cujo projeto encontra-se em elaboração pela Secretaria Municipal de Turismo, estando prevista a instalação de uma linha ligando a Praça XV de Novembro, fronteira ao Mercado Público, ao Centro Cultural Municipal da Usina do Gasômetro. O Bonde Histórico será uma reminiscência, na medida em que se encontra firmemente ancorado na lembrança e no imaginário da população, e uma novidade para as gerações mais recentes. A par da motivação histórica e turística, essa ligação entre a área onde se concentram os terminais de transporte público e a Usina, por onde se inicia a série de parques da orla do Lago Guaíba, é uma demanda da população.

Outro efeito sensível da influência do Monumenta em Porto Alegre é a realização de restaurações de edificações privadas que seriam originalmente beneficiadas pelo seu financiamento e que, por razões diversas, acabaram bancadas pelos seus proprietários, caso do Edifício Tuyuti, na Rua Caldas Júnior, de propriedade do Gboex; do Edifício Floriano Nunes Dias, na Avenida Borges de Medeiros; do Centro Cultural Solar Conde de Porto Alegre, sede do Instituto de Arquitetos do Brasil/Secção RS e do Sindicato dos Bancários, na Rua General Câmara, eixo tombado federal, entre outras. O Edifício da antiga Confeitaria Rocco e a Praça Conde de Porto Alegre, entre outros, foram valorizados na esteira do esforço local de melhoria do Centro Histórico, via projeto Viva o Centro – articulador das ações e intervenções das demais secretarias municipais na área do Centro Histórico, coordenado pela Secretaria Municipal de Planejamento (SPM) além das demais instituições públicas e entidades privadas. Por seu turno, as ações da Caixa com o Programa PAR, voltado para a habitação das famílias de baixos ingressos, com pelo menos cinco realizações em obras de valor cultural no Centro (alguns dos arranha-céus pioneiros da cidade), reforçou essa tendência, assim como um crescente número de famílias que vem escolhendo a região central para residir, o que tem sido matéria jornalística. Uma ação exemplar, de iniciativa do Ministério das Cidades, foi a reforma e adequação de um prédio do INSS abandonado por décadas, situado na escadaria do Viaduto Otávio Rocha, que foi cedido para seu uso como habitação popular coletiva.

Esse reforço do Centro como bairro residencial teve um caso emblemático no próprio Monumenta, já citado anteriormente. Tratou-se da primeira "casca" restaurada, ou seja de uma edificação em ruínas, cuja previsão era de locação dos seus espaços para fins comerciais. Entretanto, depois de restaurada, foi adquirida, no primeiro semestre de 2008, para servir a fins residenciais de uma única familia, devido à oferta de equipamentos culturais na vizinhança.

Em 2009, foi lançado o terceiro edital do Monumenta. Como os anteriores, voltou-se para a restauração de edifícios de particulares o que possibilitou que ao final do programa se chegasse a um total de 15 imóveis restaurados com recursos de financiamento a privados e no seu interior com recursos do proprietário.

Entusiasmada pelos bons resultados obtidos com a implementação do Projeto Monumenta Porto Alegre, a administração municipal de Porto Alegre encaminhou em 2010 um pedido de acréscimo do valor do contrato com o Ministério da Cultura para poder executar a totalidade das ações previstas no seu Plano de Trabalho, de 2002, incluindo a construção do Módulo de Serviço da Praça da Alfândega.

Os projetos de restauração de monumentos e de melhoria da qualidade dos espaços públicos, assim como as propostas das ações culturais correlatas, foram preparados, em grande, parte entre 2002 e 2006. As obras consequentes desses projetos foram intensificadas a partir de 2005. Do relato apresentado, depreende-se que o Projeto Monumenta Porto Alegre acumulou reflexões e iniciativas que lhe permitiram avançar na realização dos seus objetivos.

## Desdobramentos recentes

Muitas foram as mudanças do Monumenta Porto Alegre desde a primeira edição deste livro. As mais significativas foram: o encerramento do Programa Nacional Monumenta no início de 2013, e o incêndio na metade do pavimento superior do Mercado Público no início da noite de 6 de julho de 2013, consumindo integralmente o escritório e os documentos produzidos pelo Projeto Monumenta Porto Alegre.

O retorno à leitura deste capítulo em 2014, com o objetivo de realizar um balanço sobre o que foi planejado e o que foi realizado, é feito com indisfarçável contentamento pelos resultados alcançados, positivos em sua maioria.

Em 2002, havia sido realizada a "obra de arranque" do Projeto: a restauração do Pórtico do Cais do Porto, bem como encaminhadas as negociações para a transferência do terminal de ônibus situado na Avenida Sepúlveda, via de ligação entre o porto e a praça central da capital. De resto, naquele momento o Programa era uma planilha com a previsão de uma série ações e obras a serem desenvolvidas, e um conjunto de parcerias a serem efetivadas.

Hoje, é possível assegurar que houve uma continuidade do processo pela materialização das ações propostas: a restauração do Pórtico do Cais que produziu o efeito desejado de ocupação daquela área pela população; as últimas edições da Bienal do Mercosul ali realizadas levaram aos armazéns do porto um volume substancial de visitantes e, a Feira do Livro de Porto Alegre, que sua expansão, também carregou consigo um grande número de leitores às dependências do Cais. Foi implantado, em 2012, um terminal do sistema de transporte coletivo fluvial ligando a capital à cidade de Guaíba e, mais importante, foi negociada a implantação de um projeto de reciclagem dos usos do porto com a transformação das antigas instalações portuárias em um centro de lazer, cultura e atividades variadas, em início de implantação, em 2014. Outra obra concluída foi a restauração da Igreja Nossa

Senhora das Dores, tombada ainda em 1938, mesmo ano do reconhecimento como bem patrimonial da cidade de Ouro Preto em Minas Gerais. Também foi concluída a obra de restauração do prédio na Avenida Duque de Caxias, n. 933, para abrigar a Pinacoteca Municipal Rubem Berta, realizando um antigo desejo do município de contar com seu próprio museu de arte, hoje concluída, estando a Pinacoteca em pleno funcionamento.

Ainda foram realizadas outras obras de valor cultural, incluídas no plano de trabalho de 2002, caso das restaurações do Clube do Comércio, do Museu de Artes do Rio Grande do Sul e do Memorial do Estado, além do Museu de Comunicação Hipólito José da Costa, todas edificações localizadas na Rua da Praia e no entorno da Praça da Alfândega, configurando uma paisagem que materializa um recorte temporal das três primeiras décadas do século XX.

Porém, não podem ser citadas apenas obras nesse processo. Deve-se mensionar os instrumentos de sustentabilidade do Projeto, como o Fundo de Preservação Monumenta de Porto Alegre (Fumpoa), mecanismo esse destinado a financiar imóveis particulares de interesse sócio-histórico, aprovado por legislação específica, em 2002, pela a Câmara Municipal de Porto Alegre. O funcionamento do Fumpoa só se efetivará na prática quando os recursos dos financiamentos o justificarem. Em 2011, tomaram posse os conselheiros do Fundo e, em 2013, foram discutidos os parâmetros para o uso dos seus recursos financeiros. Importante salientar que na capital gaúcha, a prioridade de utilização do somatório arrecadado com o pagamento de prestações dos proprietários que tomaram financiamento, acrescido de ingressos do erário municipal, serão prioritariamente utilizados para financiar o restauro de novos imóveis privados de interesse histórico. Edificações particulares com essa tipologia conformam os centros históricos da maioria das cidades e, por esse motivo, financiar projetos de restauração para esses imóveis foi uma ação estruturante do Programa Monumenta em todo o país. Porto Alegre, no entanto, foi uma localidade onde a modalidade de financiamento obteve os ótimos resultados. Foram restaurados quinze imóveis particulares abarcando diversos usos, desde hotéis, igrejas, residências, condomínios residenciais e edifícios de escala avantajada. O êxito dessa linha de financiamento gerou uma atitude positiva, incentivando outros proprietários a se interessar pela modalidade de recursos financeiros colocada à disposição, ou ainda investindo recursos próprios. O importante, nesse caso, foi a mudança paulatina de mentalidade em prol da preservação patrimonial, fazendo a população perceber que a restauração pode valorizar os imóveis e induzir novos ganhos com o aluguel de espaços para restaurantes, livrarias, café e outros usos, em vez da costumeira postura de esperar a propriedade se deteriorar para demoli-la, para depois utilizá-la para outros fins, sendo o estacionamento o uso frequentemente eleito. Esse caso oportunizou a entrada de empresas de restauração de menor porte no mercado, e ainda trouxe aprendizado aos seus profissionais.

O Museu de Percurso do Negro foi outro projeto realizado que contribuiu sobremaneira para o rol de parcerias alcançadas pelo Monumenta e para a construção da boa imagem do Projeto junto a todas as camadas da população porto-alegrense. O Museu foi uma demanda do movimento negro local, estando as decisões a respeito do seu funcionamento e execução, bem como a organização formal do projeto, a cargo das organizações negras. Tratou-se de uma experiência museológica inovadora, tendo construído marcos na forma de esculturas produzidas por um coletivo de artistas negros no espaço urbano, em pontos previamente demarcados como importantes para a etnia negra, e que vinham paulatinamente sendo apagados da memória sobre a ocupação do território de Porto Alegre. Esse projeto contribuiu ainda para um novo olhar para a arte pública produzida na cidade. Porto Alegre foi a única das 26 cidades integrantes do Programa Monumenta no país, a contar no seu plano de trabalho com uma ação específica voltada à etnia negra. Como dito anteriormente, outras parcerias foram sendo configuradas à medida que o Projeto avançava, a partir de oportunidades que se apresentaram e sem um planejamento prévio. O curso de qualificação em marcenaria com ênfase em patrimônio, em associação com a escola profissionalizante Pão dos Pobres, que promoveu a formação de jovens em situação de risco social[3], surgiu a partir da constatação, por parte dos profissionais de restauração, de que havia carência de artífices em restauração de madeira, voltados a atender à demanda apresentada pelas necessidades de conservação das edificações históricas em Porto Alegre. Também foram realizadas duas edições do curso Leituras da Cidade, em parceria com Faculdade de Educação da UFRGS, dirigida a educadores, turismólogos e arquitetos, com o objetivo de destacar o patrimônio cultural do Centro Histórico a partir das interferências urbanas ensejadas pelo Monumenta, tendo como resultado uma publicação. A Igreja das Dores desenvolveu um conjunto de folhetos contando a história da edificação, voltado para informar os visitantes.

A ação prevista no plano de trabalho que alcançou maior repercussão pública foi a restauração da Praça da Alfândega e seu espaço contíguo, que compreende a Avenida Sepúlveda e o Pórtico do Cais do Porto, chamado de sítio histórico A, B e C.

Pode-se mesmo dizer que essa obra é o cartão de visitas do Monumenta, por que a área em questão forma um conjunto essencial para compreender a dinâmica da formação urbana e da história da cidade podendo, por esse motivo, ser esse sítio considerado uma paisagem cultural. No entanto, a Praça da Alfândega é percebida pelos cidadãos como a representação do espírito do lugar central da cidade, tendo nela sido concentrados os maiores esforços e parte importante dos investimentos, bem como tomadas as decisões mais complexas em termos de restauração.

Na área da Praça da Alfândega foi feita uma escavação, antecedida de prospecção arqueológica, mostrando as escadarias do antigo cais, construído em 1858, bem como as fundações da antiga Alfândega, demolida em 1912. O trabalho arqueológico ensejou ações no campo da educação patrimonial e por meio de

---

3. http://www.paodospobres.org.br/site/.

uma intensa divulgação, ajudou a aproximar a população do projeto pretendido pelo Monumenta, de conhecimento da história da Praça.

Aproveitando-se do momento oportuno, desenvolveu-se junto ao Hospital Santa Casa de Misericórdia, que passava por uma restauração em seu Centro Cultural, um curso de formação em arqueologia em parceria com as Faculdades Porto-alegrenses (Fapa) e o Projeto Monumenta, resultando em duas publicações. Ainda no campo da difusão do Projeto, foi executado durante os trabalhos de arqueologia o Projeto Tapume, em uma associação com a Associação dos Cartunistas (Grafar), que trouxe para os tapumes da escavação arqueológica a expressão artística de cartunistas consagrados da cidade.

Também na Praça, em substituição ao decrépito banheiro público de 1970, foi construído o Módulo de Serviços "Caminho dos Jacarandás", que, além de contar com novas instalações sanitárias, dispõe de espaços para comércio, cuja intenção é de retornar à animação daquela face da praça. A licitação para uso desse equipamento está sendo encaminhada pela Secretaria Municipal de Indústria e Comércio (SMIC).

Ainda se pode debitar nessa conta as duas edições de uma oficina de qualificação em design de produto, a primeira denominada Coleção Jacarandás, e a seguinte, Coleção Largo da Quitanda, oferecidas aos artesãos instalados ao menos por 30 anos na Praça da Alfândega. O grupo social envolvido adquiriu conhecimento na área de desenvolvimento de produtos e teve o olhar qualificado para o patrimônio cultural da Praça. As próprias denominações das coleções surgiram a partir de visitas aos edifícios do entorno (tombados pelo Iphan) e aulas no campo da micro-história que enfatizaram as várias ocupações pelas quais passou o local onde trabalhavam. Entretanto, do ponto de vista da mudança desejada, que era o de vender os produtos artesanais desenvolvidos a partir das oficinas, os resultados não foram atingidos.

O Projeto Monumenta não chegou a cumprir a totalidade das ações inicialmente propostas. Obras fundamentais para a cidade deixaram de ser realizadas, como a restauração da Praça da Matriz, no alto do sítio histórico tombado pelo Iphan, e a requalificação da Rua General Câmara, assim como a sinalização histórica denominada de Projeto Interpretativo. Os motivos para tanto foram vários, mas nada com a força necessária para romper o processo de requalificação ensejado pelo Monumenta.

Antes, esses insucessos foram encarados como aprendizado; e parece ser essa a palavra-chave para resumir a experiência do Monumenta Porto Alegre. O Programa seguinte do Iphan, o PAC das Cidades Históricas, incluiu alguns dos itens não executados pelo Monumenta.

Diferentemente do Programa Nacional Monumenta, que se ocupou de definições no nível estratégico, os Projetos Monumenta em cada uma das 27 cidades atuaram nos níveis intermediário e operacional, em cada localidade, o que exigiu das equipes a aquisição, ao longo da execução dos projetos, de habilidades e competências complexas, como a propensão para a negociação, o diálogo permanente, a capacidade de aprender com a experiência, além do apreciável conhecimento técnico acumulado.

Contudo, a principal implicação da atuação do Monumenta em termos de política pública no campo do patrimônio cultural não deve ser avaliada apenas por dados quantificáveis. No caso de Porto Alegre, a maior mudança vem acontecendo de forma gradual, podendo ser percebida na nova atitude da população em relação ao patrimônio da cidade. A percepção dessa mudança vem garantindo o apoio ao Projeto por parte das sucessivas administrações municipais, colocando Porto Alegre no cenário das cidades consideradas históricas pelo Governo Federal. A partir de 2013, a cidade passou a contar com recursos financeiros do Programa de Aceleração do Crescimento das Cidades Históricas (PAC CH), o que de certa maneira coroa os esforços empreendidos, com a garantia de continuidade do processo iniciado em 2002 e encerrado em 2013, com a finalização das atividades do Programa Monumenta.

## REFERÊNCIAS

CAIXA ECONÔMICA FEDERAL. Morar no centro de Porto Alegre – demandas e expectativas. *Relatório final*. IFCH/UFRGS, ago. 2003.

BONDUKI, Nabil. *Intervenções urbanas na recuperação de centros históricos*. Brasília, DF: Iphan/Programa Monumenta, 2010.

DOBERSTEIN, Arnoldo Walter. *Estatuária e ideologia*. Porto Alegre: Secretaria Municipal da Cultura, 1992.

FRANCO, Sérgio da Costa. *Porto Alegre: guia histórico*. 2 ed. Porto Alegre: Ed. da Universidade/UFRGS, 1992.

[IPHAN] INSTITUTO DO PATRIMÔNIO HISTÓRICO E ARTÍSTICO NACIONAL. *Sítio histórico urbano das praças da Alfândega e Matriz em Porto Alegre*. Instrução Tombamento Federal, 1999.

______. Praça da Alfândega. *Série Preservação e Desenvolvimento, n.4, do Monumenta*. Iphan: Brasília, 2007.

______ *Recuperação de Imóveis Privados em Centros Históricos*. IPHAN Programa Monumenta, Brasília, 2009.

______ *Programa Monumenta Porto Alegre*, Brasília, 2010.

ISABELLE, Arsène. *Viagem ao Rio Grande do Sul*, 1833-1834. 2.ed. Porto Alegre: Martins Livreiro, 1983.

MEIRA, Ana Lúcia Goelzer. *O passado no futuro da cidade: políticas públicas e participação dos cidadãos na preservação do patrimônio cultural de Porto Alegre nas décadas de 70 a 90*. Universidade Federal do Rio Grande do Sul: Faculdade de Arquitetura, Porto Alegre, 2001.

PESAVENTO, Sandra Jatahy. *História do Rio Grande do Sul*. 4.ed. Porto Alegre: Mercado Aberto, 1985.

PORTO ALEGRE. Prefeitura Municipal. *Perfil do Programa Monumenta Porto Alegre*. v. 1-10. Secretaria da Cultura, 2002.

# 6

# Plano municipal de gestão: a revitalização do centro histórico de São Luís

*José Marcelo do Espírito Santo*

Como parte da estratégia francesa de criar e estabelecer um núcleo urbano francês ao norte da América Portuguesa, em uma faixa litorânea já ocupada por piratas franceses que buscavam o caminho do Eldorado Peruano, Daniel de La Touche, Senhor de La Ravardière, fundou São Luís em 8 de setembro de 1612. Esse projeto da França Equinocial teve início com a construção do forte de Saint Louis, homenagem ao Rei-Menino Luís XIII.

A Upaon Açu, atual ilha de São Luís, era domínio dos índios tupinambás, que, sempre mais simpáticos aos franceses que aos lusitanos, aproximaram suas construções de pau e folha de pindoba do entorno do forte, formando, juntamente com barracões de madeira para a guarda de mercadorias, o embrião do principal logradouro histórico da cidade, hoje denominado Praça D. Pedro II.

Preocupados com a proteção da costa norte-nordeste, os portugueses enviaram, do Recife, Jerônimo de Albuquerque, que expulsou os franceses em 1615 e retomou o domínio lusitano no litoral maranhense. Para garantir e oficializar o domínio português, São Luís passou por uma organização administrativa, na qual, entre outras medidas, foi executada uma traça[1] para o desenvolvimento da recém-fundada cidade: um plano de arruamento que deveria orientar o seu crescimento e que foi deixado na Colônia como norma.

Fruto da experiência colonizadora espanhola na América e primeira lei urbanística da Idade Moderna (Benevolo, 1993, p. 487), a traça de São Luís obedeceu às ordenações filipinas – o principal mecanismo colonizador espanhol sobre suas colônias – utilizadas na capital maranhense pelo engenheiro-mor do Brasil, Francisco Frias de Mesquita.

Os elementos espaciais contidos nessa traça marcaram a regularidade ortogonal da nova cidade: a simetria e a busca pela perspectiva geométrica aplicada às extensas linhas visuais na paisagem urbana. São Luís apresenta em seu Centro Histórico, no sítio original de sua fundação, o modelo da *Plaza Mayor* (Figura 6.1), abrigando os principais edifícios administrativos: o Palácio dos Leões (antigo Palácio dos Governadores), a Arquidiocese e a Catedral da Sé (principais edifícios religiosos) e o Palácio La Ravardière, sede da Prefeitura Municipal (antiga Casa de Câmara e Cadeia). Já no século XX, mantendo o caráter de espaço centralizador dos poderes, recebeu o Palácio da Justiça.

O desenvolvimento físico de São Luís deu-se por meio de um arruamento orientado pelos pontos cardeais, que favoreceu insolação e ventilação uniformes de todas as edificações, cujas fachadas apresentam ritmo regular e simétrico das envasaduras, ocupando toda a testada principal do lote sem recuos frontais nem laterais.

---

1. Conforme termo registrado por Berredo (1988). Traça (do espanhol *traza*) "o plano regulador em duas dimensões que formará o novo tipo de cidade (na América), não mais projetada de forma tridimensional" (Benevolo, 1993, p. 488). Assim como em Guadalajara (1530, México), Quito (1534, Equador) e Caracas (1567, Venezuela), o conceito da nova cidade americana necessitava de um modelo ilimitado, sem muros ou fossos de defesa. Nesse momento, surgiu a quadra regular, a ser dividida em lotes para ocupação a médio e longo prazo. Surgiu também o rossio, elemento de transição entre o urbano e a mata, quebrando o contraste cidade-campo.

**Figura 6.1** – Praça D. Pedro II, vendo-se em primeiro plano a Avenida Beira-Mar e o Palácio dos Leões, sede do governo estadual, construído sobre as bases do Forte de São Luís, iniciativa francesa quando da fundação da cidade (ver p.B5). Foto: José Marcelo do Espírito Santo, 2002.

O crescimento da cidade manteve esse modelo urbano ao longo de sua história e, com base no traçado original, a formação e a caracterização dos espaços públicos e privados em São Luís prosseguiram de forma diferenciada da verificada nos logradouros coloniais do resto do país, tipicamente portugueses, que submeteram seu desenho urbano à topografia.

São Luís iria permanecer nos séculos seguintes como entreposto comercial dentro do sistema colonial português até a segunda metade do século XVIII, quando o Rei Dom José I, por intermédio de seu primeiro-ministro, Sebastião José de Carvalho e Melo, o Marquês de Pombal, determinou uma série de investimentos e incentivos na manufatura cerâmica, na produção do vinho e nas tecelagens, como forma de aumentar a oferta de empregos para a população portuguesa.

Para garantir o fornecimento de matéria-prima para a iniciante indústria manufatureira da metrópole, Pombal criou uma série de companhias de comércio em diferentes regiões de suas colônias – em particular, a Companhia Geral de Comércio do Grão-Pará e Maranhão, que, em 1755, introduziu no Maranhão o cultivo do algodão em larga escala, fazendo uso da mão de obra negra.

Integrado ao sistema mundial de comércio por meio da exportação do arroz, do algodão e de materiais regionais, o Maranhão canalizou para São Luís e Alcântara os principais portos de escoamento, determinando uma circulação de riquezas que promoveu um florescimento cultural e urbano significativo para as duas cidades. O declínio desse ciclo algodoeiro maranhense ocorreu com o término da Guerra Civil Americana (nos EUA, a Guerra de Secessão), o que permitiu a retomada do cultivo do algodão em larga escala pelos americanos e a venda do produto por preços mais baixos ao mercado europeu.

Antes do declínio econômico, porém, a cidade sofreu grandes alterações urbanísticas, favorecidas, por um lado, pelo aporte de capital, fruto das exportações e, por outro, pela importação de um modo específico de construir, utilizado em Lisboa após o terremoto ocorrido em 1755. A recuperação física da capital lusitana deu-se por meio de um plano de reconstrução, que previu a pré-industrialização dos elementos arquitetônicos como medida para agilizar as obras.

É fruto desse período, e daquele método de produção, a lavra da pedra de lioz, pedra calcária conhecida em São Luís como pedra de cantaria, presente no acervo patrimonial da cidade na forma de calçamento e meio-fio, portadas, parapeitos, arremates e lajes de sacadas. Provenientes de Lisboa, utilizadas na construção civil, as pedras de lioz chegaram ao Maranhão como lastro dos navios mercantes usados no transporte do algodão para a Europa. Também são desse período os primeiros lotes de azulejaria portuguesa (Figura 6.2) empregados nos novos edifícios, que foram construídos a partir do desenvolvimento econômico por comerciantes portugueses ligados às atividades da Companhia Geral de Comércio.

**Figura 6.2** – Conjunto edificado na Rua Portugal (Praia Grande), composto de edifícios de uso misto (comercial e habitacional) que receberam o acréscimo da azulejaria portuguesa. Foto: José Marcelo do Espírito Santo, 2002.

A construção dessas novas edificações seguiu os mesmos princípios estilísticos do barroco pombalino, surgido como resultado plástico das medidas normativas propostas pela equipe de engenheiros e arquitetos a serviço de Pombal na reconstrução de Lisboa. Aproximaram-se, aqui, os modelos portugueses utilizados na reconstrução da chamada Baixa Pombalina dos modelos adotados em São Luís, notados por viajantes e cronistas que passaram pela cidade nas décadas posteriores (Figura 6.3).

Ao longo do século XIX, a cidade ganhou novo calçamento, ocorreram a implantação do Cais da Sagração (antigo Passeio Público, atual Avenida Beira-Mar) e a reurbanização das principais praças. Além disso, sucessivas legislações – os Códigos de Posturas – determinaram a expansão do modelo urbanístico em malha ortogonal e com dimensões e larguras preestabelecidas, que chegam a ocupar os atuais limites do Centro Histórico.

**Figura 6.3** – Conjunto edificado na Rua 28 de Julho, composto de edifícios representantes dos modelos formais pombalinos em São Luís, com uso da pedra de lioz padronizada, tal como ocorreu na reconstrução de Lisboa após o terremoto de 1755. Foto: José Marcelo do Espírito Santo, 2002.

No fim do século XIX, a abolição da escravatura e a posterior proclamação da República comprometeram a produção da cana-de-açúcar, causando nova estagnação econômica, que durou até o início da segunda metade do século XX e foi interrompida apenas por um breve surto industrial no setor têxtil nas décadas de 1930 e 1940. Esse impulso, porém, não resistiu à concorrência do parque industrial do sul do país.

As décadas de 1930 e 1940 representaram um declínio econômico para o Maranhão, em função da perda da atividade agroexportadora e da estagnação no crescimento das atividades fabris. Contudo, reflexos das transformações econômicas repercutiram na ocupação espacial da cidade, determinando deslocamentos populacionais. Nesse momento, deu-se início à desvalorização da área central, que passou a ser ocupada pela população de renda mais baixa, e teve origem o processo de transformação das grandes edificações unifamiliares em habitações coletivas: os cortiços.

O reconhecimento internacional sobre o patrimônio de São Luís foi resultado desse processo antagônico: estagnada economicamente no fim do século XIX, a cidade não proporcionou mudanças urbanísticas drásticas, nem por meio do poder público, nem por meio da sociedade, sem fôlego financeiro para substituir o acervo de origem portuguesa pelas novas tendências ecléticas, que já despontavam em algumas poucas edificações como influência dos principais centros nacionais, em especial a então capital federal, o Rio de Janeiro.

Na década de 1960, a canalização de investimentos para a capital do estado repercutiu no direcionamento dos vetores de crescimento de sua ocupação e extensão físico-territorial. Destacaram-se como fatores determinantes da expansão da mancha urbana: primeiro, a ampliação do sistema viário em áreas já urbanizadas; em segundo lugar, a consolidação dos bairros até então considerados suburbanos; em terceiro, a implantação dos primeiros conjuntos habitacionais pela Companhia Habitacional do Estado do Maranhão (Cohab-MA); e, por último, a intensificação das migrações rurais assentadas pelo início do processo de ocupação por invasão.

Parte do Centro Histórico teve então sua função residencial substituída pelo comércio e serviços. A área sob tutela da legislação federal, em particular, sofreu um esvaziamento mais acentuado, agravado pela instalação da função administrativa federal, estadual e municipal em edifícios da área, afastando cada vez mais a população residente.

O abandono da região central passou a comprometer fisicamente grande parte do acervo edificado, sendo objeto de preocupação da Prefeitura refletida na legislação urbanística municipal (os Planos Diretores de 1974 e 1992, que mesmo agregando capítulos e artigos específicos mostraram-se pouco eficientes como instrumentos preservacionistas). A mesma preocupação com o comprometimento do acervo resultou no Projeto Praia Grande (atuante de forma mais direta sobre as estruturas físicas daquele trecho da cidade), iniciado pelo poder público estadual na década de 1980.

Atualmente, mantém-se uma parte significativa do Centro Histórico ainda com uso residencial. Porém, a área incluída na listagem do Patrimônio Mundial, da Organização das Nações Unidas para a Educação, Ciência e Cultura (Unesco), apresenta um uso comercial intensivo (e, em vários momentos, danoso ao acervo) e muitas edificações vazias exatamente em seu entorno, sob intervenção do governo estadual e proteção do Departamento do Patrimônio Histórico, Artístico e Paisagístico do Maranhão (Dphap-MA) (Figura 6.4).

**Figura 6.4** – Edifícios da Rua 28 de Julho, exemplos da arquitetura civil influenciada pelos modelos pombalinos e de uso original misto (comércio e habitação), atualmente utilizados com uso administrativo (o prédio de quatro andares é sede da superintendência do Iphan em São Luís). Foto: José Marcelo do Espírito Santo, 2002.

Patrimônios nacionais desde 1974[2], 1.369 imóveis e logradouros públicos do Centro Histórico de São Luís, situados em aproximadamente 100 hectares, foram incluídos, em dezembro de 1997, na listagem do Patrimônio Mundial, passando a ter o título de patrimônio cultural da humanidade ao lado de 582 localidades, sítios e bens internacionalmente reconhecidos, como Veneza, a Torre de Pisa, as Pirâmides do Egito e as Muralhas da China, entre outros.

A preocupação com a preservação do acervo arquitetônico em São Luís remonta à década de 1940, no momento em que o então governo estadual implementava reformas urbanísticas na cidade, que causaram reações controversas na opinião pública. Considerada, na época, velha e antiquada pelo governo interventor do Estado Novo, a estrutura urbana de São Luís foi parcialmente alterada pela abertura de eixos viários e pelo alargamento de ruas[3], colocando frente a frente, pela primeira vez na história da cidade, defensores da renovação urbana e preservacionistas.

A sucessão de ações de tombamento federais surgidas como resposta às ações reurbanizadoras do poder público estadual foi acompanhada pela Prefeitura com a criação da Comissão do Patrimônio Artístico e Tradicional do Município e de um decreto-lei que impedia a demolição ou reforma de edifícios com mirante e/ou azulejados. Naquele momento, a produção acadêmica e intelectual sobre o acervo ambiental urbano da cidade referenciava a preservação justificada pelos fatores históricos e de antiguidade de casarões isolados.

Durante a década de 1960, porém, retornou o pensamento da necessidade de reformas urbanísticas na cidade antiga, em parte resultado do novo panorama político e da euforia econômica

---

2. O Instituto do Patrimônio Histórico e Artístico Nacional (Iphan) instalou sua superintendência na capital maranhense em 1980.
3. Comunicação viária formada pela Avenida Magalhães de Almeida (que destruiu vários quarteirões coloniais e uma praça) e pelo alargamento das ruas do Egito (que também demoliu casarões coloniais) e das Cajazeiras (no extremo sul da atual área preservada).

que se propunha para o Maranhão, com a quebra da oligarquia política de Vitorino Freire, de caráter fortemente conservador. Surgiram, nessa época, os principais exemplares de arquitetura moderna verticalizada no Centro Histórico de São Luís: a sede do Banco do Estado do Maranhão (Edifício BEM), a sede do Instituto Nacional de Seguridade Social (Edifício João Goulart), um edifício de escritórios (Edifício Colonial) e um edifício residencial (Edifício Caiçara)[4].

Os primeiros trabalhos sobre o acervo artístico e arquitetônico de São Luís, voltados a um aprofundamento científico e de produção do conhecimento a partir de bases metodológicas, partiram da Unesco, por intermédio de seus representantes que estiveram na capital maranhense para relatar sua conservação e o valor patrimonial de seu conjunto ambiental urbano. Baseados em princípios internacionais de conservação (em particular a Carta de Veneza) e apesar de não conseguirem efetivar a inclusão de São Luís na listagem do Patrimônio Mundial, eles conseguiram influenciar trabalhos preservacionistas locais e, parcialmente, reverter o pensamento generalizado do governo e de camadas da intelectualidade sobre a substituição da cidade antiga pela imagem da modernidade adquirida do sul do país.

O primeiro desses trabalhos foi elaborado pelo arquiteto francês Michel Parent, que se encontrava no Brasil, na segunda metade da década de 1960, preparando um relatório sobre o Pelourinho, o Centro Histórico de Salvador, na Bahia. Parent foi chamado, em 1966, pelo governo estadual, incluindo São Luís e Alcântara em seus apontamentos entregues à Unesco em 1968[5].

O segundo e mais importante contato da Unesco com a cidade efetuou-se por intermédio do arquiteto português Alfredo Viana de Lima no final de 1973. No Brasil para elaborar um relatório e plano de preservação para a cidade de Ouro Preto, em

4. Em área antes ocupada pela Igreja de Nossa Senhora da Conceição, de 1747.
5. Nessa ocasião, propôs-se a inclusão do Centro Histórico de Salvador na listagem do patrimônio mundial, e apontou-se o valor do acervo das duas cidades maranhenses.

Minas Gerais, no mesmo ano esteve em São Luís e Alcântara para a elaboração de um relatório oficial sobre a preservação das duas cidades.

Foi após o seu *Rapport et propositions pour la conservation, récupération et expansion de São Luís/Maranhão* (Lima, 1973), e a partir de suas considerações sobre a área de intervenção e critérios a serem adotados, que o governo estadual passou a organizar o sistema preservacionista na cidade, anteriormente apenas a cargo do Iphan, sobre bens e imóveis isolados.

O trabalho de Viana de Lima foi o primeiro a revelar, de forma precisa e metodológica, a natureza do desenho urbano da cidade, identificando as origens da arquitetura civil de São Luís a partir dos modelos arquitetônicos utilizados no processo de reconstrução de Lisboa pós-terremoto de 1755.

As recomendações do arquiteto português foram diretamente utilizadas em duas frentes distintas: no sistema de preservação estadual, que passou a ser organizado a partir da instalação do Dphap-MA, e em um capítulo específico do Plano Diretor de São Luís, desenvolvido pelo governo municipal em 1974[6]. Tem origem nesse documento técnico municipal a divisão do Centro Histórico em áreas diferenciadas de proteção, com índices especiais e normas para ocupação, usos e gabarito, que deveriam ser analisados pelo Dphap-MA.

A partir da década de 1980, os recursos municipais tornaram-se cada vez mais escassos. A proposta municipal de um anel viário como proteção ao tráfego do Centro Histórico (iniciado em 1972 e concluído em 1985) representou o último grande investimento municipal na área. O governo estadual, porém, iniciou nesse mesmo período o Programa Plurianual de Valorização do

6. Elaborado pelo arquiteto Wit Olaf Prochnik (autor de planos diretores setoriais para o Porto do Itaqui, do Distrito Industrial e da Cidade Universitária da UFMA), esse trabalho municipal, ao reconhecer a importância do acervo ambiental urbano do Centro Histórico, incluiu formalmente a participação da instância estadual nos processos de análise e aprovação de obras novas e reformas na área de preservação, agora já tombada pelo órgão federal.

Patrimônio Histórico e Artístico do Estado, que, após a 1ª Convenção Nacional da Praia Grande, transformou-se no Projeto Praia Grande, elaborado pelo arquiteto americano John Gisiger.

## O CENTRO HISTÓRICO HOJE

O Centro Histórico de São Luís (áreas de expansão urbana desenvolvidas até a segunda metade do século XIX) extrapola os limites jurídicos de preservação, ocupando uma área de aproximadamente 220 hectares, onde habitam pouco mais de 30 mil pessoas[7]. O conjunto tombado é formado por 5.607 imóveis preservados por legislação federal, estadual e municipal, sendo 978 imóveis inseridos na área de proteção federal (60 hectares) e 4.629 imóveis na área de proteção estadual (160 hectares). Toda a área é classificada como Zona de Proteção Histórica (ZPH) pela atual legislação urbanística municipal, e, legalmente, o tombamento estadual engloba e também protege a área federal de preservação.

A área incluída na listagem do patrimônio cultural da humanidade da Unesco possui 1.369 imóveis, em um perímetro que envolve exemplares e logradouros na área federal e algumas quadras estaduais. Esses imóveis estão distribuídos nos bairros do Centro, Praia Grande e Desterro, e nas praças D. Pedro II e Benedito Leite, João Lisboa e Carmo, Antônio Lobo e Santo Antônio (Antônio Vieira), e São João. Apesar de ter legislação própria para efetuar o dispositivo legal do tombamento, o município ainda não possui acervo preservado (Figura 6.5).

A caracterização da área pode ser observada por meio da Tabela 6.1, na qual se destacam o uso predominantemente residencial unifamiliar em todo o conjunto preservado, o percentual elevado de imóveis desocupados e com usos institucionais na área federal e as características estilísticas ligadas ao denominado tradicional português. A área de tombamento estadual é marcada

7. São Luís possui 1.014.837 habitantes (Censo do IBGE de 2010).

**Figura 6.5** – Vista aérea do Bairro da Praia Grande, principal polo de intervenções do Centro Histórico de São Luís (ver p.B5). Foto: José Marcelo do Espírito Santo, 2002.

pelas correntes moderna e eclética (incluídos os estilos neocolonial e *art déco*) e popular, provenientes dos sistemas construtivos informais que ao longo do tempo apropriaram-se da imagem tradicional da arquitetura do Centro da cidade, porém sem uma unidade estilística que o defina claramente.

Também é significativa a presença de ampla rede educacional (pública e privada) e de saúde (clínicas, consultórios, hospitais públicos e particulares) no Centro Histórico, principalmente na área de tombamento estadual, considerada pelos órgãos preservacionistas como área de proteção do entorno do trecho federal e do patrimônio mundial (ver mapa na p.B4).

A atuação de órgãos municipais, estaduais e/ou federais (em ações como limpeza pública, obras, habitação e concessionárias de água, luz e telefonia) e a presença da iniciativa privada e dos moradores do Centro Histórico são discutidas pela municipalidade a partir dos conceitos referentes ao Planejamento da Conservação Urbana Integrada desde 1998, quando então se formatou o Plano Municipal de Gestão do Centro Histórico de São Luís. Os princípios da Conservação Integrada utilizados pelos técnicos da Prefeitura de São Luís foram sistematizados com base nos conteúdos da Declaração de Amsterdã (elaborada pelo Conselho da Europa em 1975) e teoricamente trabalhados pelo Centro de Conservação Integrada Urbana e Territorial (Ceci) da Universidade Federal de Pernambuco (UFPE)[8].

## UMA PROPOSTA DE GESTÃO INTEGRADA

A avaliação das características e formas de intervenção na cidade propostas e efetuadas pelo Projeto Praia Grande (estadual)[9], bem como suas alterações ao longo dos sucessivos governos estaduais, ao lado de intervenções pontuais promovidas pela Prefeitura (Rua de Nazaré e Rua Grande, Praça João Lisboa e Largo do Carmo e, mais recentemente, a Praça Antônio Vieira) e seu Plano Municipal de Gestão do Centro Histórico de São Luís, pode ser abordada a partir dos princípios do Planejamento da Conservação Urbana Integrada.

Esse conceito de conservação integrada engloba um conjunto de instrumentos de planejamento e ações de gestão direcionadas para áreas urbanas existentes, com o objetivo de garantir o desenvolvimento sustentável[10] por meio da manutenção de suas estruturas físicas e sociais, devidamente integrada com novos usos e funções.

---

8. Para uma introdução ao conceito de conservação integrada, bem como sua relação com o planejamento urbano, consultar Zancheti (2003).
9. Implantado em 1979 e, hoje, após sucessivas gestões estaduais, denominado Programa de Preservação e Revitalização do Centro Histórico de São Luís. Também conhecido na cidade como Projeto Reviver.
10. O desenvolvimento sustentável proposto procura estabelecer um processo de desenvolvimento permanente e independente, no qual a cidade patrimonial deve ser entendida como um sistema em que seus diferentes elementos (usos, funções e valores) estejam em gradual e compatível mudança, dentro do contexto maior de continuidade de todo o conjunto da estrutura territorial e urbana.

**Tabela 6.1** – Caracterização do Centro Histórico de São Luís.

| **USO** | | | | | | | | |
|---|---|---|---|---|---|---|---|---|
| | Comércio | Serviço | Institucional | Indústria | Residencial unifamiliar | Residencial multifamiliar | Misto | Sem uso |
| Federal | 18,30 | 13,19 | 13,49 | * | 20,86 | 2,15 | 12,07 | 19,94 |
| Estadual | 20,28 | 12,85 | 3,58 | 0 | 53,05 | 0,51 | 3,97 | 5,76 |
| **GABARITO** | | | | | | | | |
| | 1º pavimento | 2º pavimento | 3º pavimento | 4º pavimento | 5º pavimento | 6º pavimento | Lote vazio | |
| Federal | 51 | 36 | 10 | 2 | 1 ** | 0 | *** | |
| Estadual | 68,31 | 27 | 2,61 | 0,51 | 0,12 | 0,12 | 1,33 | |
| **CONSERVAÇÃO** | | | | | | | | |
| | Ruína | Péssimo | Regular | Bom | Lote vazio | | | |
| Federal | 11 | 36 | 43 | 10 | *** | | | |
| Estadual | 0,71 | 7,71 | 22,72 | 67,53 | 1,33 | | | |
| **ESTILO ARQUITETÔNICO** | | | | | | | | |
| | Tradicional português | Neoclássico | Moderno | *Art déco* | Neocolonial | Eclético | Popular | Lote vazio |
| Federal | 56 | 0,5 | 16,05 | 4 | 4 | 9 | 10 | *** |
| Estadual | 15,92 | 0 | 21,36 | 0,71 | 2,09 | 12,45 | 46,14 | 1,33 |

Fonte: Prefeitura de São Luís (1998).
Números em %
* Uso industrial não incluído no levantamento do Iphan.
** O Iphan considerou cinco pavimentos ou mais.
*** Lotes vazios na área federal. Contabilizados à parte.

A manutenção das características patrimoniais de uma cidade é um dos fatores e princípios básicos para garantir a sustentabilidade do processo de planejamento e de desenvolvimento. São essas características patrimoniais específicas e de diversidade patrimonial que podem reduzir a fragilidade da comunidade (diante de problemas inesperados que venham a ocorrer na estrutura urbana) e que também aumentam a capacidade de recuperação (resiliência) do próprio sistema territorial. As especificidades e diversidades locais vão permitir identificar inovações coerentes, surgidas da própria cidade, garantindo a continuidade da dialética entre o processo de conservação e de mudança.

O planejamento da conservação integrada exige então sua organização como processo gradual, programado no entendimento e na articulação da vida e dos valores da comunidade urbana atingida em relação aos sistemas, forças e atores presentes. Como atividade direcionada para uma ação real, as proposições desse sistema de planejamento devem ser formuladas com bases viáveis e com possibilidades de implementação atual, articuladas no tempo e enraizadas na estrutura cultural, econômica e política da sociedade urbana.

Foi esse o processo adotado pela Prefeitura de São Luís, como forma de se aproximar da gestão efetiva da área, ao estabelecer seu Plano Municipal de Gestão do Centro Histórico[11]. Esse processo de planejamento de conservação integrada pode ser definido a partir das seguintes fases: de análise e avaliação, de proposições, negociação e implementação, e de monitoramento e controle.

## ANÁLISE E AVALIAÇÃO

Tanto o processo de intervenção estadual na área preservada da cidade (inicialmente restrita ao bairro da Praia Grande)

11. Implantado de forma experimental em janeiro de 2001 e parcialmente aberto à população por meio do Núcleo Gestor do Centro Histórico em agosto de 2003.

quanto o início do processo municipal de gestão patrimonial em São Luís foram baseados em dois produtos teóricos: no Relatório Viana de Lima (Lima, 1973) e no Plano Diretor da Cidade de 1974. Como já registrado, o primeiro trabalho foi marcado por sua forma precisa e metodológica sobre a natureza histórica, formal e estilística do desenho urbano original e do seu conjunto arquitetônico. O segundo trabalho apresentou o primeiro diagnóstico do desenvolvimento socioeconômico produzido segundo as metodologias então contemporâneas de planejamento urbano, quando foram preparadas projeções de crescimento para a mancha urbana na ilha de São Luís a partir de um esperado fluxo econômico baseado na industrialização, a ser escoada pelo então novo Porto do Itaqui.

Já na época de sua elaboração, os dois trabalhos, ao apresentar propostas que desvirtuavam a identificação de valores, não respeitaram alguns dos princípios da Carta de Veneza, comprometendo a determinação de estratégias de conservação. Foi proposta, por exemplo, a retirada de platibandas de construções ecléticas do século XIX para recuperar uma hipotética característica colonial e a instalação de uma área aterrada fronteiriça à atual Avenida Beira-Mar, que criaria grande espaço de lazer (uma marina) próximo ao Centro Histórico, afastando, porém, a referência visual do mar naquele logradouro.

Esses dois estudos foram utilizados em uma proposta de intervenção do arquiteto americano John Gisiger (1979), embrião do Projeto Praia Grande. Ao repetir as análises teóricas das tipologias e morfologias da estrutura urbana histórica, o trabalho do arquiteto americano direcionou a identificação dos modelos de urbanização a serem adotados por todo o programa de recuperação encaminhado pelo governo estadual nos anos seguintes. Nesse momento, foram elaboradas propostas teóricas de alterações em praças do Centro Histórico, como D. Pedro II, Benedito Leite e Largo do Desterro, que não consideraram, em momento algum, as naturezas histórica, estilística e ambiental urbana desses logradouros e nunca foram implementadas.

Apesar das propostas em flagrante chocarem-se com as orientações patrimoniais internacionais da época, o trabalho foi complementado por outras pesquisas e análises funcionais e sociais, que entenderam o Centro Histórico como parte de um todo, incluído no território maior da cidade. Com o projeto, tentou-se manter a diversidade de usos da área, como forma para a manutenção da herança e do equilíbrio urbano. Também foram utilizados critérios de valorização imobiliária, baseados em valores econômicos e de uso, assim como valores da tradição artística, da antiguidade, históricos, antropológicos e de memória, envolvendo tipos diferentes de parâmetros culturais. Na ocasião, a deterioração da área representava para o poder público estadual uma "perda monumental", com base na compreensão dos valores históricos e imobiliários locais, que poderiam ser otimizados no turismo e na habitação.

## PROPOSIÇÕES

Como fase do processo de planejamento, orientada para a formulação de programas, planos e projetos para a manutenção e mudança na estrutura da cidade, o trabalho teve uma primeira abordagem no Programa de Preservação do Centro Histórico de São Luís (estadual) após um seminário técnico que apresentou a proposta do arquiteto Gisiger em 1979.

Foram elaborados programas, planos e projetos para circulação (viária e de pedestres), recuperação do patrimônio arquitetônico, reurbanização de logradouros e recuperação do patrimônio imobiliário (por meio da indução de usos habitacionais, culturais e turísticos). Embora devessem ser vistos como parte de um todo de um processo contínuo que inclui implementação, monitoramento e controle (em uma abordagem holística) para o processo de desenvolvimento da cidade, esses programas setoriais não tiveram continuidade nos anos seguintes, quando apenas parte da área contida na proposta inicial sofreu somente a intervenção reurbanizadora (pavimentação e redes subterrâneas de energia elétrica e telefonia, em uma área de intervenção de 20 hectares).

As ações sempre estiveram muito mais articuladas aos interesses específicos de cada governo estadual do que necessariamente caracterizadas por uma estrutura processual, integrada de maneira lógica (como, por exemplo, por meio de um plano diretor) e de acordo com o sistema de planejamento da cidade. Isso também foi reflexo do processo sofrido na estrutura de planejamento municipal, que não soube efetivar o Plano Diretor de 1974 e, em 1981, já alterava sua Lei de Zoneamento, Parcelamento, Uso e Ocupação do Solo Urbano, delegando a responsabilidade sobre análise e aprovação de obras e intervenções na área preservada aos órgãos federal e estadual.

Essas questões refletiram-se nas propostas efetuadas e implementadas ao longo das últimas décadas, marcadamente nas ações do governo estadual. Se a diversidade de usos contemporâneos é geralmente desejável em áreas históricas urbanas, com a dupla responsabilidade de respeitar sua tipologia e seus padrões de crescimento, em algumas propostas a natureza e as características históricas de trechos do Centro Histórico não foram consideradas, causando não só uma descaracterização, como também uma não aceitação involuntária por parte da população residente na área.

É exemplo dessas ações a implantação de praças em locais onde o tecido urbano original do traçado de Frias de Mesquita não previa áreas de convivência e de praças que foram abandonadas sem uso. Da mesma forma, um aterro de 60 hectares que se inicia próximo ao Terminal de Transporte Marítimo e termina no Portinho (Praia Grande) e dota o Centro Histórico de área de esportes e lazer (o Aterro do Bacanga, 1986/1989) também não funcionou, afastando a presença visual da tradicional atividade pesqueira da área, atualmente abandonada pela municipalidade em sua conservação, sem nunca ter atraído a população desde sua inauguração.

## NEGOCIAÇÃO E IMPLEMENTAÇÃO

Considerando-se que a conservação integrada urbana é basicamente uma atividade de negociação política que depende da participação e do envolvimento popular, identifica-se parcialmente essa participação no processo de gestão da área preservada da cidade. O planejamento urbano, visto como uma construção de coalizões políticas, formação de associações e parcerias entre o interesse público e privado (coletivo e individual) com o objetivo de garantir a continuidade e a manutenção da estrutura urbana, ocorreu em diferentes momentos isolados do processo e foi abandonado em outros. A própria Prefeitura Municipal, apenas a partir de 1993, tenta retomar sua presença nos processos de planejamento para a área, por meio da criação de um instituto de pesquisa e planejamento e da estruturação da Coordenadoria de Patrimônio Cultural na Fundação Municipal de Cultura, em 1997.

A gestão da prática da conservação urbana foi efetuada pela municipalidade por meios legais de atuação na cidade. Essas regulamentações incluem leis e normas para o planejamento urbano e territorial e a conservação da herança cultural, porém não contêm fins legais práticos, tratando diretamente de obras físicas ou da aquisição de terrenos e moradias, com reformas e melhora nas condições de higiene e segurança nas habitações. Até mesmo lei específica que trata da isenção do Imposto Predial e Territorial Urbano (IPTU) dos imóveis preservados apresentou resultados insignificantes.

O governo estadual, por sua vez, desde 1979, implementou redes de energia elétrica e telefonia, atendendo a 1.048 domicílios, além de 10 quilômetros de iluminação pública. Foram beneficiados por um novo sistema de abastecimento de água e coleta de esgotos, drenagem, ruas e calçadas 5.200 moradores do Centro Histórico. Destacam-se aqui as ações do Programa de Desenvolvimento do Turismo no Nordeste (Prodetur-NE)[12], responsáveis pela atualização das redes urbanas de saneamento, energia e telefonia de toda a área da Unesco (Quadro 6.1).

---

12. O Programa de Desenvolvimento do Turismo do Nordeste (Prodetur-NE) foi criado pelo governo federal com financiamento do Banco Interamericano de Desenvolvimento (BID), tendo como agente financeiro o Banco do Nordeste e contrapartida dos governos estaduais.

**Quadro 6.1** – Intervenções estaduais na área do patrimônio mundial de São Luís.

| ETAPA/ PROJETO | PERÍODO | REALIZAÇÃO | VALORES |
|---|---|---|---|
| Projeto Praia Grande 1ª etapa | 1979-1982 | Programa de obras do Largo do Comércio: Feira da Praia Grande, Praça do Comércio, Solar/Albergue e Beco da Prensa | US$ 2,5 milhões |
| Projeto Praia Grande 2ª etapa | 1983-1987 | Publicações técnicas | |
| Projeto Reviver 3ª etapa | 1988-1989 | Recuperação da infraestrutura urbana de 107 mil $m^2$ (15 quadras) na Praia Grande e 33 mil $m^2$ recuperados em dois edifícios | US$ 25 milhões |
| 4ª etapa | 1990-1994 | Projeto-piloto de habitação (10 famílias) e recuperação do Teatro Artur Azevedo (700 lugares) | |
| 5ª etapa | 1995-1997 | Prodetur-NE: transformação de casarões em habitação social | US$ 10 milhões (50% BID, 40% Governo Federal e 10% Governo Estadual) |
| | | Monumenta-BID: recuperação de imóveis, projeto não implementado | US$ 6 milhões (50% BID) |
| 6ª etapa | 1998-2001 | Prodetur-NE: complementação da recuperação da infraestrutura urbana de toda área federal/Unesco (60 hectares) Terminal Hidroviário do Centro Histórico (Cais da Praia Grande)/ Faculdade de Arquitetura e Urbanismo (3.030 $m^2$)/Espaço Cultural João do Vale (1.030 $m^2$)/Memorial do Centro Histórico e Diretoria do Patrimônio Histórico (1.430 $m^2$)/Escola de Música do Estado (1.221 $m^2$)/Igreja do Desterro (466 $m^2$) Morada das Artes/Casa do Maranhão | US$ 53 milhões (50% BID, 40% Governo Federal e 10% Governo Estadual) |
| 7ª etapa | 2002 | Projeto Habitação no Centro Histórico (Requalificação de 7 sobrados em 74 apartamentos e 21 lojas) Instituto Oswaldo Cruz (1.200 $m^2$)/ Casa da Cidade (1.800 $m^2$)/Centro Estadual de Educação Profissional (1.900 $m^2$) | Recursos próprios do Governo Estadual |

Fonte: Maranhão. Disponível em: http://maranhao.gov.br; acessado em: 20 nov. 2003.

O convênio entre o governo estadual (Dphap-MA) e a Prefeitura (Instituto de Pesquisa e Planejamento do Município – Iplam), com a participação do governo federal (Iphan), garantiu, a partir de 1998, o início das atividades de planejamento integrado por meio da produção de levantamento e propostas de leis conjuntas entre os três níveis de preservação. De 1999 até janeiro de 2005, encontrou-se em fase de teste, por parte dos órgãos federal, estadual e municipal, um código municipal de intervenções em áreas de interesse cultural, com o objetivo de uniformizar os processos de análise e aprovação de novas intervenções no acervo ambiental urbano de São Luís[13].

Desde dezembro de 2002, a Prefeitura procura atrair o uso habitacional para o Centro Histórico por meio de convênios com a Caixa Econômica Federal (CEF) e instituições internacionais (Sirchal e Pact-Arim)[14] para a elaboração de propostas urbanísticas para o local, ampliando a discussão com setores da sociedade, como Conselho Regional de Engenharia e Agronomia (Crea), Instituto dos Arquitetos do Brasil (IAB), Sindicato da Construção (Sinduscon), Conselho Regional de Corretores de Imóveis (Creci) e associações de moradores da área. Atuando como elemento catalisador entre proprietários, iniciativa privada (investidores), poderes públicos estadual e federal e, principalmente, potenciais interessados em morar no centro patrimonial, a Prefeitura formatou em seu Núcleo Gestor do Centro Histórico um programa de moradia que envolve um grupo inicial de cinco imóveis (um em execução). No mesmo sentido, também desde 2002, o gover-

---

13. Este documento também surgiu como forma de se evitar a "limpeza" de características estilísticas consideradas em não conformidade com o Tradicional Português (Barroco Pombalino) que alguns edifícios sofreram, efetuadas por todas as instâncias preservacionistas envolvidas com a questão em diferentes projetos e intervenções arquitetônicas.

14. Site Internacional para a Revitalização dos Centros Históricos da América Latina e Caribe-Sirchal (instância de apoio técnico do governo francês) e Movimento Pact-Arim (Protection, Amélioration, Conservation, Transformation de l'habitat – Associations de Restauration Immobilière), organização não governamental francesa voltada para a promoção da habitação social.

no estadual produz reformas, adaptações e financiamentos com recursos próprios em prédios do Estado para habitação voltados ao seu funcionalismo.

Outro fator de importância não efetivado pelas ações governamentais foi o estabelecimento de programas educacionais e de conscientização, que procurassem dotar os grupos-alvo de consciência da situação geral do sítio: políticos e tomadores de decisão, investidores e promotores, administradores e donos de grandes propriedades, crianças, jovens e estudantes. Somente a partir de 1997, por meio da Secretaria Municipal de Turismo, a Prefeitura executou atividades de formação patrimonial nas escolas da rede pública de primeiro grau. Essa atividade ainda não é suficiente, pois grande parte da população desconhece até mesmo o significado do título de patrimônio cultural da humanidade outorgado pela Unesco, bem como seus limites de área, significados e valor do acervo.

## MONITORAMENTO E CONTROLE

Em São Luís, ocorrem parcialmente o monitoramento e o controle das atividades em sua área histórica, em consonância com o processo diário de manutenção e mudanças nas estruturas urbanas. Eles são apenas baseados no uso de legislações e regulamentações locais sobre o ambiente construído e parcialmente fiscalizado pelos órgãos federal e estadual, que possuem reduzido corpo técnico de fiscalização, sobrecarregando o já comprometido sistema de fiscalização urbanística municipal, legalmente detentor das atribuições para emitir intimações, multas e embargos de obras irregulares.

Em 1999, o Iplam propôs o Plano Municipal de Gestão para o Centro Histórico de São Luís, no qual o monitoramento do sítio histórico passaria a ser sua responsabilidade, por meio do estudo e observação de suas condições normais (ambientais, usuais), efetuando o entendimento e a mensuração das tendências que causaram ou causarão impacto nesse uso (fatores econômicos e ambientais), antecipando todo e qualquer risco dentro ou em torno do sítio e realizando a transposição desses dados para o processo de conservação.

Além das propostas corretivas, o Plano Municipal de Gestão propunha ações para o planejamento avançado, como parte do Sistema de Planejamento e Gestão Urbana. Esse sistema, apesar de previsto no Plano Diretor da cidade, ainda não foi implementado por falta de recursos.

Conhecer totalmente o objeto-sítio onde se processa a intervenção é uma condição essencial para o processo de planejamento. Nesse sentido, o Iplam, por meio de inventários e pesquisas, foi o responsável, a partir de uma demanda técnica do governo estadual de 1998, pelo único trabalho sistemático de levantamento de dados na área de preservação da cidade, que se somou ao Projeto de Inventário de Bens Imóveis promovido pelo Iphan e iniciado naquela época. Esse processo de inventário municipal será ampliado para toda a cidade, cujo registro também deverá incorporar a definição e o reconhecimento dos valores culturais do patrimônio municipal, por intermédio da Fundação Municipal de Cultura (Func).

Nos últimos 20 anos, o Centro Histórico de São Luís teve instrumentos de controle territorial e das atividades construtivas, baseados apenas em regulamentações de normas, e não em procedimentos que definissem posturas de criação, elaboração do projeto e implementação física. Esse fato refletiu nas diferentes maneiras de intervenção na cidade, efetivadas pelos distintos atores nela presentes. Falta ainda desenvolver uma cultura de pensar e apreender a cidade por meio do entendimento de seus significados, com base na continuidade e no fortalecimento de seus valores relevantes e da conservação das estruturas urbanas e de seus elementos.

## CONSIDERAÇÕES FINAIS

As ações propostas ao longo dos últimos 25 anos, apesar do aporte financeiro, do volume de obras e do reconhecimento externo[15], não foram suficientes para reverter o quadro de gradual deterioração por abandono do centro preservado, bem como não conseguiram incentivar a permanência da função residencial na área, que, embora ainda significativa no trecho de preservação estadual, vem decrescendo no trecho tombado federal/Unesco desde a década de 1940.

Os programas, planos e projetos para as diferentes áreas do Centro Histórico, que deveriam ser vistos como parte de um todo maior, não ocorreram dessa forma. O que hoje o poder público estadual exibe como Programa de Preservação do Centro Histórico de São Luís é apenas um conjunto de ações isoladas, agrupadas por subprogramas que apresentam as diferentes ações dos sucessivos governos estaduais na área, marcadas ora por investimentos financeiros significativos, ora por ausência completa de recursos ou de obras isoladas, apesar de seu excepcional valor cultural.

O processo ideal de gestão do patrimônio ambiental urbano de São Luís ainda não foi implantado no seu todo. A participação popular nesse processo de gestão continua tímida e é apenas ocasional (como na recuperação da Feira da Praia Grande, negociada entre os sindicatos de vendedores, pescadores, remadores e contramestres), ou até mesmo inexistente. A participação da iniciativa privada e do empresariado local também não existe, apesar dos atuais aportes financeiros de programas de financia-

15. O programa de recuperação do governo estadual recebeu premiação na Bienal de Arquitetura de São Paulo (em setembro de 1993) e o Plano de Gestão para o Centro Histórico de São Luís já foi apresentado e debatido em inúmeros encontros locais, nacionais e internacionais, como na IV Assemblée Générale e V Colloque International de l'Organisation des Villes du Patrimoine Mondiale: L'inovation dans la gestion des villes du patrimoine mondiale (Santiago de Compostela, Espanha, 22/10/1999); no II Encontro Luso-Brasileiro de Patrimônio e Reabilitação Urbana (Rio de Janeiro, RJ, 3/5/2000), na V Assemblée Générale e VI Colloque International de l'Organisation des Villes du Patrimoine Mondiale: Mesures de prévention et protection pour les villes du patrimoine mondiale en cas de désastres (Puebla, México, 4/10/2001), e no III Seminário Internacional Patrimônio e Cidade Contemporânea: Políticas, práticas e novos protagonistas (UFBA/Cecre, Salvador, Bahia, 29/5/2002).

mento (Prodetur-NE e Monumenta-BID), nos quais os poderes públicos, estadual e municipal comparecem como protagonistas financeiros únicos.

Até o momento, não foram criadas condições socioeconômicas para a manutenção das intervenções realizadas, de forma a não dependerem exclusivamente do poder público, ainda existindo riscos de deterioração do acervo ao longo do tempo, por total falta de recursos. Além dessas condições, os poderes públicos poderiam criar melhores canais de comunicação entre a sociedade em geral (moradores e empresários, especialmente), para de fato revelar as potencialidades existentes na área a ser preservada.

Por causa das intervenções físicas no acervo ambiental urbano da cidade, efetivadas pelo governo estadual, convencionou-se a afirmação – não verdadeira em sentido mais amplo – de que existe uma:

> [...] tradição de afastamento da Prefeitura Municipal de São Luís das questões ligadas à preservação e revitalização do patrimônio cultural da cidade. Historicamente, a Prefeitura sempre abdicou de sua importante função de guarda e valorização do acervo urbano e arquitetônico, delegando – às vezes informalmente, outras vezes através de convênios de cooperação técnica – aos órgãos federal e estadual as responsabilidades de proteger, fiscalizar e recuperar os monumentos e sítios da capital. (Burnett, 1999, s.p)

Contrária a essa afirmativa, a proposta municipal de gestão visa acentuar a presença da Prefeitura, iniciada na década de 1940, e contribuir para o desenvolvimento e reabilitação do Centro Histórico da Cidade ao reconhecer seu potencial econômico, cultural e turístico, buscando propiciar maior legitimidade e sustentabilidade ao processo, por meio da integração dos diferentes agentes preservacionistas, sejam eles federais, estaduais, municipais ou da iniciativa privada.

Falta, porém, além do Núcleo Gestor do Centro Histórico, já em funcionamento, a instalação de um conselho municipal específico para a área preservada que contenha todos os atores e parceiros responsáveis pela vida e pelo desenvolvimento socioeconômico local, instância em que deverão ser discutidas e compartilhadas todas as políticas públicas voltadas para a área.

O desenvolvimento sustentável, noção que norteou o Plano Municipal de Gestão para o Centro Histórico de São Luís, pressupõe relações equilibradas e eficientes entre as políticas de conservação, a estrutura institucional que as representa e o meio socioambiental para o qual estão voltadas, tendo por objetivos: criar condições institucionais para a divulgação, o debate e a implementação das políticas de conservação do Centro Histórico (assegurando sua reavaliação periódica); favorecer a continuidade da gestão e de suas estratégias e linhas de ação, independentemente das mudanças nas esferas políticas da sociedade; e garantir a participação social no processo de revitalização do Centro Histórico, valorizando as parcerias público-privadas, em uma proposta coletiva de desenvolvimento econômico e social da área, e estabelecendo uma situação de conservação integrada.

Trata-se de uma proposta de gerenciamento que complementa e potencializa a eficácia do sistema de gestão atual, utilizando os instrumentos e recursos disponíveis e prevendo transformações exequíveis para a situação. O Plano Municipal, agregado ao esforço da equipe técnica estadual, poderá estabelecer uma nova dinâmica entre os atores envolvidos na gestão do Centro Histórico de São Luís, orientando-os no sentido de consolidar um esforço de integração voltado para a preservação e transmissão da base material e dos valores culturais presentes nas estruturas ambientais do Centro para as futuras gerações.

O plano proposto busca estruturar um sistema de gestão que, por suas próprias características (flexível, participativo e eficiente), seja capaz de planejar, propor e executar o processo de revitalização, tentando equilibrar transformação e conservação e, assim, preservar a autenticidade e o uso do patrimônio. Propõe, portanto, uma estrutura em interface contínua com os diversos atores sociais que atuam na área, entendendo a revitalização como um processo contínuo, permanente e sustentável.

## REFERÊNCIAS


ANDRÈS, Luiz Phelipe de Carvalho Castro. Programa de Preservação e Revitalização do Centro Histórico de São Luís. In: *Estratégias de intervenção em áreas históricas: revalorização de áreas urbanas centrais*. Recife, 1993. Dissertação (Mestrado). Universidade Federal de Pernambuco, Projeto PNDU-Sepurb BRA.

BENEVOLO, Leonardo. *História da cidade*. 2.ed. São Paulo: Perspectiva, 1993.

BERREDO, Bernardo Pereira de. *Anais históricos do Estado do Maranhão*. 4.ed. Rio de Janeiro: Alumar, 1988 (Coleção Documentos Maranhenses).

BURNETT, Carlos Frederico Lago. Programa de preservação e revitalização do centro histórico de São Luís. In: *Terceiro seminário-oficina internacional sobre reabilitação de centros históricos de cidades da América Latina e do Caribe*. Santiago do Chile, 1999. Disponível em http://www.archi.fr/Sirchal/online/projects/bresil/saoluis/burnett.htm; acessado em 20 ago. 2002.

GISIGER, John U. *Renovação urbana da Praia Grande*. São Luís: Secretaria de Coordenação e Planejamento do Estado do Maranhão/Sioge, 1979.

JOKILEHTO, Jukka; FEILDEN, Bernard M. *Manual para el manejo de los sítos del patrimonio mundial cultural*. Bogotá: Instituto Colombiano de Cultura – Colcultura, 1995.

LIMA, Alfredo Viana de. *Rapport et propositions pour la conservation, recuperation et expansion de São Luís/Maranhão*. Porto: Relatório datilografado para a Unesco, 1973.

MADUREIRA, Nuno Luís. *Cidade: espaço e cotidiano: Lisboa 1740-1830*. Lisboa: Livros Horizonte, 1992 (Coleção Cidade de Lisboa, 18).

MARANHÃO. Intervenções estaduais na área do patrimônio mundial/São Luís. Disponível em http://www.maranhao.gov.br; acessado em 20 nov. 2003.

MARX, Murilo. *Cidade brasileira*. São Paulo: Melhoramentos, 1980.

MEIRELLES, Mário Martins. *História do Maranhão*. 2.ed. São Luís: Fundação Cultural do Maranhão, 1980.

PALHANO, Raimundo Nonato Silva. *A produção da coisa pública; serviços e cidadania na primeira república: república ludovicense*. São Luís: Ipes, 1988.

PARENT, Michel. *Protection et mise en valeur du patrimoine culturel brèsilien dans le cadre du développement touristique et économique*. São Luís-Alcântara. Brésil-Unesco 1966-1967, Paris, 1968.

PREFEITURA DE SÃO LUÍS. Instituto de Pesquisa e Planejamento do Município (Iplam). *Regulamentação das diretrizes do plano diretor para o centro histórico de São Luís*. São Luís: Iplam, 1998.

REIS FILHO, Nestor Goulart. *Evolução urbana do Brasil 1580-1720*. São Paulo: FAU-USP, 1964/Pioneira, 1970.

LIMA, Alfredo Viana de. *Rapports et propositions pour la conservation, recuperation et expansion*. São Luís/Maranhão, Porto: Relatório/Unesco, 1973.

ZANCHETI, Sílvio Mendes. Conservação integrada e planejamento urbano na atualidade. In: *Espaço e debates*. São Paulo, v. 23, n. 43-4, jan.-dez. 2003.

# Janelas para o rio: projetos de intervenção na orla urbana de Belém do Pará

# 7

*José Júlio Lima*
*Luciana G. Teixeira Santos*

A cidade de Belém, capital do Estado do Pará, localiza-se às margens da Baía do Guajará e do Rio Guamá. O Rio Guamá é afluente do Rio Pará, que por sua vez é afluente do Rio Amazonas a partir das proximidades da Ilha do Marajó. A Baía do Guajará constitui-se no divisor entre a desembocadura do Guamá e a Ilha do Marajó, localizada em frente ao município de Belém. Sua população, segundo o Censo de 2010, é de 1.392.031 habitantes, distribuídos em 317 hectares da porção continental e em 34.000 hectares das 33 ilhas que formam o arquipélago pertencente ao município (Figura 7.1).

Desde a fundação de Belém, em 1616, o rio foi elemento norteador da sua localização e posteriormente da sua expansão. O ponto inicial da cidade corresponde aos atuais bairros da Cidade Velha e da Campina. A orla ribeirinha desses bairros, ao longo da história, constituiu-se na faixa mais importante do território da cidade. Em suas proximidades estão concentrados equipamentos públicos, instituições e o comércio varejista, o que torna es-

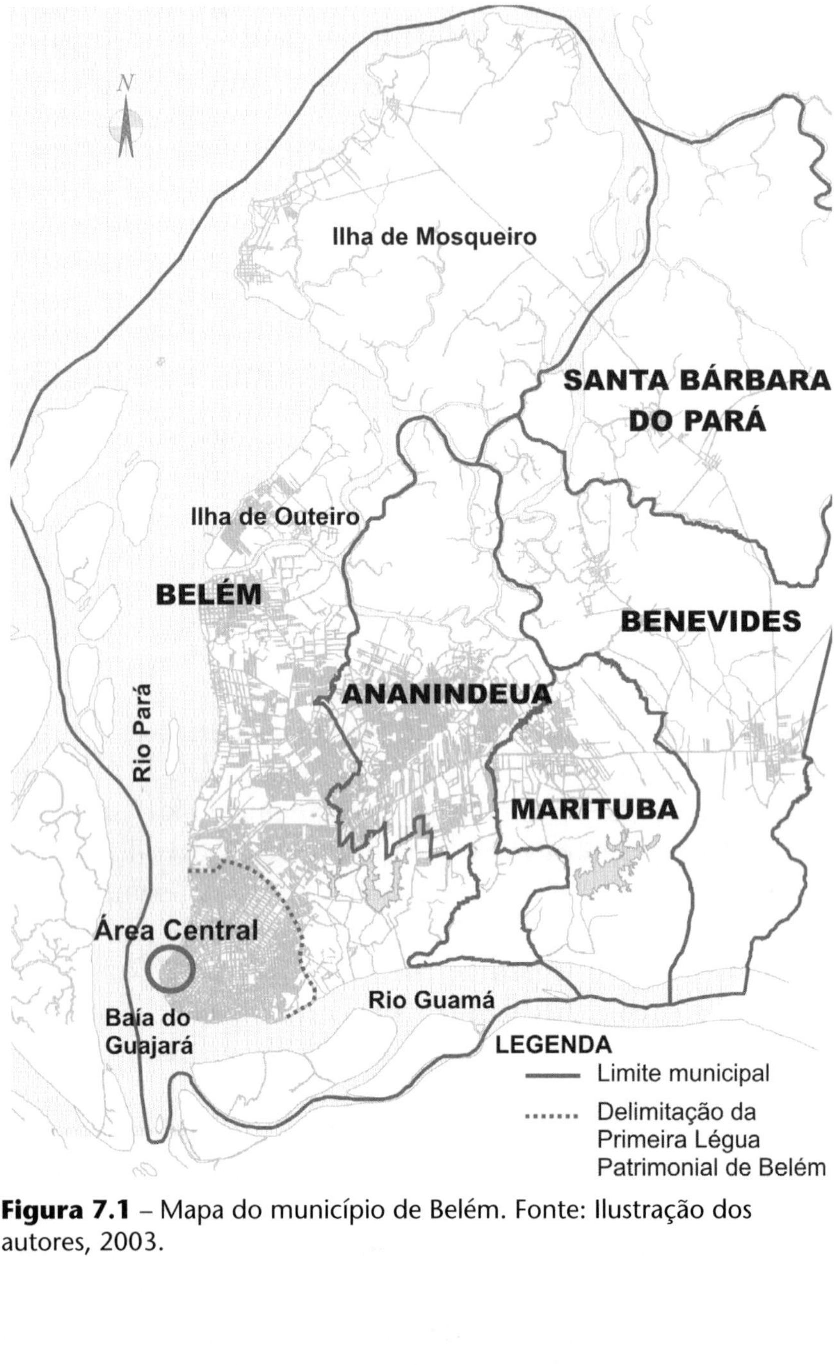


**Figura 7.1** – Mapa do município de Belém. Fonte: Ilustração dos autores, 2003.

ses bairros, do ponto de vista econômico, os mais dinâmicos da cidade. Mais recentemente, eles adquiriram um papel político-urbanístico estratégico em função dos projetos de requalificação urbana com forte influência governamental.

A cidade de Belém, correspondente ao primeiro núcleo colonial português na Amazônia, teve como ponto inicial o atual Forte do Presépio, expandindo-se inicialmente ao longo da orla do Rio Guamá e formando o Bairro da Cidade, atual Cidade Velha, para, a partir do século XVII, expandir-se ao longo da orla da Baía do Guajará e dar origem ao bairro da Campina, atual Bairro do Comércio.

Os dois projetos, objetos deste capítulo, estão localizados na faixa ribeirinha do encontro desses dois bairros, o da Cidade Velha e o do Comércio. São eles: o Complexo Estação das Docas, resultado da reutilização de armazéns do porto original, e a Revitalização do Complexo do Ver-o-Peso, que consiste em uma série de intervenções na Feira do Ver-o-Peso e nos mercados ali localizados, visando a melhoria de condições de higiene e funcionamento da área, uma vez que a feira é considerada como o principal posto de abastecimento alimentar da região metropolitana e representa assim elemento importante na dinâmica econômica regional (Figura 7.2).

Ambos estão situados no local denominado pela Lei do Plano Diretor de Belém como o Centro Histórico de Belém (CHB). A área concentra o maior número de exemplares arquitetônicos monumentais remanescentes do século XVIII e exemplares do século XIX, localizados em Belém. Dos 23 imóveis tombados pelo governo federal na cidade, dezesseis estão situados no CHB, dos quais merece destaque o conjunto arquitetônico e paisagístico Ver-o-Peso, que inclui o Mercado de Carne e o Mercado Bolonha de Peixe; o Solar da Beira, antiga recebedoria; a Praça Pedro II; o Boulevard Castilhos França, onde estão alguns dos armazéns do Porto de Belém; e áreas adjacentes (Figura 7.3).

Além do Complexo do Ver-o-Peso, foi tombado o conjunto urbanístico da Praça Frei Caetano Brandão, situada nas proximi-

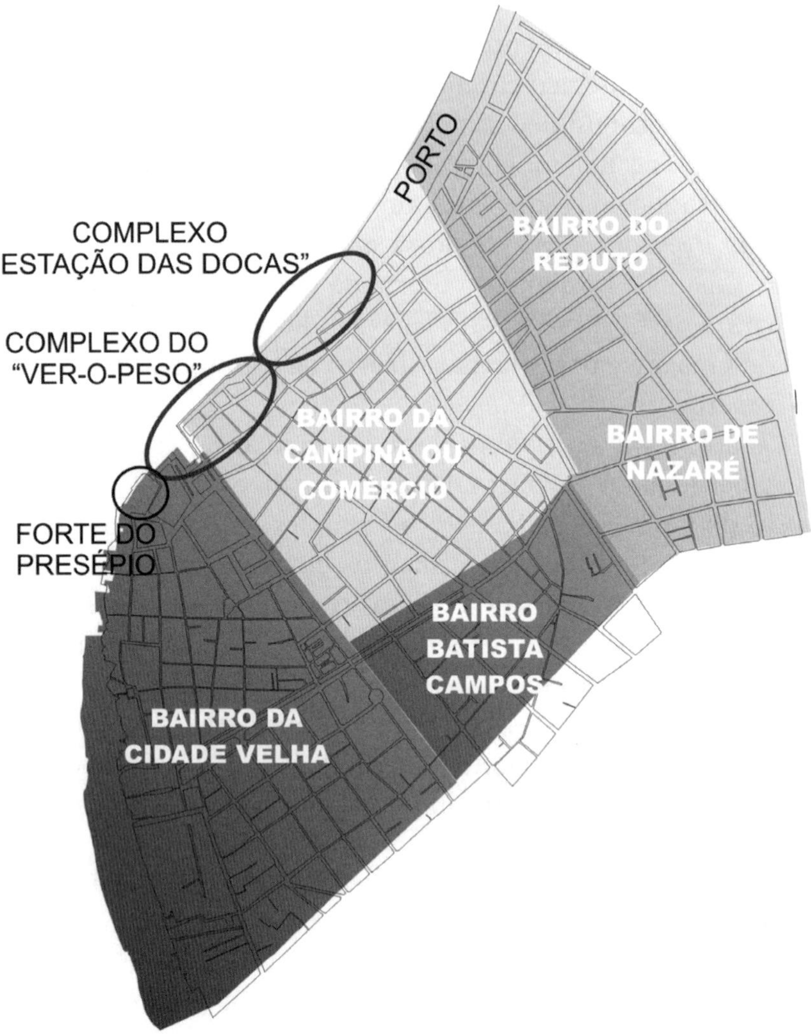


**Figura 7.2** – Área central com bairros e localização dos projetos de intervenção. Fonte: Ilustração dos autores, 2003.

dades. O interesse em preservar aquela parcela urbana como um todo representou uma mudança importante na maneira excepcional com que o CHB passou a ser tratado pela gestão urbanística municipal. Até a década de 1980, as substituições de edificações antigas por edifícios comerciais e mesmo institucionais deterio-

**Figura 7.3** – Centro Histórico de Belém com a marcação dos bens tombados pelas três esferas governamentais (Iphan – Federal –, Depac – Estadual – e Fumbel – Municipal) (ver p.B6). Fonte: Ilustração dos autores, 2003.

raram a configuração da área. Exemplos desse período são os prédios contemporâneos da Receita Federal e do Banco Central localizados no "correr" de casario do século XIX no Boulevard Castilhos França, componente da fachada urbana de Belém a partir do porto que dá continuidade ao Ver-o-Peso.

Do complexo da feira e de mercados faz parte a Pedra do Peixe, como ficou conhecido ao longo do tempo o local onde, na própria doca do Ver-o-Peso, vende-se o pescado trazido pelos barcos do interior do Estado. Além de ser vendido ao ar livre, o peixe é comercializado no Mercado de Ferro e no Mercado Bolonha e, na feira coberta, encontram-se hortaliças, frutas regionais, cheiros, mandingas, ervas, remédios e artigos industrializados, como roupas e calçados. Há também barracas que comercializam refeições.

Na extensão da feira, ao longo do Boulevard Castilhos França, estão localizados os armazéns que compõem ainda hoje as instalações do Porto de Belém, originais do início do século XX. Construído para a exportação da borracha amazônica, o porto teve aos poucos sua importância reduzida, basicamente em função do período logo após o término da época de ouro vivida pela sociedade dependente da extração gomífera amazônica. No século XX, a planta portuária passou por uma desocupação em razão da obsolescência e da falta de modernização de suas instalações. Soma-se a esse quadro a dependência econômica local para o escoamento de minerais extraídos no sul do Estado, transportados via férrea para o porto de Ponta da Madeira, em São Luís do Maranhão, construído para esse fim[1].

Na década de 1990 e, de forma mais contundente, na década de 2000, iniciou-se na cidade um movimento pela abertura de acessos visuais para o Rio Guamá e para a Baía do Guajará, como forma de resgatar uma condição primeira da cidade ribeirinha, mas que, assim como a maioria das cidades brasileiras, ao longo do seu desenvolvimento urbano, virou as costas para os rios ou para o mar.

Nos dois primeiros séculos, a expansão urbana de Belém se deu ao longo da orla fluvial, contudo, a partir do ciclo da borracha, houve uma intensificação da expansão urbana para o interior da parte continental da cidade. Posteriormente, a própria construção dos armazéns portuários criou uma barreira física para a visualização do rio, complementada pela ocupação irregular do restante da orla por portos particulares e pequenas serrarias.

Durante o século XX, a administração pública não impôs uma regulamentação urbanística eficaz no controle dessa ocupação. A retomada da apropriação da orla da cidade, assim como da identidade ribeirinha do belenense, havia sido citada como vontade política no texto no Plano Diretor do Município de Belém de 1993, porém tal discurso não foi reafirmado em sua revisão em 2008. Segundo o plano de 1993, a orla da cidade deveria ser contemplada com projetos de desenvolvimento voltados para o aprovei-

1. Disponível em: http://www.vale.com/brasil. Acessado em: 06 maio 2013.

tamento turístico, denominados de "janelas" para o Rio Guamá e para a Baía do Guajará. Essa valorização do espaço, inclusive, poderia utilizar vários instrumentos urbanos – zoneamentos especiais; imposto territorial urbano, progressivo no tempo em terrenos subutilizados; operações urbanas etc. – que foram aprovados pelo Estatuto da Cidade em 2001, embora já estivessem previstos no Plano Diretor de Belém desde 1993.

Nesse contexto, foram iniciadas tentativas para a reabertura de ruas ou mesmo para desocupações de propriedades que estivessem impossibilitando a visualização tanto da Baía do Guajará como a do Rio Guamá. Essas iniciativas ocorreram nas esferas estadual e municipal, com a reutilização de espaços existentes para novos usos, como é o caso do Porto, ou para a manutenção de usos já consolidados, caso do Ver-o-Peso. O porto, apesar de ser foco de estudos de projetos desde 1992, só consolidou a intervenção no fim de 1999. Já a área ocupada pelo Complexo do Ver-o-Peso tem atraído ações públicas, provocadas por diversas administrações municipais, no sentido de recuperar as instalações físicas e organizar os feirantes. A última intervenção, iniciada em 1999 e em grande parte concluída, será o foco da análise das soluções de arquitetura e de tratamento do espaço aberto do projeto.

## O COMPLEXO ESTAÇÃO DAS DOCAS

Dentre os diversos projetos realizados na área central de Belém, o complexo turístico Estação das Docas é um dos mais representativos exemplos do conceito contemporâneo de revitalização de orlas e frentes d'água urbanas. O projeto paraense pode ser comparado, salvas as devidas proporções, aos projetos de revitalização de Puerto Madero, em Buenos Aires, Moll de la Fusta, em Barcelona, e Entrepot, em Kop van Zuid Rotterdam. Nesses projetos, são abordadas questões como o incremento turístico, o reaproveitamento de velhas estruturas portuárias, auxílio na revitalização de áreas centrais e, principalmente, a reabertura das cidades para o mar ou rio.

O projeto, em Belém, consiste na reutilização de armazéns do porto para abrigar um complexo turístico e cultural com atrações de lazer voltadas a gastronomia, teatro, espaço para feiras e um terminal para barcos de passeio, além de um anfiteatro para apresentações de dança e conjuntos musicais. Localizado no limite do Centro Histórico de Belém, o complexo soma 3.200 m$^2$ de área urbanizada, dos quais 500 m$^2$ estão ao longo da orla da Baía do Guajará. O projeto, iniciado em 1997, baseia-se na mudança de uso de três armazéns portuários do início do século XX e do entorno próximo, dotando a cidade de um espaço de contemplação por meio de um projeto de paisagismo contíguo aos armazéns ao longo da orla.

A área do projeto, correspondente ao porto de Belém, teve sua construção iniciada em 1906 por um *pool* empresarial, que tinha à sua frente um norte-americano pouco conhecido no cenário nacional. O engenheiro Percival Farquhar foi responsável não só pela construção do porto de Belém, mas também pela continuidade de dois empreendimentos iniciados pelo Barão de Mauá na Amazônia: a estrada de ferro Madeira-Mamoré e a navegação pelos grandes rios amazônicos por meio da companhia Amazon River. Além dessas empresas e da Port of Pará, responsável pela administração do porto de Belém, o engenheiro possuía empreendimentos no sul e sudeste do país, como a Itabira Iron, embrião da atual Companhia Vale do Rio Doce, e a Rio Light, empresa concessionária de energia elétrica do Rio de Janeiro, entre outros investimentos no setor ferroviário.

Percival Farquhar foi atraído à Amazônia pelo *boom* econômico que a região atravessava graças à exploração do látex. Com o incremento das exportações da matéria-prima da borracha, as duas principais cidades do norte do país experimentaram relevante desenvolvimento econômico e urbano. Contudo, enquanto em Manaus já se dispunha de instalações portuárias definitivas, em Belém ainda persistiam as atividades realizadas de forma improvisada em trapiches ao longo de sua orla na área central da cidade.

No período correspondente à primeira república brasileira, realizaram-se diversas obras de infraestrutura. O urbanismo nacional estava sob influência direta dos conceitos parisienses de intervenção urbana, tendo à frente o barão Haussmann. Nesse período, foi construído a maioria dos portos brasileiros, entre eles o de Belém. Como o governo não dispunha de recursos para esses investimentos, as obras foram realizadas em forma de cessões que posteriormente possibilitaram ao investidor retorno financeiro[2].

O porto de Belém foi reflexo direto de investimentos estrangeiros no país. O projeto é de origem inglesa, seus armazéns e guindastes são franceses e a administradora Port of Pará, norte-americana. Contudo, o que Farquhar não esperava é que o ciclo econômico da borracha estivesse no fim. Com o roubo das sementes da seringueira e seu posterior plantio na Malásia, a região Amazônica perdeu a hegemonia do produto gomífero. O porto de Belém teve sua construção finalizada em 1912, e a maioria dos historiadores considera 1910 como o ano em que se encerrou o ciclo da borracha (Figura 7.4).

Assim, pode-se afirmar que o porto belenense nunca atingiu o objetivo que seus projetistas idealizaram. Durante os anos seguintes, nenhuma melhoria foi realizada na planta portuária, e desde sua construção não houve grandes investimentos em equipamentos nem expansão de sua planta. Em parte, a pouca atividade portuária é explicada pela própria estagnação econômica que o Estado do Pará atravessou nesse período. Há algumas décadas, contudo, o estado tem expressado uma retomada de seu crescimento econômico, conduzida na modernização de seus portos. Aliadas a questões infraestruturais, algumas atividades terciárias, como o comércio, a prestação de serviços e o turismo (uma nova atividade que tem se tornado relevante no cenário mundial), fo-

2. Observa-se que as parcerias da administração pública com o setor privado permitiram, ao longo do tempo, que diversos investimentos na infraestrutura urbana brasileira fossem concretizados – caso de ações do início do século XX, como a construção de ferrovias e portos e o fornecimento de energia elétrica e gás. Após um intervalo marcado pela supremacia estatal, o setor privado volta à cena com parcerias em meio a uma nova corrente de privatizações de empresas estatais.

**Figura 7.4** – Armazém 1 do Porto em Belém do Pará, em fase de montagem, início do século XX. Fonte: Acervo Museu do Porto, s/d.

ram incrementadas pelo Estado e atreladas ao desenvolvimento da região.

Ao longo do século XX, o desenvolvimento nacional, de maneira geral, desvinculou a atividade portuária do núcleo urbano por diversos fatores impostos pela nova visão do porto como canal de exportação. As inovações tecnológicas nos transportes marítimos e o desenvolvimento de outros modais de transportes – mais ágeis, flexíveis e economicamente mais viáveis – exigiram adaptações nas plantas portuárias. Na sequência, as alterações tecnológicas no próprio transporte hidroviário, com a especialização e o aumento dos calados dos navios, e a consequente necessidade de maior profundidade para atracação inviabilizaram grande parte dos portos que sofrem com o problema de assoreamento, como o de Belém. Adiciona-se a esse quadro a necessidade de áreas de expansão e retroporto. Todos esses fatores dificultaram a continuidade da atividade em portos históricos, incrustados em núcleos urbanos consolidados, que muitas vezes ajudaram a formar, mas que hoje limitam a sua operação.

Em Belém, esse quadro refletiu na direta reestruturação física do porto. Houve um planejamento referente ao desenvolvimento e zoneamento da planta portuária da capital paraense visando uma otimização do espaço e uma maior competitividade do complexo portuário na escala regional. Partindo das premissas de racionalização das operações, incremento das atividades logísticas e aumento da competitividade para o complexo portuário da região metropolitana de Belém, a companhia portuária disponibilizou três dos quinze armazéns franceses para a revitalização, que se encontravam desocupados. A profundidade no perímetro correspondente a esses armazéns estava seriamente comprometida pelo assoreamento, impedindo que navios de grande calado atracassem. A inutilização dessa parcela do porto, muito próxima do coração econômico do Centro Histórico de Belém, contribuiu diretamente para a degradação da área central. Nas áreas próximas ao porto, instalou-se um comércio informal e desorganizado, poluído e insalubre, o que gerava insegurança aos frequentadores da área, principalmente à noite (Figura 7.5).

**Figura 7.5** – Armazéns 1 e 2 antes da intervenção, Belém do Pará.
Fonte: Acervo Museu do Porto, 1992.

## OBJETIVOS DO PROJETO

A situação de abandono da área portuária já durava muitos anos. Em 1992, foi realizado um concurso de projetos público e local envolvendo os três armazéns abandonados, que deveriam abrigar um centro turístico e cultural. O resultado do concurso gerou polêmica, o projeto homologado como vencedor acabou por não ser executado e o concurso foi cancelado. Em 1997, o governo estadual, em convênio com a Companhia Docas do Pará, responsável pela administração portuária, viabilizou o projeto vencedor de 1992[3], com a transferência, por cessão, dos três armazéns ao Estado.

Na gestão iniciada em 1995 e estendida por reeleição até 2003, o contexto político era diferente do de 1992 e o projeto passou a integrar uma série de investimentos do Estado para a valorização de edificações históricas. A antiga residência oficial do governador, localizada no bairro de São Braz, foi restaurada e transformada no Complexo Parque da Residência. O antigo Palácio Episcopal e a Igreja de Santo Alexandre, localizados no entorno da Catedral da Sé, no bairro da Cidade Velha, passaram a abrigar um museu de arte sacra. O Forte do Presépio, que corresponde à pedra fundamental da cidade, foi restaurado e reaberto à visitação pública e o antigo presídio transformou-se em um polo joalheiro de referência.

Dentro do contexto de desenvolvimento do potencial turístico-cultural da capital paraense, revitalizar a área portuária implicava, para o governo, resgatar a visibilidade do rio, elemento importante para a fundação de Belém, e oferecer à população es-

---

3. O projeto executado foi desenvolvido e detalhado em 1997. A equipe técnica responsável pelos projetos era assim composta: arquitetura, Paulo Chaves Fernandes e Rosário Lima; desenvolvimento, Couceiro e Rubim Arquitetos Associados Ltda. e Conceição Lobato; paisagismo, Rosa Grená Kliass Planejamento e Projetos Ltda.; iluminação, Gilberto Franco, Nilson Amaral e Paulo Chaves Fernandes; ar-condicionado, Aristágoras Castro; palcos suspensos, Ademar Montenegro Delgado; programação visual, Luciano Oliveira e Paulo Chaves Fernandes; restauração de monumentos, Maria Vital G. da Rocha; arquitetura cênica e acústica, Cineplast-Cenotécnica e luminotécnica, Lúcia Chedieck (Urbinati, 2000).

paços privilegiados para manifestações culturais e artísticas. A intenção era alavancar a atividade turística em toda a região, tendo a antiga área portuária como ícone da retomada do crescimento econômico do Estado.

## O Partido Arquitetônico e Paisagístico

O complexo Estação das Docas estrutura-se de acordo com a delimitação física de cada um dos galpões e os respectivos acessos, de maneira setorizada. Os armazéns foram fechados com vidros, o que proporciona transparência para as varandas em frente à baía. O projeto privilegiou a instalação de restaurantes diversificados, sua principal atividade.

No Galpão 1, numerado como o porto original, foram instalados o Boulevard das Artes, com espaços para exposições em geral e exposição de objetos arqueológicos encontrados no local, uma cervejaria e catorze lojas de serviços. No Galpão 2, denominado de Boulevard da Gastronomia, estão os restaurantes de comida regional e internacional (italiana, japonesa), localizados no térreo – no mezanino há restaurantes e lanchonetes de *fast-food*. No Galpão 3, o Boulevard das Feiras, foram previstas as instalações de um cineteatro de 400 lugares e de um espaço reservado a feiras e exposições. Em todos os três armazéns há mezanino – dois abrigam lojas e um, o setor administrativo. Em cada prédio, abaixo do mezanino, estão os espaços de serviço, como as cozinhas e os banheiros para o público (Figura 7.6).

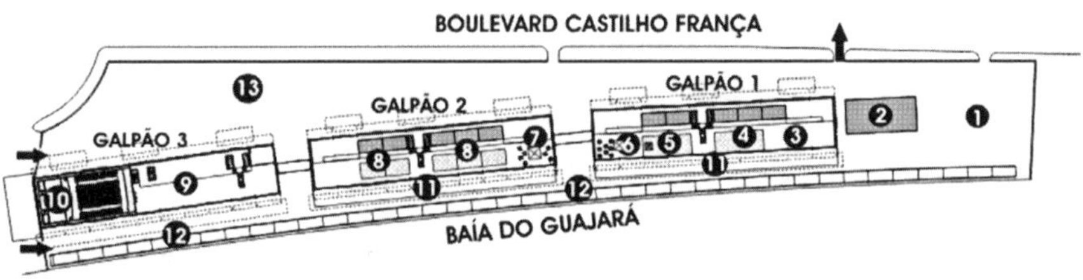


**Figura 7.6** – Planta esquemática da Estação das Docas. Fonte: Ilustração dos autores, 2004.

Nos galpões 1 e 2, os trilhos metálicos que funcionavam como rolamento dos guindastes internos, utilizados no passado para transportar carga de um extremo ao outro de cada armazém, foram adaptados para abrigar um palco destinado à apresentação de conjuntos musicais. Recuperou-se também a engrenagem de movimentação, o que tornou o palco deslizante de uma ponta a outra dos armazéns (Figura 7.7). Há ainda um quarto galpão, menor que os demais, onde está o ancoradouro para barcos que fazem passeios turísticos pela baía. Também de estrutura metálica, originalmente ele abrigava um pequeno terminal para embarcações fluviais que tinham destino à Ilha do Marajó e à Ilha do Mosqueiro. Como apoio a esse pequeno terminal, foi instalada no cais uma balsa flutuante para atracação de embarcações turísticas, batizada de Amazon River em homenagem à companhia de navegação da Amazônia de mesmo nome, pertencente ao norte-americano responsável pela construção do porto.

**Figura 7.7** – Palcos rolantes, Belém do Pará (ver p.B7). Foto: Luciana Teixeira, 2004.

A escolha de cores para os armazéns denota a necessidade de atualização da linguagem da estrutura metálica, que, embora faça parte do patrimônio e arquitetura de ferro existente em Belém, difere dos demais armazéns da cidade pela ausência de ornamentos. Os perfis metálicos originais receberam uma diferenciação cromática dos novos, a fim de permitir a identificação da intervenção. Na porção exterior voltada para a baía, a composição cromática das fachadas e dos pisos, assim como da vegetação, destaca os guindastes franceses recuperados e pintados de amarelo. Embora não tenham função alguma, os guindastes são ícones do complexo e, ao mesmo tempo que resgatam o uso original do espaço, constituem elementos paisagísticos decorativos (Figura 7.8).

Os armazéns com estrutura de ferro foram dotados de uma série de facilidades para a sua reutilização, como sistema de ar-condicionado e instalação de gás encanado. Buscou-se a inte-

**Figura 7.8** – Galpão da Estação das Docas, Belém do Pará (ver p.B7). Foto: Luciana Teixeira, 2004.

gração visual do espaço urbano externo, do espaço interno e do rio. Internamente, essa integração também foi privilegiada com a utilização de desnível para a delimitação dos espaços dos restaurantes, assim como a articulação dos prédios entre si para que bares e restaurantes pudessem ser acessados sem necessidade de deslocamentos pelo exterior.

Na parte externa dos armazéns foram encontrados vestígios arqueológicos da antiga Fortaleza de São Pedro Nolasco[4]. Quando da elaboração do projeto, em 1992, a existência das ruínas já havia sido confirmada, mas apenas durante as obras de intervenção é que estudos arqueológicos foram realizados. Dessa forma, em torno das ruínas da fortaleza, o projeto paisagístico permitiu que se rebaixasse o terreno, construindo-se assim um anfiteatro.

Outro ponto forte do partido paisagístico do projeto é a exclusividade dada ao pedestre de circular na via interna do cais. Segundo os autores do projeto, o calçadão, que tem ao fundo os antigos guindastes iluminados, é destinado ao uso lúdico e de contemplação da paisagem. O acesso dos automóveis é feito apenas na via paralela à Avenida Marechal Hermes, na qual foi criado o estacionamento, que nos fins de semana não atende à demanda do Complexo.

Após o término das obras, o conjunto arquitetônico, testemunha de uma tipologia industrial típica do fim do século XIX, foi ressaltado, despertando o interesse para o restante da área do porto. Em 2000, ele foi tombado pelo governo estadual como patrimônio histórico-arquitetônico e cultural do Estado do Pará (Figura 7.9).

## A GESTÃO DO COMPLEXO ESTAÇÃO DAS DOCAS

O custo total divulgado do projeto foi de aproximadamente R$ 25 milhões, o dobro do orçado inicialmente. Desse total, R$ 19

4. A fortaleza foi construída em 1665, em terreno à beira d'água, em frente à Igreja e Convento dos Mecedários. Tinha como função proteger a cidade e a ordem religiosa. Foi demolida, em 1841, para a construção dos antigos armazéns alfandegários, que posteriormente deram lugar aos armazéns do porto.

**Figura 7.9** – Vista geral do Complexo, Belém do Pará (ver p.B8). Foto: Luciana Teixeira, 2004.

milhões foram financiados pelo governo estadual, e R$ 6 milhões pelos empresários que exploram comercialmente o espaço. A contrapartida deste setor restringiu-se basicamente às instalações complementares para funcionamento dos restaurantes e lojas. A Companhia Docas do Pará[5], parceira oficial no projeto, apenas cedeu a área, e o governo passou a ser inquilino da administradora portuária.

---

5. A companhia Port of Pará, responsável pela construção do porto, foi encampada pela União em 1940, juntamente com a companhia de navegação Amazon River, criando o Serviço de Navegação da Amazônia e Administração de Portos do Pará (Snapp), que englobou a função e os bens das duas companhias. Em 1967, o governo federal criou duas empresas de economia mista, a Companhia Docas do Pará (CDP) e a Empresa de Navegação da Amazônia S. A. (Enasa), encarregadas respectivamente pela administração dos portos e terminais do Estado e pela exploração do transporte fluvial na bacia amazônica. A divisão atual assemelha-se à do passado, quando a Port of Pará e a Amazon River exerciam as respectivas funções (Penteado, 1973).

O complexo foi o primeiro investimento público do governo do Estado a ter sua gestão feita por uma entidade sem fins lucrativos, formado por diversos segmentos da sociedade, constituindo a "Pará 2000". A intenção segundo o governo era que, no prazo de um ano após o seu funcionamento, o complexo conseguisse se autossustentar economicamente. Entretanto, após mais de quatro anos em atividade, o investimento não deu o retorno esperado. Dessa forma, o governo foi obrigado a injetar mensalmente recursos financeiros para permitir o funcionamento do complexo e chegou a cogitar a possibilidade de assumir a administração em caráter definitivo.

A administradora portuária, com o início da implantação de seu plano de desenvolvimento e zoneamento do porto de Belém, disponibilizou para revitalização mais três armazéns contíguos à Estação das Docas. A intenção era transformá-los em um centro de convenções, a fim de atrair um público relacionado ao turismo de negócios para a cidade. De maneira improvisada, esses armazéns já assumem essa função, abrigando diversas feiras e exposições.

## O COMPLEXO VER-O-PESO

Para delimitar fisicamente o complexo do Ver-o-Peso, é necessário que se considerem diversas perspectivas. Isso porque a feira, os mercados, as lojas e as docas estão articulados a valores culturais, imagens e significados importantes para a população. O nome, Ver-o-Peso, deriva da obrigatoriedade de conferir o peso das mercadorias no porto fiscal na casa do Haver-o-Peso, a partir de 1688. Desde então, o nome foi preservado pela tradição oral paraense.

O complexo desenvolve-se em torno da doca do Ver-o-Peso, que corresponde à embocadura do antigo Igarapé do Piri, responsável durante as primeiras décadas do século XVII pelo norteamento da expansão urbana da cidade e, por muito tempo, abrigo do porto natural de Belém. A transferência do porto da margem esquerda para a margem direita do Piri foi responsável pelo surgimento da feira, sendo o lugar propício para a comercialização de todos os tipos de produto. Após o aterramento do Igarapé, a feira e o porto persistiram. Ao fim do século XIX, quando Belém começou a experimentar a sua maior transformação urbana em consequência do ciclo da borracha, o Ver-o-Peso recebeu melhorias, com aterramento de uma faixa à margem da baía e a construção definitiva da doca. Posteriormente, foram erguidos o Mercado de Ferro (de peixe) e o Mercado de Carne.

Em 1997, o tombamento federal do conjunto arquitetônico e paisagístico Ver-o-Peso e de áreas adjacentes – Praça Pedro II e Boulevard Castilhos França –, incluindo o Mercado de Carne e o Mercado Bolonha de Peixe, foi registrado nos livros de tombos como patrimônio histórico, artístico, arquitetônico, paisagístico, arqueológico e etnográfico. Nesse tombamento, descreve-se o complexo do Ver-o-Peso como sendo composto da feira livre; do Mercado de Peixe, feito de peças de ferro inglesas pré-moldadas; do Mercado de Carne, originalmente construído em 1967 e, a partir de 1908, passou por uma reforma em que recebeu um segundo pavimento e pavilhões internos de ferro fundido importados pela Companhia Walter MacFarlane, de Glasgow, na Escócia, tornando-se um importante exemplo da arquitetura *art noveau* paraense; da Praça do Relógio, assim denominada por abrigar um monumental relógio de ferro também *art noveau*; da Feira do Açaí; da Ladeira do Castelo; do Solar da Beira, construção arquitetônica neoclássica; e da Praça do Pescador, na frente ribeirinha contígua ao porto de Belém.

A relevância da doca e da feira do Ver-o-Peso foi comprovada quando, na época da construção do porto, foi poupada de aterramento e demolição – previstos nos projetos iniciais portuários –, pois, segundo os historiadores, essa região da cidade era considerada uma das mais alegres e comercialmente mais importantes da cidade. Penteado (1973, p. 78) dá destaque ao que foi visto na época de construção do porto, por volta de 1910, como "o problema da Doca do Ver-o-Peso, que, já tendo sido condenada anteriormente, foi considerada [...] necessária para o pequeno comércio".

Atualmente, o complexo é um dos cartões-postais da capital paraense, com a profusão de cores provenientes dos seus inúmeros barcos atracados na doca, combinados com a variedade de frutas e ervas encontradas na feira, servindo de pano de fundo para a manutenção das tradições culturais amazônicas e uma das maiores manifestações religiosas do Brasil: o Círio de Nossa Senhora de Nazaré, que ocorre todos os anos no segundo domingo do mês de outubro. O Ver-o-Peso, em sua condição de expressão cultural, é destacado pela prefeitura de Belém:

> A essa diversidade arquitetônica agrega-se o intenso comércio da feira tradicional que se expande, mantendo um código peculiar de aparente desorganização, mas que de fato evidencia uma impressionante dinâmica e organização própria, com seus setores e horários, frequentadores e trabalhadores, cada qual desempenhando seu papel nesse intrincado universo [...] para solidificar-se cada dia como um importante museu vivo de práticas culturais, perpetuando o ser amazônico (Belém, 2001, p. 21).

O conjunto arquitetônico do complexo é umas das grandes expressões da arquitetura de ferro no Brasil. Na feira livre, é possível encontrar uma imensa variedade de produtos, de hortifrutigranjeiros, pescados e carnes a artesanato regional, ervas e cheiros típicos da região amazônica. Por essa razão, o complexo, incluídas suas atividades, conta com um projeto para se tornar patrimônio da humanidade pela Organização das Nações Unidas para a Educação, a Ciência e a Cultura (Unesco).

Contudo, apesar da importância histórico-cultural do Ver-o-Peso, a ausência de políticas públicas que permitissem uma ordenação e manutenção do complexo acabou por comprometer seriamente as edificações históricas, sem falar das condições sanitárias de venda dos produtos alimentícios. A Praça do Pescador estava ocupada por vendedores do mercado informal e o cais na proximidade do mercado apresentava sérios problemas estruturais.

Em 1985, houve uma tentativa de reordenamento geral da feira, com a implantação de uma nova infraestrutura (água, luz e drenagem) e uma reforma restauradora do Mercado de Ferro, do Solar da Beira e da Praça do Pescador. Nessa intervenção, foi construído o Café Chique e tentou-se, sem sucesso, transformar o Solar da Beira em um restaurante voltado para uma população de média e alta renda. Além das restaurações, desobstruiu-se a Ladeira do Castelo e realizaram-se obras no cais de arrimo e na Feira do Açaí, que a partir desse momento tornou-se palco de diversas manifestações culturais. Anos mais tarde, instalou-se um entreposto pesqueiro flutuante em frente à feira, com a finalidade de melhorar as condições de venda de pescados. Por ser considerado uma barreira física ao conjunto arquitetônico do complexo, o entreposto foi retirado do local (Teixeira, 2003).

## Objetivos e Premissas do Projeto de Revitalização

Sem obras de manutenção das reformas, a situação de abandono voltou a se instaurar e passou a refletir no entorno imediato. Em sua maioria com dois pavimentos, os casarios históricos, que antes abrigavam comércio e habitação, atualmente encontram-se voltados a usos de apoio ao comércio popular, prevalecendo o uso comercial em toda a área. O comércio voltado a classes de renda mais alta não mais ocupa, como outrora, essa parte do Centro Histórico. Na década de 1990, a introdução no mercado paraense de dois shoppings centers passou a suprir essa camada da população.

Com o intuito de reverter a situação de degradação que se instalou no Centro Histórico de Belém, a Prefeitura lançou, em setembro de 1998, um edital para a convocação de um concurso nacional para projetos arquitetônicos integrados ao paisagismo e urbanismo, com enfoque turístico para a área considerada como o coração econômico do antigo Centro: o Complexo do Ver-o-Peso.

Uma vez que o Ver-o-Peso era um dos cartões-postais da cidade, os objetivos da revitalização do complexo consistiam em promover, recuperar e reabilitar socioeconomicamente toda a área, tornando-a ícone da revitalização do CHB. As principais premissas estabelecidas pelo concurso para os projetos eram: manutenção das atividades originais da feira e dos mercados, valorização das edificações históricas e melhoramento da acessibilidade ao complexo, tanto pelo turista quanto pelas populações local e ribeirinha[6]. Outra preocupação por parte da Prefeitura era resgatar a área para contemplação da paisagem e promover a apropriação pública do espaço em horários não comerciais.

## O PARTIDO ARQUITETÔNICO E PAISAGÍSTICO

O concurso público nacional foi organizado pelo Instituto de Arquitetos do Brasil (IAB), seção Rio de Janeiro, o que causou certo constrangimento para os profissionais locais, uma vez que, para realização da inscrição, entrega das propostas e mesmo consulta para dúvidas, eles deveriam submeter-se ao IAB-RJ. Talvez esse tenha sido um dos motivos para o número reduzido de inscrições de arquitetos e urbanistas paraenses. Ao todo, houve onze propostas, das quais três foram selecionadas e, por sua vez, foram aprimoradas e submetidas a uma nova seleção para, então, ser escolhido o projeto final, apresentado ao público em março de 1999. O projeto vencedor foi o elaborado pelo escritório carioca Flávio Ferreira Arquitetura e Urbanismo[7].

Antes do término do concurso, a Prefeitura iniciou, em novembro de 1998, as intervenções na área, tendo como ponto de partida a Praça dos Pescadores, não inclusa na área do concurso. As diretrizes estabelecidas pelo edital do concurso foram seguidas na reestruturação inicial da praça e o projeto, elaborado por

---

6. Uma vez que o município de Belém é formado por uma parte continental e por um arquipélago, considera-se população ribeirinha a que reside nas 33 ilhas nas proximidades da Grande Belém, que utiliza como principal meio de transporte pequenas embarcações fluviais.
7. Equipe técnica do projeto: arquitetura, Flávio Ferreira, Pedro Rivera, Rodrigo Azevedo e Washington Fajardo; restauração, Nível Arquitetura; instalações prediais e infraestrutura urbana, Addage Engenharia; luminotécnica, arquiteto José Luis Galvão; e cálculo estrutural, engenheiro Atabalipa de Andrade (Ferreira, 2001).

uma equipe técnica da própria Prefeitura. As obras, terminadas em 1999, retiraram os ambulantes lá instalados e resgataram uma área para a contemplação do rio, que passou a atrair pescadores amadores, seresteiros e umbandistas. No paisagismo, privilegiaram-se espécies regionais, identificadas com placas explicativas contendo o nome popular e o científico, além de sua utilização na cultura paraense, como forma de informação turística. Construiu-se um estacionamento e reorganizou-se a feira de artesanato, a fim de incentivar a visitação diurna e noturna. A linguagem dessa intervenção é regional, pois conta com a utilização de motivos marajoaras na balaustrada de proteção do cais e no desenho do calçamento da praça, fora a escolha paisagística de espécies locais.

As obras referentes ao projeto vencedor do concurso começaram em 2000 e, como a Prefeitura não dispunha da totalidade dos recursos financeiros para sua execução, a intervenção foi realizada por etapas, conforme a disponibilização dos recursos econômicos. A primeira fase de obras terminou em fevereiro de 2001 e restringiu-se à área da feira destinada à venda de hortifrutigranjeiros e ervas. As antigas barracas de madeira dessa parte da feira foram substituídas por novas, de estruturas metálicas e cobertura de lona tencionada. Os novos materiais utilizados procuraram imprimir uma linguagem contemporânea à intervenção. Além da padronização das barracas, foram realizadas obras de restauração das fachadas do Mercado de Ferro, com a retirada de placas e lonas que escondiam os ornamentos arquitetônicos *art nouveau* da estrutura metálica. Internamente, o Mercado também recebeu obras de manutenção. A segunda etapa de obras iniciou-se em março de 2001 e interveio no restante da feira, que foi provisoriamente remanejada para a via pública, com todo o trânsito sendo desviado para uma rua próxima. Nessa etapa, inaugurada em outubro de 2002, foi restaurada a edificação neoclássica do conjunto, o Solar da Beira. Ambas as etapas compreendiam obras infraestruturais, principalmente de drenagem e manutenção do cais.

O desenho das barracas para a venda de produtos na feira sofreu modificações marcantes em seus aspectos funcionais e formais. Segundo um relatório da Prefeitura, pesquisas feitas por ocasião do concurso apontaram para a utilização de barracas construídas mantendo-se um módulo central descoberto, em oposição à organização contínua das barracas anteriores. Antes da intervenção, tanto as barracas como as circulações eram totalmente cobertas, o que dava ao local um aspecto desagradável e causava desconforto aos usuários. O centro de cada módulo é dotado de um poste de iluminação e, nos encontros desses módulos, há aberturas para captação de águas pluviais. As barracas agora são alojadas sob tendas cujas coberturas apresentam desenho contemporâneo próprio da linguagem de construções leves utilizada em pavilhões de exposição. O material empregado é de tecido sintético, branco e semitranslúcido, e as tendas foram desenhadas acima da cobertura principal, inspiradas em uma espécie de lanternim[8] (Figuras 7.10 e 7.11). Segundo Belém (2001, p. 27):

> Dessa forma, a luz solar e a luz artificial durante a noite vêm do mesmo lugar. O resultado é um espaço amplo e arejado, com um sombreado tênue devido ao material translúcido da tenda, com manchas de sol no centro dos módulos.

Ainda que para isso tenham sido recorrentes as controvérsias quanto à diminuição do número de feirantes no local.

O desenho das barracas e o material adotado foram planejados de forma a contrastar com as edificações históricas do entorno. O projeto manteve-se alerta para que as novas coberturas não ultrapassassem a altura das bandeiras do Mercado de Ferro e para que a cor escolhida (branco) interferisse o menos possível na leitura da edificação. Em virtude do alto índice de chuvas e vento, não previsto no sistema estrutural, o projeto sofreu diversas alterações – é possível ver soluções informais, adotadas pelos usuários, relativas ao escoamento das águas pluviais.

---

8. Lanternim: "telhado sobreposto nas cumeeiras, que permite a ventilação de grandes salões, oficinas etc." (Ferreira, 1999, p. 1186).

**Figura 7.10** – Lanternins do "Ver-o-Peso", Belém do Pará. Foto: Luciana Teixeira, 2004.

A etapa seguinte da obra seria a reestruturação da Feira do Açaí. A área é o local onde tradicionalmente aportam os fornecedores de açaí do interior do estado para a capital. Nos horários sem movimento de venda de açaí, ocorriam manifestações culturais. Com a deterioração do espaço, e por causa da falta de segurança local, a área perdeu os usuais frequentadores que garantiam animação por um período maior. Por conta disso, foram previstas obras de melhoria da infraestrutura e instalações para o funcionamento da Vigilância Sanitária no prédio do antigo necrotério, localizado na confluência da Doca do Ver-o-Peso com a Feira do Açaí, próxima ao Forte do Castelo (Figura 7.12). Contudo, essas melhorias não foram realizadas, e a Feira continua um local inseguro e sem uso durante o período noturno, permanecendo apenas o uso de principal porto para chegada do açaí vindo das ilhas.

**Figura 7.11** – Barracas da Feira do "Ver-o-Peso", Belém do Pará, com o mercado ao fundo (ver p.B9). Foto: Luciana Teixeira, 2004.

## A GESTÃO DO COMPLEXO DO VER-O-PESO

A obra de revitalização do Ver-o-Peso foi escolhida pela população, por meio das assembleias públicas do Orçamento Participativo[9], como prioritária. As etapas do projeto do concurso para revitalizar uma área de aproximadamente 12.000 m$^2$ e padronizar setecentas barracas custaram cerca de R$ 14,5 milhões. Esses recursos foram todos provenientes do setor público, sem a participação direta do setor privado.

Logo após as intervenções, os feirantes se organizaram em um condomínio para gerenciar a feira. Durante as obras, foram ministrados cursos de capacitação em que se abordavam relações interpessoais, higienização, manipulação de alimentos, patrimônio histórico, legislação e educação ambiental. A intenção era que

9. Disponível em: http://www.belem.pa.gov.br. Acessado em: 23 out. 2002.

**Figura 7.12** – Vista geral da feira do Açaí (em obras). Ao fundo, o Mercado de Ferro (ver p.B9). Foto: Luciana Teixeira, 2004.

os cursos melhorassem o atendimento à população e que o envolvimento dos feirantes na recuperação e administração da feira ajudasse na manutenção das obras. O setor privado manifestou interesse em participar ao organizar com a Prefeitura grandes mutirões para a lavagem periódica da calçada da Doca.

Embora o edital do concurso citasse a possibilidade de revisão da legislação urbana vigente e tivesse uma proposta para sinalização turística internacional, melhoria no sistema viário e otimização de fluxos, nenhum desses pontos foi atendido pelo projeto implementado.

Sobre a revitalização do Ver-o-Peso, além do próprio Projeto Boulevard, a Prefeitura atuou na reestruturação do Centro Comercial ao intervir em um dos mais importantes eixos do centro velho, a Rua João Alfredo. Denominado Via dos Mercadores, antigo nome da rua, o projeto[10] consistiu na implantação de trilhos para bondinhos de circulação exclusiva no centro; redesenho viário com alargamento das calçadas, para permitir a permanência dos ambulantes que atualmente ocupam a via; padronização das bancas de vendas desses ambulantes; revitalização da Praça das Mercês, com a tentativa de retirada dos ambulantes que ocupavam o local. Os novos equipamentos que foram implantados seguem a linha de intervenção contemporânea do Ver-o-Peso, inclusive com a utilização dos mesmos materiais, como a lona tencionada branca.

Outro elemento relevante do projeto Via dos Mercadores a ser destacado é a reestruturação na infraestrutura urbana. Houve a troca do sistema de iluminação e o cabeamento elétrico e telefônico passou a ser subterrâneo. Inicialmente, ficou acordada uma contrapartida privada nesse projeto, segundo a qual os proprietários dos imóveis se comprometeram a restaurar as fachadas dos prédios e retirar as placas de propaganda, que atualmente contribuem para a poluição visual do conjunto arquitetônico.

Contudo, a tentativa de reestruturação desse eixo importante para o Centro Histórico não contou com a vontade política necessária para dar suporte ao projeto. Os ambulantes permaneceram no local e descaracterizaram por completo a intervenção proposta. Em consequência, esse quadro contribuiu para desestimular os proprietários das edificações da João Alfredo em promoverem a limpeza visual da via e mesmo a restauração das fachadas, como havia sido acordado. Essas iniciativas são pontuais ao longo da via.

## CONSIDERAÇÕES FINAIS

Embora os complexos Estação das Docas e Ver-o-Peso estejam localizados nas proximidades, apresentem os mesmos condi-

---

10. Projeto de autoria do escritório Meia.dois.nove – Arquitetura & Consultoria. Arquitetos: José Maria Coelho Bassalo, Flávio Campos e Cristóvão Duarte.

cionantes locacionais e sejam considerados exemplos de intervenções de resgate do acesso visual ao rio e da utilização pública da orla pela cidade, suas premissas, como justificativa de intervenção, contrastam com objetivos voltados à inserção de ambos em ideais políticos distintos, tendo em comum as referências à atividade turística. O Projeto Revitalização do Ver-o-Peso está voltado, segundo a municipalidade, para o resgate cultural ribeirinho e para a inclusão social do trabalho realizado com os comerciantes originais da feira, sendo o turismo consequência dessa qualificação. Não se pretende alterar a dinâmica da feira, e sim melhorar a infraestrutura e as condições de participação dos grupos de trabalhadores no processo de decisão política.

O projeto Estação das Docas foi considerado, por seus idealizadores, como um dos "projetos estruturantes" do governo estadual, com base na realização de grandes equipamentos e obras de infraestrutura voltados, sobretudo, para a transformação de Belém em "polo de irradiação turística" (Companhia Paraense de Turismo – Paratur, 2001) – o que é evidenciado pela busca da localização de equipamentos que possam oferecer a infraestrutura necessária à prestação de serviços relacionados ao turismo e lazer. O turismo é pensado como negócio e visto como parte dos esforços para mudar a base produtiva do Estado, ou seja, trocar o extrativismo[11] pelo turismo. Segundo dados da Paratur, em 2000 o Pará tinha cerca de 446 mil turistas/ano, dos quais apenas 26 mil eram estrangeiros. Em 2011 esses números aumentaram para 655 mil turistas/ano, dos quais 58 mil eram estrangeiros, um incremento médio de 8% ao ano, enquanto o turismo nacional aumentou 4% ao ano no mesmo período (Paratur, 2011).

Em que pesem as considerações dos discursos políticos, ao se examinar cada uma das soluções arquitetônicas percebe-se quanto o projeto de arquitetura, não necessariamente vol-

---

11. Historicamente, a base de sustentação econômica do Estado do Pará foi o extrativismo, primeiramente o vegetal (borracha, madeira, frutas etc.) e atualmente o mineral (ferro, bauxita, água etc.)

tado à restauração, dialoga com tais objetivos políticos. Há similaridades no tratamento contemporâneo dado aos espaços interiores e exteriores, principalmente nos materiais utilizados, porém a arquitetura dos espaços é fonte de diferenças capazes de torná-los de difícil assimilação pelo entorno e pelo restante da cidade, uma vez que não trazem preocupações de integração de usos com o restante decadente do centro.

Quanto à repercussão dos projetos no entorno, ainda que pequena, pode-se dizer que há o reconhecimento de que as intervenções trouxeram melhorias para os espaços mais significativos da cidade. Mesmo que o cidadão comum não se sinta à vontade para frequentar os restaurantes da Estação das Docas ou que não vá ao Ver-o-Peso pela falta de segurança, é inegável que os dois complexos têm posição forte na formação da identidade local, independentemente de se tornarem espaços de uso efetivo.

Com base no edital do concurso, a natureza do projeto para intervenção na área do Ver-o-Peso não priorizou a requalificação urbana do espaço e entorno, mas apenas a intervenção arquitetônica. Isso pôde ser verificado quando da conclusão das obras da feira, uma vez que a área manteve-se com os mesmos problemas relacionados à sua inserção na vida da cidade, ou seja, trânsito demais e falta de ação mais direta na circulação viária. Até hoje, mesmo com as indicações existentes no Plano Diretor Urbano de Belém para a desconcentração de atividades, o Ver-o-Peso, assim como todo o Centro Histórico, concentra usos comerciais e institucionais.

Apesar das dificuldades para se consolidarem no entorno, ainda como parte do discurso das "janelas para o rio", os projetos têm tido um efeito, digamos, didático para o planejamento urbano da cidade. Os projetos apresentados foram parte de uma vontade política de reestruturação da orla de Belém, concentrados no CHB. Teoricamente, visavam auxiliar a revitalização do centro. Levando-se em consideração as deficiências no planejamento urbano da cidade, após a implantação dos projetos houve a formulação de planos para o CHB e a orla da cidade (Belém, 2000; Unesco, Prefeitura de Belém, TC/BR, s.d.)[12].

Enquanto o projeto de revitalização do Ver-o-Peso evitou propostas elitizantes, respeitando o uso existente e a população que o frequenta, na proposta para a área do antigo porto ocorre o contrário, com a construção de um equipamento dotado das facilidades de um shopping center à beira d'água e voltado essencialmente para o turista. Contudo, como a cidade ainda não possui um fluxo turístico que dê sustentabilidade econômica a projetos voltados exclusivamente a esse fim, pode ocorrer a inviabilização do investimento ou a manutenção econômica por parte do governo. Faz-se necessária a articulação de políticas públicas locais e nacionais por meio de projetos turísticos globais e incentivos ao turismo interno no país.

Outro aspecto é o caráter pontual que os empreendimentos possuem. Além da falta de planejamento para o entorno dos prédios, com possíveis benefícios para o CHB, há ainda o desencontro de políticas públicas, o que acarreta problemas quanto à gestão urbana do espaço realizada de forma individual e sem a integração institucional, havendo casos de superposição de esferas governamentais (tombamentos federais, municipais e estaduais). Afora isso, os planos urbanos citados anteriormente não se concretizaram em mecanismos legais capazes de controlar as futuras intervenções na área. Some-se a esse quadro administrativo a falta de articulação entre o setor público e o privado, que faz com que este último, na condição de demandante, não participe ativamente dos projetos. Talvez essa seja uma das possíveis causas dos problemas econômicos após a fase de instalação.

---

12. O Plano de Reestruturação da Orla de Belém (PRO Belém), como o próprio nome explicita, procura a reorganização funcional da orla do município, priorizando a abertura de janelas da cidade para o rio, o que torna a orla acessível à população. O Plano Setorial de Revitalização do Centro Histórico de Belém (Unesco, Prefeitura de Belém, TC/BR, s.d.) prevê o desenvolvimento de dispositivos de planejamento para a reabilitação sustentável do CHB, estabelecendo diretrizes e parâmetros para a reestruturação da área, maximizando suas potencialidades.

Não se pode deixar de concluir que, ao menos em termos formais, os projetos aqui demonstrados revelam a vontade política de alterar a situação de abandono e degradação do Centro, contando na maioria dos casos com estudos de continuidade das intervenções, mesmo que isoladamente. Os projetos têm, sim, contribuído para o turismo na cidade, para a preservação de prédios de valores históricos importantes e, no caso do Ver-o-Peso, para a manutenção de valores culturais e costumes da região. A valorização da frente ribeirinha na área central da cidade por parte do setor público despertou o interesse do setor imobiliário, que lança imóveis nas proximidades do Centro Histórico com "vista para a baía", e a cidade começa a se voltar para os rios. Apesar de não trazerem benefícios diretos para o entorno dos empreendimentos. Entre erros e acertos, as intervenções são definitivamente emblemáticas do momento político-econômico de dependência pelo qual ainda passam a cidade e a região, mesmo em meio à vinculação dos projetos ao processo de globalização da economia.

## Desdobramentos recentes

Um olhar recente sobre o desempenho dos projetos de requalificação analisados neste capítulo permite tecer algumas considerações sobre os seus desdobramentos.

Com relação ao complexo Estação das Docas, a sua condição de primeiro investimento público do governo do Estado a ter sua gestão feita por uma entidade sem fins lucrativos, constituindo a Pará 2000, cuja intenção era buscar a autossuficiência das empresas no prazo de um ano após o início de seu funcionamento, continua sem se concretizar depois de mais de dez anos em atividade.

Nesses treze anos de operação houve restaurantes que saíram e foram substituídos por outros que originalmente não existiam. A inadimplência foi o resultado dessa flutuação no movimento dos restaurantes instalados no complexo. A direção da Pará 2000 esteve sujeita à interferência política na escolha do gestor, tornando a gestão ainda menos técnica e, portanto, mais suscetível ao insucesso econômico do empreendimento.

A intenção da administradora portuária de incorporar mais três armazéns contíguos à Estação das Docas, com a finalidade de transformá-los em um centro de convenções para o turismo de negócios, também fracassou.

Em 2005, o Governo do Estado iniciou a construção de um Centro de Convenções, Hangar Centro de Convenções e Feiras da Amazônia, em outro ponto da cidade. Composto por um Pavilhão de Feira com 8.500 m², salão de festa para mais de mil pessoas, auditório para até 2.500 lugares, salas multiuso e grande parque de estacionamento[13]. O pavilhão principal aproveitou uma estrutura metálica existente de um antigo hangar pertencente à aeronáutica. Esse empreendimento, também administrado pela mesma Pará 2000, culmina uma série de ações da gestão estadual responsável pela intervenção do Estação das Docas, tendo como objetivo principal alavancar o turismo na região, mesmo que seja o turismo de negócios.

Ainda em 2005, outro empreendimento de iniciativa do Estado foi inaugurado, o Mangal das Garças. O parque naturalístico foi resultado de uma intervenção em cerca de 40.000 m² às margens do Rio Guamá, em área contígua ao Centro Histórico. O Mangal, como o próprio nome diz, era uma área alagada, com predominância de uma vegetação típica chamada de aninga. O complexo é composto por equipamentos de lazer, trapiche, restaurante, farol com mirante, lagos, áreas com aningal preservado, aves, borboletário e orquidário. O parque se transformou, com os demais projetos citados anteriormente, em um ponto de referencia no roteiro turístico da cidade.

Ainda que timidamente, desde a inauguração do Complexo Estação das Docas tem ocorrido certo aumento no turismo de negócios e eventos, intensificado após a inauguração do Hangar

---

13. Disponível em: http://www.hangarcentrodeconvencoes.com.br/. Acessado em: 08 maio 2013.

Centro de Convenções e Feiras da Amazônia (http://hangarcentrodeconvencoes.com.br).[14] O aumento do número de empreendimentos hoteleiros recentemente construídos na cidade também pode se apresentar como um indicativo desse aumento.

De qualquer forma, o que se verifica é a falta de articulação espacial dos projetos a fim de que as melhorias nos espaços destinados a atividade turística repercutam de alguma forma na área de entorno. Além disso, o foco das intervenções saiu da área central e da orla da cidade, o que enfatiza o caráter pontual do Complexo Estação das Docas.

Diferentemente de outras intervenções em orlas próximas a centros históricos, a de Belém não mostra uma relação direta com o avanço do mercado imobiliário no seu entorno imediato.

Outro dado relevante, no início de 2012, foi o lançamento do edital para a contratação de uma empresa que se responsabilizasse pela desmontagem e catalogação de dois galpões (números 10 e 11). A intenção era remontá-los em outra área, longe da planta portuária, e assim liberar área para aumentar o pátio de contêineres do porto. Foi grande a mobilização da sociedade e do órgão estadual de proteção do patrimônio cultural contra tal medida, culminando em uma ação popular e uma recomendação do Ministério Púbico Federal[15] contra a desmontagem dos armazéns, o que até o momento não ocorreu.

Tal ação demonstra, mais uma vez, a mudança de atitude em relação à área central da cidade. Se antes o porto era considerado obsoleto, e a intenção era desativá-lo aos poucos, procurando inclusive novas áreas para implantação de nova estrutura portuária, agora a intenção é de reestruturá-lo e, dentro do possível, adaptá-lo às atuais configurações desse modal de transporte, com a ampliação do parque de contêineres. Vale ressaltar que o crescente

---

14. Em 2013 a Estação das Docas, o Mangal das Garças e o Hangar tiveram quase 3 milhões de visitantes. Disponível em: http://www.agenciapara.com.br/noticia.asp?id_ver=66897#. Acessado em: 14 jan. 2014.

15. Disponível em: http://www.prpa.mpf.gov.br/news/2012/arquivos/Recomenda_CDP_Galpoes.pdf. Acessado em: 08 maio 2013.

transtorno gerado no trânsito da região central da cidade, pela entrada de carretas e veículos pesados para fazer a integração do transporte fluvial com o terrestre torna qualquer projeto naquela área objeto de grande controvérsia.

No que se refere ao complexo do Ver-o-Peso, foi realizada a restauração do Mercado de Carne Francisco Bolonha, obra de atuação do Programa Monumenta do Governo Federal, financiado pelo Banco Interamericano de Desenvolvimento (BID). As obras tiveram início em 2007, e o mercado foi reaberto ao público ao final de 2011. Segundo a Prefeitura de Belém, custou mais de R$ 5 milhões[16], e incluiu a restauração da cobertura e forro, substituição dos pisos e instalações elétricas e hidrossanitárias, substituição de algumas peças metálicas e de madeira e a inserção de banheiros, inclusive adaptados e um elevador destinado a portadores de necessidades especiais. A restauração do prédio devolveu ao complexo do Ver-o-Peso o seu mercado de carne, onde ainda prevalecem mais de 50% da estrutura metálica original em estilo *art nouveau*, agora adequado às normas da Agência Nacional de Vigilância Sanitária (Anvisa), com 92 boxes na área interna, 22 na área externa e 23 salas no piso superior.

Um dos pontos relevantes das intervenções no complexo, é que foram mantidos os usos e usuários do espaço. Houve uma tentativa de atração de novos frequentadores (classe média e turistas), mas sem a expulsão dos moradores. Contudo, a característica do uso original como mercado e feira livre demanda uma continuidade do processo de manutenção, exigindo constante atenção por parte das políticas públicas.

Finalmente, cabe apontar que, embora o Complexo Estação das Docas tenha passado a integrar o roteiro de atrações turísticas da cidade e o Complexo Ver-o-Peso tenha recebido intervenções com o intuito de reforçar um caráter de ponto obrigatório de visitação na capital paraense, não há garantia de acréscimo no

16. Disponível em: http://www.belem.pa.gov.br/app/c2ms/v/index.php?id=1&conteudo=3729. Acessado em 08 maio 2013.

tempo de permanência de turistas na cidade para que seja possível associar o objetivo dos projetos aos resultados alcançados: o aumento da demanda turística.

## REFERÊNCIAS

BELÉM. Fundação Cultural do Município de Belém. Prefeitura Municipal de Belém. *Lei do Plano Diretor n. 7.603, de 13.01.1993*. Dispõe sobre o Plano Diretor do Município de Belém e dá outras providências.

______. Prefeitura Municipal de Belém. *Edital do concurso de restauração dos edifícios do complexo do Ver-o-Peso e revitalização e melhoria das áreas contíguas*. Belém, Instituto Herbert Levy, 1998. CD-ROM.

______. Secretaria Municipal de Urbanismo. *Plano de Reestruturação da Orla de Belém (PRO Belém)*. Belém, dez. 2000.

______. Prefeitura Municipal de Belém. *Ver-o-Peso: Uma proposta de reabilitação*. Belém, 2001.

BRASIL. Estatuto da Cidade. *Lei n. 10.257, de 10.06.2001*. Regulamenta os arts. 182 e 183, da Constituição Federal, estabelece diretrizes gerais da política urbana e dá outras providências.

CHAVES, Paulo; LIMA, Rosário. Estação das docas. In: *Revista Traços*. Belém, v. 4, n. 7, mar./2001. p. 14-6.

______. Memorial projeto complexo de lazer e turismo. Belém, 1992, mimeo.

[CDP] Companhia Docas do Pára. Petcon. *Plano de desenvolvimento e zoneamento dos portos de Belém e Vila do Conde*. Belém, v. A e B, 1999.

DEL RIO, Vicente. Voltando às origens: a revitalização de áreas portuárias nos centros urbanos. In: *Revista Eletrônica Arquitextos*, texto especial 91, ago. 2001. Disponível em: http:www.vitruvius.com.br/arquitextos. Acessado em 20 ago. 2001.

FERREIRA, Aurélio Buarque de Holanda. *Novo Aurélio Século XXI: o Dicionário da Língua Portuguesa*. 3. ed. rev. e ampl. Rio de Janeiro: Nova Fronteira, 1999.

FERREIRA, Flávio. *Projeto "Ver-o-Peso"*. Apresentação multimídia do projeto à Prefeitura Municipal de Belém. Belém, jan. 2001. CD-ROM.

GAULD, Charles Anderson. *The last titan: Percival Farquhar, American entrepreneur in Latin America*. Califórnia: Stanford University, 1964.

[IBGE] INSTITUTO BRASILEIRO DE GEOGRAFIA E ESTATÍSTICA. *Censo demográfico 2000: primeiros resultados da amostra*. Rio de Janeiro, IBGE, 2002. CD-ROM.

LIMA, José Júlio. A experiência de Belém. *Paper* apresentado no Seminário Internacional Reabilitação Urbana de Sítios Históricos, Brasília, 2002.

O LIBERAL. Júri analisa projetos do 'Ver-o-Peso'. *Belém*, 8/1/1999. Disponível em: http://www.oliberal.com.br/arquivo/noticia/atualidade/n080199index2.html. Acessado em 18 jun. 2002.

______. Prefeitura revitaliza o 'Ver-o-Peso'. *Belém*, 20/8/1998. Disponível em: http://www.oliberal.com.br/arquivo/noticia/atualidade/n200898artigos.htm. Acessado em: 18 jun. 2002.

[PARATUR] COMPANHIA PARAENSE DE TURISMO. Plano de desenvolvimento turístico do estado do Pará. out./2001. Disponível em: http://www.paratur.pa.gov.br. Acessado em: 28 fev. 2003.

______. Plano Ver-o-Pará: Plano Estratégico de turismo do Estado do Pará 2012-2020. Relatório Executivo. Nov./2011. Disponível em: http://www.setur.pa.gov.br/sites/default/files/pdf/plano_ver-o-para.pdf. Acessado em: 27 abr. 2014.

PARÁ. Secretaria Executiva de Cultura. *Certidão de Tombamento do Conjunto Arquitetônico e Paisagístico do Porto de Belém*. Registra no livro de tombo n. 2 – Livro de Bens Arqueológicos e Antropológicos – e no livro de tombo n. 3 – Livro de Bens Imóveis de valor histórico, arquitetônico, urbanístico, rural, paisagismo, como: obras, cidades, edifícios e sítios urbanos e rurais.

PENTEADO, Antonio Rocha. *O sistema portuário de Belém*. Belém: Universidade Federal do Pará, 1973 (Coleção Amazônica, Série José Veríssimo).

REVISTA AU (Arquitetura e Urbanismo). Pela memória de Belém. 2003. p. 18.

SILVA, Geraldo Gomes. *Arquitetura de ferro no Brasil*. São Paulo: Nobel, 1985.

TEIXEIRA, Luciana G. *Intervenções em áreas portuárias e revitalização urbana: o caso da zona portuária de Belém do Pará*. São Paulo, 2003. Dissertação (Mestrado). Faculdade de Arquitetura e Urbanismo. Universidade Presbiteriana Mackenzie.

[UNESCO] ORGANIZAÇÃO DAS NAÇÕES UNIDAS PARA A EDUCAÇÃO, A CIÊNCIA E A CULTURA; PREFEITURA DE BELÉM, TECNOLOGIA E CONSULTORIA (TC/BR). *Ver Belém. Plano setorial de revitalização do centro histórico de Belém*. Belém, s.d.

URBINATI, Aldo. Porto da Cultura. *Revista Projeto e Design*, n. 248, out./2000. Disponível em: http://www.arcoweb.com.br/arquitetura/arquitetura89.asp. Acessado em: 26 jan. 2003.

# 8

# Mercado municipal de Aracaju: o reforço da tradição local e o resgate da paisagem urbana do centro histórico

*Ana Luiza Prata Libório*
*Gândara Jr.*

Durante o século XIX, com o surgimento de novas demandas urbanas, a cidade colonial de São Cristóvão já não atendia às necessidades funcionais de uma Capital de Província. Decide-se, então, por sua transferência para um sítio mais apropriado e com maior capacidade portuária. Em 1855, foi fundada a nova capital, implantada nas proximidades do povoado "Santo Antônio do Aracaju" (daí a origem do seu nome), nas margens do rio Sergipe, em uma região de dunas e manguezais. Criada por decreto e com suas funções definidas, a cidade foi projetada com base no traçado ortogonal, conforme determinava o urbanismo da época, pelo engenheiro Sebastião Pirro. Inicialmente, apenas parte do plano foi implantada e ficou conhecida como "Quadrilátero de Pirro", onde foram edificados o Palácio do Governo, com suas respectivas praças, uma igreja, alguns prédios públicos e residências. Mais ao norte, instalaram-se o porto e, posteriormente, a ferrovia.

Com a consolidação política da capital[1], foram iniciadas, entre 1922 e 1926, as grandes construções privadas, marcadas pela modernização e pela República, que hoje constituem o patrimônio histórico edificado da cidade.

Registros históricos de 1864 revelam a preocupação do governo provincial em edificar um mercado público na nova capital. Uma casa de propriedade da Associação Sergipana de Beneficência, situada na esquina da Rua da Aurora (atual Avenida Rio Branco) com a Rua de Laranjeiras, sediou o mercado público durante muitos anos, ao mesmo tempo em que ocorriam feiras livres nas ruas e praças da cidade.

Apesar das tentativas anteriores para a construção de um mercado público, somente em 1923 o engenheiro Adolfo Freire de Carvalho projetou a obra e conseguiu aprovar seu financiamento pelo governo do Estado. Em 5 de fevereiro de 1924, foi lançada, na Praça da Estação, a pedra fundamental para a construção do mercado. Esse local foi escolhido por causa da proximidade do porto e da estação ferroviária. Em 1925, entretanto, as obras foram paralisadas e, apenas mais tarde, retomadas pelo novo intendente, por intermédio de empréstimo e arrendamento entre o governo provincial e o capitalista Antônio Franco. O engenheiro Artur Araújo realizou modificações no projeto original e, em 8 de fevereiro de 1926 finalmente foi inaugurado o Mercado Modelo Antônio Franco.

Nos anos 1940, o desenvolvimento da capital e o crescimento da feira do Aracaju determinaram a necessidade da construção de mais um mercado, já que o Mercado Modelo Antônio Franco passou a ser insuficiente para a cidade que despontava. O Mercado Auxiliar Thales Ferraz foi inaugurado em 1949, também na praça da estação ferroviária, na época denominada Praça 24 de Outubro, e seu nome homenageou o engenheiro Thales Ferraz, uma personalidade sergipana.

---

1. Aracaju, a capital do Estado de Sergipe, possui hoje aproximadamente 580 mil habitantes.

A estação ferroviária e o porto foram desativados e, em oposição, consolidou-se o comércio varejista na área. O trapiche portuário, em frente aos mercados, passou a abrigar o comércio dos produtos hortifrutigranjeiros. Em 1976, um vendaval o destelhou, e o comércio hortifrutigranjeiro foi transferido para a lateral norte do Mercado Thales Ferraz, conhecida posteriormente como "a rampa da feira", que se tratava de fato de fundações do prédio da estação ferroviária que também fora demolido. Sobre as fundações da antiga estação, entre 1979 e 1980, foi edificado o Mercado Hortifrutigranjeiro Leite Neto, com o objetivo de organizar a rampa da feira. O projeto, no entanto, tinha deficiências de ventilação e principalmente de iluminação, o que acarretou o desinteresse da feira de hortifrutigranjeiros em ocupá-lo. Dessa forma, a feira de Aracaju acabou consolidando-se nas ruas, calçadas e sarjetas (Figura 8.1).

**Figura 8.1** – Feira na Rua Santa Rosa. Foto: Jairo Andrade, pertencente ao acervo de Ana Libório, 1987.

Portanto, o conjunto do Mercado Municipal de Aracaju (Figura 8.2) constituía-se de três edificações: o Mercado Modelo Antônio Franco, o Mercado Auxiliar Thales Ferraz e o Mercado Hortifrutigranjeiro Leite Neto, além de uma intrincada e consolidada rede de barracas de alvenaria de tijolos (no Largo Manoel M. Cardoso, na Avenida Coelho e Campos), e barracas de madeira fixas (no Largo Major Mizael Mendonça, na Avenida Otoniel Dórea e na Rua Santa Rosa), todos próximos aos pontos de transportes urbanos, à antiga rodoviária e ao transporte hidroviário.

**Figura 8.2** – Conjunto dos mercados durante a obra (Mercado Municipal – Antes) (ver p.B10). Foto: Marcel Nauer. Simulação virtual: Adauto Machado.

Apesar de o espaço parecer caótico na descrição, sua integração e continuidade espacial entre os prédios e as barracas eram completas – tudo parecia um só edifício, em consequência da configuração da ocupação e da construção periódica de ampliações. Vale lembrar que esse conjunto de edificações informais impedia a visualização dos edifícios históricos.

De vocação comercial, a área consolidou-se como importante ponto de comercialização atacadista e de negócios. Durante as décadas de 1980 e 1990, o caos da ocupação das ruas foi ampliado pela inexistência de manutenção dos edifícios, pela gestão municipal populista e pela ocupação externa desenfreada que passou a interferir no dia a dia da cidade, obstruindo o trânsito e tornando difícil a circulação dos pedestres, razões para o agravamento do quadro de degradação urbana.

As transformações econômicas ocorridas no último quartel do século XX também geraram em Aracaju uma nova economia de mercado. Criou-se outro centro financeiro nas proximidades da área institucional (Praça Fausto Cardoso), e a área do mercado ficou entregue à própria sorte. Nesse espaço, consolidou-se o "comércio popular"[2] da cidade, que gira em torno do fluxo de pessoas frequentadoras do mercado. Misturados aos tabuleiros, camelôs, ambulantes e cesteiros disputavam o freguês em um clima que remontava à ideia de cidade como centro de troca, compra e venda de mercadorias.

## O ENTORNO DOS MERCADOS

A área dos mercados reúne prédios monumentais de arquitetura estilisticamente definida, inseridos em um conjunto urbano de arquitetura vernacular de proporções modestas, mas representativas de várias épocas. São construções de todas as décadas de 1920 a 1970, intimamente ligadas às atividades do mercado.

As edificações são, em sua maioria, ecléticas e têm características tipológicas similares, nas quais a volumetria é harmoniosa (Figuras 8.3 e 8.4). Possuem em torno de um a dois pavimentos, exceção feita a algumas inserções mais recentes, como as torres

2. O mercado possuía, antes da obra, 4.675 pontos, considerando-se nesse número as famílias cujos membros participam do negócio. Segundo o "Diagnóstico socioeconômico do Mercado Municipal de Aracaju", realizado pela socióloga Maria das Graças Vargas de Aguiar, em 1990, circulavam pela área aproximadamente 5.000 pessoas por dia. A grande maioria dos feirantes foi criada no mercado, trabalhando com os pais, morava e tinha atividades de lazer nas proximidades.

**Figura 8.3** – Edifícios do entorno do mercado. Lateral da Associação Comercial de Sergipe (ver p.B10). Foto: Ana Libório, 2000.

da década de 1960, e grande parte encontra-se encoberta por letreiros e placas metálicas. Sob essa confusão visual, porém, elas vêm preservando um dos mais importantes acervos arquitetônicos da cidade. Apesar do dinâmico processo de transformação, comum em áreas comerciais, ainda são reversíveis à intervenções físicas, principalmente as dos letreiros fixados nos imóveis.

O estado de conservação das edificações ao redor do conjunto dos mercados é bom, e o seu maior trunfo é continuar gerando empregos e renda. Diferentemente de outros exemplos de centros históricos, a arquitetura em Aracaju de modo geral continua viva e relativamente conservada, por causa da permanente vitalidade do comércio.

Os grandes perigos são:

- As demolições para a incorporação de lotes para ampliação das lojas e criação de estacionamentos;

**Figura 8.4** – Associação Comercial Empresarial (Acese) de Sergipe, latetal da antiga capela do colégio Nossa Senhora de Lourdes Foto: Jade Libório, 2014.

- Um Código de Obras e Urbanismo de inspiração modernista, que, com sua exigência de recuo e criação de galerias, destrói o tecido urbano.

As exigências desse código facilitam intervenções como a renovação urbana e colocam em constante risco a preservação do acervo.

## ANTECEDENTES DO PROJETO

A área de influência das atividades do mercado central foi a que mais preservou a pátina do tempo e a que se tornou passível de recuperação em Aracaju. Além do valor histórico das edificações, destaca-se a importância socioeconômica dos mercados nas cidades, os quais, com o advento dos supermercados e lojas de conveniência, passaram à categoria de pitorescos. Os mercados mostram a alma de uma cidade: o que ela produz, consome, comercializa e barganha.

Por causa da profusão e da variedade de produtos regionais e do artesanato local, os mercados são normalmente visitados por turistas de todas as partes do mundo. Na Europa, vários deles são famosos não só pela arquitetura, mas também pela riqueza de relações que lembram a função original das cidades: o comércio. O Nordeste do Brasil é conhecido por seus mercados e por suas feiras livres, famosas internacionalmente.

A simbologia intrínseca a todos os mercados estava carregada de significados na grande feira existente no conjunto do Mercado Municipal de Aracaju, mas toda essa riqueza cultural encontrava-se submersa no caos da ocupação clandestina, a ponto de ninguém perceber que se tratavam de três edifícios, conforme mencionado anteriormente.

A proposta de projeto para a preservação desse conjunto foi iniciada com base em um trabalho de monografia de 1990, no Curso de Especialização em Conservação e Restauração de Monumentos e Conjuntos Históricos (VII CECRE), realizado na UFBA e patrocinado pela Unesco.

O primeiro objetivo da proposta de projeto foi desenvolver uma legislação urbana de preservação para o conjunto. A transferência do antigo porto de Aracaju para outro município liberou um terreno contíguo, o que ampliou as possibilidades para a execução de uma proposta física. O problema consistia em desobstruir as ruas, restaurar os edifícios históricos e, principalmente, manter a sua função original de mercado.

O conjunto do Mercado Municipal de Aracaju era um tema polêmico, frequentemente tratado em jornais, programas de rádio e televisão, que sempre indicavam a necessidade de remoção das atividades do mercado para a periferia da cidade e a transformação dos seus edifícios históricos em centros de turismo. Os feirantes, porém, eram radicalmente contrários a essa transferência, o que despertou interesse pelo objeto e pela proposta da monografia, que propunha o restauro das edificações com a manutenção do uso. O projeto, ainda como um trabalho acadêmico, foi primeiramente apresentado à Universidade Federal de Sergipe (UFS), depois à Câmara Municipal, ao Rotary Club, à Associação Comercial de Sergipe, aos feirantes no mercado, à Assembleia Legislativa e, finalmente, ao governador e sua equipe, que o encamparam como uma proposição de governo.

O projeto[3] foi contratado pela Companhia Estadual de Obras Públicas de Sergipe em 1991 e finalizado em 1992 (Figura 8.5). A obra, no entanto, iniciou-se somente em 1997, e foi necessária a reformulação do projeto por causa do aumento do número de feirantes, recadastrados por ocasião da construção.

## O PROJETO DE INTERVENÇÃO

Antes de apresentar o partido urbanístico e arquitetônico do projeto proposto, é fundamental destacar os valores arquitetônicos de dois dos edifícios que foram objeto da intervenção: o Mercado Modelo Antônio Franco e o Mercado Auxiliar Thales Ferraz.

O Mercado Antônio Franco é uma construção eclética quadrada, de composição simétrica, com dois pavimentos e esquinas

3. O desenvolvimento do projeto executivo foi realizado pela equipe de arquitetos Ana Libório, Gândara Júnior, Sheila Trope e Osiris Souza Rocha (*in memoriam*). Perspectivas e ilustrações de Otaviano Canuto (*in memoriam*) e Wilson Noya (*in memoriam*).

**Figura 8.5** – Projeto utilizou a área do antigo porto para expansão dos mercados. Situação atual (ver p.B11). Foto: Jade Libório, 2014.

chanfradas, um partido arquitetônico típico de mercados. Ele ocupa todo um quarteirão, com 5.168 m² de área construída. O projeto inicial respeitou os espaços típicos de mercados com dois pavilhões: um externo, destinado à comercialização de tecidos e congêneres, e um interno, utilizado para a comercialização de carnes, cereais e verduras. Os pavilhões eram separados por ruas de paralelepípedos com passeios. Em caso de incêndio, essas ruas impediriam que o fogo se espalhasse de um pavilhão para o outro. A torre, monumental, tinha um relógio luminoso de quatro mostradores, e no seu térreo funcionava um frigorífico. O pavilhão externo era composto de oito terraços de acessos independentes e quatro torreões com mirantes de coberturas de ferro e vidro colorido. Possuía sanitários, sistema de esgoto e água encanada, e em todos os cômodos haviam instalações elétricas embutidas e à prova de fogo. As fachadas foram compostas de maneira idêntica; cada uma com 28 portas estreitas e quatro portas de entrada de 4 m. Servindo de entrada para animais e carroças, as portas mais largas localizavam--se na Avenida Rio Branco, nas Ruas Santa Rosa e José do Prado Franco e para a Praça 24 de Outubro, enquanto as outras, de 1,2 m de largura, situavam-se nas esquinas (Leite, 1987).

O Mercado Antônio Franco tem um sistema construtivo singular para o início do século em Aracaju (Figura 8.6).

O Mercado Thales Ferraz, apesar de possuir dimensões mais modestas, compõe o conjunto com sua típica arquitetura de mercado, ainda que representante de época distinta. Possui 3.614,46 m$^2$ de área construída e é representativo de uma arquitetura de inspiração colonial espanhola, denominada neocolonial no Brasil. Ele ainda surpreende por seu alpendre semicircular recoberto por telhas cerâmicas, tipo capa e canal, circundado por arcadas e seu enorme pátio interno, cenário perfeito para feiras livres (Figura 8.7). Surgido no primeiro quartel do século XX, o estilo neocolonial expressou o movimento em busca da verdadeira ar-

**Figura 8.6** – Imagem do Antônio Franco (ver p.B11). Foto: Lineu de Carvalho Neto, 1992.

**Figura 8.7** – Pátio interno do Mercado Thales Ferraz (ver p.B12). Foto: Ana Libório, 2000.

quitetura brasileira, anterior ao modernismo. Sua linguagem é única, embora existam obras parecidas em Aracaju, geralmente residências, mais conhecidas como bangalôs.

## OS OBJETIVOS E AS ESTRATÉGIAS DO PROJETO

Os objetivos do projeto incluíram a requalificação da área por meio do resgate da paisagem urbana do início do século XX, a manutenção das funções de mercado e a preservação do centro pelo uso prioritariamente comercial, além da conservação e consolidação das relações de trabalho no mercado, da moradia e do lazer na área central.

As estratégias propunham o resgate da vocação boêmia das áreas portuárias por meio da abertura de casas noturnas e da recuperação da capacidade hoteleira decadente. Do mesmo modo, buscavam-se a otimização e a utilização do patrimônio arquitetônico remanescente, como as edificações do antigo porto e dos mercados, aproveitando a infraestrutura urbana já instalada, o que evitaria desapropriações. Em síntese, preservar a memória arquitetônica de Aracaju, capacitando a cidade como referencial turístico de Sergipe.

## O PARTIDO DO PROJETO

As intervenções urbanísticas propostas foram: a incorporação da área do antigo porto ao tecido urbano central, a conexão do Mercado Novo com os terminais de transporte coletivos por meio de passarelas e a integração dos transportes hidroviário e rodoviário, fatos que consolidariam o Mercado como ponto de interseção do fluxo de pessoas e mercadorias.

Por meio de uma abordagem ambiental urbana, o partido do projeto considerou a recuperação do sítio urbano degradado, efetivada pela criação da Praça da Feira, e a desobstrução e reurbanização dos largos Manoel M. Cardoso e Major Misael Mendonça como elementos fundamentais. Ainda de acordo com essa abordagem, procurou-se resgatar o visual do rio Sergipe e reconstituir o paisagismo de época com transplante de palmeiras e árvores de sombreamento.

Para organizar o funcionamento do mercado e adaptá-lo às novas exigências operacionais, foram projetadas áreas para carga e descarga, estacionamento de caminhões e carroças e estacionamento rotativo (com parquímetro) ao longo das ruas e avenidas. Além da criação de dois bolsões de estacionamento, o do Antigo Porto (Mercado) e o da Avenida Coelho e Campos, ocorreram outras intervenções, como a desobstrução das ruas Santa Rosa e Apulcro Mota, da Avenida Coelho e Campos e das margens do rio Sergipe.

As intervenções na área restringiram-se à reorganização espacial e arquitetônica. Foram recomendados instrumentos urbanísticos para regular a área, que, no entanto, não se incorporaram à legislação municipal.

## A implantação do projeto

A primeira etapa (1997-1998) das obras, construção do novo Mercado Albano Franco, foi realizada com recursos do governo estadual pela Companhia Estadual de Obras Públicas de Sergipe, cabendo à Prefeitura Municipal de Aracaju a doação do terreno do antigo porto. Concluída essa etapa e realizada a transferência dos feirantes para o novo prédio, iniciou-se a segunda (1999-2000), patrocinada pelos recursos financeiros públicos do Programa de Desenvolvimento do Turismo no Nordeste/Banco Interamericano de Desenvolvimento (Prodetur-BID). Nessa fase da intervenção, houve a restauração dos mercados Antônio Franco e Thales Ferraz, a reurbanização da área de entorno e, por fim, a demolição do mercado Leite Neto, que durante a obra funcionou no canteiro.

As edificações mais expressivas do conjunto, o eclético Mercado Antônio Franco e o neocolonial Mercado Thales Ferraz, foram restauradas com o propósito de transformar-se em atração turística e referencial histórico da cidade (Figura 8.8). Na implementação do projeto de restauração, os prédios do Antônio Franco e Thales Ferraz destinaram-se à comercialização de produtos típicos dos mercados nordestinos e sergipano, como pubas, beijus, tapiocas, ervas, laticínios, fumo, bolos, biscoitos, doces, além de contar com lojas de couro, artesanato, cordel, mercearias, armarinhos, lanchonetes e restaurantes de culinária regional.

Simultaneamente à elaboração do projeto e à execução da obra do mercado, foram restaurados na mesma área e pela mesma equipe a sede da Associação Comercial de Sergipe e o Edifício Macedo. Também foram elaborados os projetos de restauração do antigo Colégio Nossa Senhora de Lourdes e da recuperação das fachadas das edificações do entorno, ambos em fase de captação de recursos financeiros para a obra. O tratamento paisagístico, acrescido ao saneamento, resultou no resgate da memória e da qualidade ambiental, interferindo no microclima do Centro e na autoestima do aracajuano, que reencontrou o seu passado.

**Figura 8.8** – Imagem dos Mercados Antônio Franco (1), Thales Ferraz (2) e Leite Neto (3) antes da obra. Foto: Lineu Lins de Carvalho Neto, 1992.

Para ampliar a capacidade de organização da área e resgatar o potencial paisagístico do sítio do mercado, foi necessária a construção de um novo edifício, o Mercado Albano Franco, para abrigar o comércio de manufaturados que existia nas ruas, produtos hortifrutigranjeiros, peixes, carnes, mariscos e pequenos prestadores de serviço. No projeto do Mercado Albano Franco, incorporaram-se os dois trapiches abandonados da década de 1970, os antigos Moinho Sergipe e Armazém de Trigo, que, refuncionalizados, foram integrados às novas construções do Frigorífico e do Hortifrutigranjeiro por duas praças cobertas, constituindo o complexo Mercado Novo Albano Franco, que funciona como um verdadeiro shopping popular.

A transferência dos feirantes de rua para o Mercado Novo Albano Franco (Figuras 8.9 e 8.10) permitiu a demolição das ban-

**Figuras 8.9 e 8.10** – Imagens externa e interna do Novo Albano Franco (ver p.B12 e p.B13). Fotos: Ana Libório, 2000.

cas de madeira e dos barracos de alvenaria existentes nos largos, nas ruas, nas calçadas e na margem do rio Sergipe; e a liberação dessas áreas possibilitou o redesenho do espaço público e a implantação do sistema de transporte urbano contíguo.

A relevância da obra dos mercados, planejada e executada por etapas, deve-se à manutenção do funcionamento comercial durante todo o processo de intervenção.

## CONSIDERAÇÕES FINAIS

O projeto do mercado teve um grande diferencial: o ineditismo do processo. Em primeiro lugar, por resultar de uma monografia; em segundo, por ter sido aprovado por um fórum popular confirmado pelas várias apresentações públicas; e, em terceiro, pela repercussão na mídia em virtude das polêmicas geradas em torno da obra.

A ideia foi incorporada de baixo para cima, diferentemente do que ocorre com os projetos gestados em gabinetes fechados. Como esse processo estendeu-se por uma década, muitos opinaram, criando um hábito de discussão das propostas urbanas para a cidade, fenômeno que até então não existia em Aracaju. O mais curioso é que o processo da requalificação da área dos mercados acabou unindo inimigos ferrenhos em um interesse comum: os comerciantes da área, os feirantes de rua e os camelôs passaram a reunir-se sistematicamente na Associação Comercial de Sergipe para defender a proposta.

O processo de transferência dos feirantes da rua para o mercado novo, no entanto, foi extremamente traumático. A fase de demolição dos barracos e das construções de alvenaria dos leitos das ruas e pátios dos mercados antigos foi comparada a uma operação de guerra. Houve o fechamento do comércio, invasão de lojas e até quebra-quebra. Superada a fase crítica da transferência dos feirantes, e finalizada a restauração dos mercados antigos, constatou-se que a população ficou muito satisfeita com a redescoberta do sítio e com a grande repercussão política.

Infelizmente, além da qualidade questionável da obra de engenharia, não vêm ocorrendo a manutenção e a conservação dos mercados, tal como acontece nas obras públicas brasileiras. De qualquer forma, a intervenção teve um saldo muito positivo para a cidade, que reconquistou a sua história.

## Desdobramentos recentes

Passaram-se quatorze anos desde a conclusão das obras de restauro dos dois prédios históricos do Mercado Modelo Antônio Franco, do Mercado Auxiliar Thales Ferraz, e da intervenção urbana do entorno em Aracaju. E o que mudou de lá para cá? (Figura 8.11)

O Mercado Municipal é considerado o mais importante shopping popular da cidade. Nele, a população de Aracaju compra roupas; conserta sapatos e relógios; vai à feira, onde compra frutas da estação, verduras, legumes e farinha; compra flores e produtos típicos das feiras nordestinas como ervas, beijus, ta-

**Figura 8.11** – Vista atual da área dos mercados. Foto: Lineu Lins

piocas, castanhas, queijos. Já os turistas se perdem pelas lojas de artesanato de palhas, cerâmicas e bordados. Outro atrativo é a degustação da autêntica culinária sergipana composta por carne de carneiro, carne frita, jabá com macaxeira e rabada batizados de arribacão, com direito a forró às sextas-feiras comandados por um dos sanfoneiros mais famosos do estado, Zé Américo, também dono de um dos pitorescos restaurantes do Antônio Franco.

Portanto, o objetivo principal do projeto de resgate da paisagem urbana do início do século XX, com a manutenção das funções de mercado como parte do Centro comercial da capital foi atingido.

A partir da recuperação do conjunto dos mercados, Aracaju passou a integrar as políticas de preservação e os programas nacionais de restauração e conservação do patrimônio histórico e foram iniciados diversos estudos de preservação de conjuntos e restauro de edifícios tombados como: o Museu Palácio Olímpio Campos e o antigo Atheneuzinho, onde foi instalado o Museu da Gente Sergipana[4], só para citar dois exemplos mais recentes. Em 2008, Aracaju foi incluída pelo Instituto do Patrimônio Histórico e Artístico Nacional (Iphan) no Programa Capitais Planejadas do século XX.

A Secretaria de Planejamento Municipal (Seplam), entre 2001 e 2005, criou um banco de projetos para a restauração de edifícios e praças tombados, localizados no Quadrilátero de Pirro. A restauração desses edifícios vem sendo realizada paulatinamente; recentemente, finalizou a restauração da antiga Alfândega[5], Centro Cultural de Aracaju, seguida pela Praça General Valadão, marco zero da cidade planejada, ambas por intermédio de finan-

4. O projeto do Museu da Gente Sergipana pela equipe Ágora Projetos, e o restauro do Museu Palácio Olímpio Campos pela equipe da AM Restauro.
5. Os projetos de restauração da antiga Alfândega, da Praça General Valadão, do antigo Colégio Nossa Senhora de Lourdes, da recuperação das fachadas dos imóveis do entorno, a Maquete interativa e o levantamento Serviços de Coleta de Dados e Mapeamento de Bens Culturais do Centro de Aracaju para o Iphan foram realizados pela equipe da Libório Gândara Ateliê de Arquitetura.

ciamentos do BID. O restauro do antigo Colégio Nossa Senhora de Lourdes e a recuperação das fachadas dos imóveis do entorno do Mercado se encontram em processo de captação de recursos.

A desocupação parcial da área e sua consequente reestruturação, por meio da demolição das construções que ocupavam ruas e calçadas e da transferência de todos os camelôs e ambulantes das ruas para as edificações recuperadas, resultou em áreas livres que foram redesenhadas com o objetivo de criar bolsões de estacionamento (aproximadamente 889 vagas para automóveis, 44 paradas para táxis) que, pela proximidade, são utilizadas na área circunvizinha pelos usuários do comércio formal.

Também foi implantado um terminal de integração de transporte coletivo, ao norte do Mercado Albano Franco, em substituição ao que funcionava nas imediações da Avenida Rio Branco. Esse novo terminal desobstruiu o trânsito no Centro.

A Praça de Eventos Hilton Gomes, outrora Praça da Feira, recriada no antigo porto, que teve seus prédios reciclados e os antigos restaurados, e serve desde então como palco para as grandes manifestações públicas e festas, a exemplo do Forró Caju, e recebe instalações de parques de diversão e presépios nas festas natalinas. O surgimento desse espaço livre contribuiu para a conservação das demais praças do Centro, uma vez que essas festas aconteciam nas praças mais tradicionais, como a Praça Fausto Cardoso e o Parque Teófilo Dantas, e o público acabava danificando canteiros e vegetação.

Desse modo, revisitando a obra, doze anos depois de concluída, entendemos que as principais soluções projetadas tiveram sua abrangência ampliada, consolidando os mercados como um dos espaços mais movimentados e economicamente dinâmicos de Aracaju.

Contudo, algumas outras propostas, como o resgate da vocação boêmia da área ou a dinamização de seu potencial hoteleiro não se concretizaram.

Como apenas uma das passarelas de travessia de pedestres que deveria acessar o segundo piso do Mercado Albano Franco foi construída, o movimento de pessoas passou a se concentrar na ala oeste do mercado, levando a um esvaziamento da ala leste do pavimento superior do complexo, agora em obras para abrigar os camelôs que voltaram a se instalar no seu entorno.

Também não houve evolução na proposta do projeto para a melhoria do conforto ambiental na área que se daria por meio da reconstituição do jardim original da Praça General Valadão. Será executado projeto sem a reconstituição paisagística de época.

Os instrumentos propostos para a regulamentação da área não foram incorporados à Legislação Urbana. O Plano Diretor de Aracaju está em processo de revisão na Câmara Municipal desde 2005. Sem fiscalização, ou regulamentação, evidenciou-se aos poucos a volta da ocupação irregular com um número crescente de camelôs, exatamente nas proximidades da Associação Comercial Empresarial de Sergipe (Acese), que agora serão relocados no piso superior da ala leste do Mercado Albano Franco.

Quanto à conservação das edificações como um todo, observa-se que o Mercado Novo Albano Franco, apesar de bastante limpo e organizado internamente, já necessita de pintura externa para a sua conservação, bem como de uma revisão na estrutura metálica das coberturas – o que já está sendo providenciado. Já os Mercados antigos, Antônio Franco e Thales Ferraz, estão sendo descaracterizados aos poucos. São flagrantes os danos à preservação da obra recuperada. Várias esquadrias foram recortadas para a colocação de equipamentos de ar condicionado, letreiros e toldos. Todos sobrepostos sem a observância dos modelos indicados no projeto, aplicados aleatoriamente, indicando o início de um retorno à situação de caos e desordem urbana que um dia originou o processo de requalificação da área como um todo.

É possível afirmar que a intervenção nos Mercados trouxe benefícios para a cidade, especialmente para a área central. A população de Aracaju redescobriu a sua história à medida que os idosos puderam recuperar antigas memórias e os jovens passaram a visitar a área central e se deixaram encantar pela descoberta de ruas que jamais suspeitaram existir.

## REFERÊNCIAS

AGUIAR, Maria das Graças Vargas de. *Diagnóstico socioeconômico do Mercado Municipal de Aracaju – 1990*. Aracaju: Secretaria Municipal de Obras, 1990.

BARBOSA, Josefa Naide. *Em busca de imagens perdidas*. Aracaju: A Nacional Gráfica, 1992.

CAMPOS, José Aloísio de. As contribuições de melhoria e as obras de urbanismo em Aracaju. In: *Revista de Aracaju*, Aracaju: Governo do Estado de Sergipe, 1949.

DINIZ, José Alexandre Felizola. *Aracaju: síntese de sua geografia urbana*. Aracaju: J. Andrade, 1963.

DORNAS, Vera Regina. *Condicionantes históricos e físicos do Mercado Municipal de Aracaju*. Aracaju: Espaço, Arquitetura e Cia., 1988.

______. *Estudo de transporte urbano de Aracaju*. Aracaju: Ministério dos Transportes/ Geipot/EBTU,1982.

FORTES, Bonifácio. *Evolução da paisagem humana da cidade de Aracaju*. Aracaju: Livraria Regina, 1955.

LEITE, Maria Lúcia de Carvalho. *Mercado Municipal de Aracaju*. Aracaju: Secretaria Municipal de Cultura, 1987.

LOUREIRO, Kátia Afonso Silva. *A trajetória urbana de Aracaju: em tempo interferir*. Aracaju: Inep, 1983.

MENDONÇA, Corinto. *Contribuição ao centenário de Aracaju – Realizações dos governadores do Estado em prol da cidade de Aracaju – 1892-1954* . Aracaju, 1954.

NUNES, Antonio Ricardo Sampaio; BARRETO, José Augusto Lacerda. *Projeto de restauração do Mercado Municipal Antônio Franco*. Aracaju: N. B Arquitetura e Urbanismo, 1988.

PORTO, Fernando. *A cidade de Aracaju: 1855-1869*. Aracaju: Livraria Regina, 1945.

______. *Processo de tombamento do Mercado Municipal Antônio Franco*. Aracaju: Conselho Estadual de Cultura, 1987.

______. *Projeto de inventário de bens imóveis do Estado de Sergipe*. Aracaju, Fundação Estadual de Cultura/Instituto do Patrimônio Histórico e Artístico Nacional (Iphan)/ Fundação Nacional Pró-Memória/Universidade Federal de Sergipe, 1986.

SILVA, Clodomir. *Álbum de Sergipe*. Aracaju, 1920

SOBRINHO, Sebrão. *Laudas da História de Aracaju*. Aracaju: Livraria Regina, 1955.

# Centro Dragão do Mar de Arte e Cultura: um projeto de requalificação da antiga área portuária de Fortaleza – CE

9

*Linda M. P. Gondim*
*Ricardo Figueiredo Bezerra*
*Sabrina Studart Fontenele Costa*

A construção de um equipamento cultural que servisse de catalisador para a requalificação de uma área histórica de Fortaleza[1] insere-se em um projeto mais amplo do governo do Estado, no sentido de transformar a economia, a política e a administração públicas. A ideia de superar o atraso econômico e político do Ceará estava presente já no programa eleitoral do candidato que venceu as eleições para governador em 1986, com o apoio de um grupo conhecido como "jovens empresários". A campanha eleitoral foi centrada na denúncia das práticas clientelistas dos "coronéis", que se revezavam no poder, diretamente ou por meio de prepostos, desde 1962[2].

1. Situada na zona semiárida do Nordeste, no litoral, Fortaleza tem uma população de aproximadamente 2,45 milhões de habitantes, segundo o IBGE. Disponível em: <http://cidades.ibge.gov.br/xtras/perfil.php?lang=&codmun=230440>. Acessado em: 16 nov. 2013.
2. Evidentemente, a história do coronelismo no Ceará antecede em muito o chamado "ciclo dos coronéis", que se estende de 1962 a 1986. A própria utilização da cate-

No período de 1987-1990, foi realizada uma reforma do Estado que contribuiu para o equilíbrio das finanças públicas, alcançado no governo seguinte, 1991-1993 (Bonfim, 1999, p. 242). Neste último, e sobretudo na gestão posterior (1994-1998), foi iniciada uma política de atração de capitais, mediante concessão de incentivos fiscais e investimentos em infraestrutura de transporte, recursos hídricos e educação.

## RUMO À GLOBALIZAÇÃO: TURISMO E INTERVENÇÕES URBANAS RECENTES EM FORTALEZA

O projeto de inserir o Ceará na globalização delineou-se com a inclusão do turismo entre os setores prioritários, que seria beneficiado com melhorias na infraestrutura física – inclusive a construção de um novo aeroporto e de uma "rodovia estruturante", ligando Fortaleza ao litoral oeste do Estado. Esse esforço foi dirigido principalmente pelo Programa de Desenvolvimento do Turismo do Nordeste (Prodetur-NE), criado pelo governo federal, com financiamento do Banco Interamericano de Desenvolvimento (BID), por meio do Banco do Nordeste, e da contrapartida dos governos estaduais. De fato, em meados da década de 1990, o turismo despontou como um importante segmento do setor terciário do Ceará, caracterizado, de início, pelo incremento de pequenos empreendimentos, muitos dos quais realizados por estrangeiros em pousadas, hotéis e restaurantes (Maia, 2000, p. 249). Nas três últimas décadas, o Poder Público investiu em grandes projetos destinados a atividades turísticas e de lazer.

Mais recentemente, a realização de grandes eventos esportivos em Fortaleza – alguns jogos da Copa das Confederações, em junho/julho de 2013 e, em 2014, da Copa do Mundo – fo-

---

goria "coronelismo" para caracterizar esse período é questionável, bem como a visão desses políticos – que eram de fato coronéis do exército – como responsáveis pelo "atraso" do Ceará, uma vez que, durante seus mandatos, ocorreram diversas iniciativas modernizadoras, ainda que o clientelismo e o nepotismo fossem práticas dominantes. Para saber mais a respeito, ver Gondim (1998).

mentou investimentos públicos municipais e estaduais de grande monta. Estes abrangeram tanto a construção de equipamentos de turismo, esporte e lazer, como intervenções urbanísticas para a melhoria das condições de mobilidade urbana, tais como implantação de Veículo Leve sobre Trilhos (VLT), *Rapid Bus Service* (BRS), além da construção de novas vias incluindo túneis e viadutos e alargamento de vias existentes, a cargo do governo do Estado ou da prefeitura municipal.

No que diz respeito às intervenções voltadas para o turismo e o lazer, há que destacar a construção do Centro de Eventos do Ceará, na parte sudeste da capital, na Avenida Washington Soares[3], um dos principais vetores do crescimento urbano de Fortaleza. Na orla marítima próxima ao Centro Dragão do Mar de Arte e Cultura (CDMAC), a prefeitura municipal ergueu o chamado Pavilhão Atlântico, réplica de um restaurante existente na antiga área portuária. Nas proximidades, o governo estadual está construindo um grande oceanógrafo, o Acquário do Ceará, ao custo total de R$ 250 milhões. O equipamento ocupará 21,5 mil m², distribuídos em quatro pavimentos, com volume total de 15 milhões de litros de água (Gondim, 2013).

Essas intervenções visam à inserção do Ceará no processo de globalização e a transformação de Fortaleza em cidade global, como parte de um projeto político para o qual a produção de novas imagens assume caráter estratégico. Não se pode perder de vista que as dimensões material e simbólica estão articuladas tanto na cultura como na política. Assim, se a compreensão dos processos de produção de imagens não pode prescindir de uma análise das condições socioeconômicas, os discursos ideológicos não devem ser entendidos como um mero apêndice dos interesses materiais, devendo ser considerados como práticas efetivas.

3. Nos primeiros anos da década de 2000, o então governador do Ceará havia decidido que o centro de eventos seria localizado em terreno a ser criado a partir de aterro ao largo da Praia de Iracema, em frente à comunidade do Poço da Draga. Esta seria reassentada em conjunto habitacional a ser construído nas proximidades. Contudo, o projeto foi descartado na administração seguinte. Ver, a respeito, Gondim (2008).

A concepção do CDMAC no final dos anos 1990 é parte da estratégia, ainda vigente, de produzir intervenções capazes de gerar ou fortalecer projetos de gestão ancorados em imagens de uma cidade moderna. Especificamente, a decisão de construir o CDMAC, um equipamento com fortes marcas identitárias, vinculou-se às disputas eleitorais pela prefeitura da capital cearense. Nas eleições estaduais de 1990, o grupo que controlava o governo estadual tornou-se hegemônico no interior do Estado, elegendo seus candidatos ou aliados na maioria dos municípios e garantindo maioria na Assembleia Legislativa (Bonfim, 1999). A prefeitura de Fortaleza, porém, era controlada direta ou indiretamente por um político que fazia oposição ao governo estadual. Com um estilo político mais tradicional, a administração pública municipal no período de 1990 até 2000 consolidou sua popularidade, em grande parte mediante a execução de obras de impacto (calçadão na Praia de Iracema, viadutos, remodelação de praças etc.). Essas obras contribuíram para a transformação da imagem de Fortaleza, que passou a ser vista como cidade bonita e boa para morar, mesmo por aqueles que residem em áreas não beneficiadas por investimentos públicos (Gondim, 2001).

Por seu turno, o governo estadual, além de investir no *place-marketing* do Ceará, inclusive apoiando a realização de novelas da Rede Globo locadas em praias cearenses, realizou intervenções no espaço urbano mediante a reforma da Ponte dos Ingleses e a construção do CDMAC, ambas na Praia de Iracema (Gondim, 2001). Como foi mencionado, esse tipo de intervenção nos dias atuais consolidou-se independentemente do perfil político-partidário das administrações estadual e municipal.

## ANTECEDENTES DO PROJETO DO CENTRO DRAGÃO DO MAR DE ARTE E CULTURA – A PRAIA DE IRACEMA

A área onde foi implantado o Centro Dragão do Mar esteve relacionada, durante muitos anos, ao antigo porto de Fortaleza. Este fora instalado na chamada Prainha no início do século XIX, em continuação ao núcleo de povoação original, além da margem do Riacho Pajeú, na época, limite leste da pequena vila de Fortaleza[4]. Até meados do século XIX, suas instalações eram precárias e ineficientes, contando basicamente com uma ponte de madeira e uma área de desembarque próxima à praia. Com o aumento da atividade portuária, possibilitado pelo crescimento das exportações de algodão, café e cera de carnaúba, o porto foi ampliado com a construção de duas pontes: a chamada Ponte Metálica (1906) e a Ponte dos Ingleses (1922).

Em meados da década de 1920, a área a leste do porto, conhecida como Praia do Peixe, começou a despertar o interesse das classes mais altas e tornou-se ponto de encontro e diversão. O local passou a ser ocupado por casas de veraneio da elite e teve seu nome mudado para Praia de Iracema, em referência à personagem de José de Alencar.

Na década de 1940, as obras do novo porto, na enseada do Mucuripe, provocaram o avanço das marés e a destruição da faixa litorânea do bairro Praia de Iracema, o que levou à construção de um extenso quebra-mar para proteger a área. Diversos armazéns e casas comerciais foram abandonados e a maioria dos galpões passou a ser ocupada por famílias de baixa renda ou se manteve fechada e em processo de deterioração. No entorno do ramal ferroviário existente, nas proximidades da Ponte Metálica, formou-se a favela do Poço da Draga, constituída principalmente por famílias de pescadores. Permaneceram alguns bares e casas de prostituição frequentados por boêmios e, posteriormente, por intelectuais e artistas, com destaque para o bar-restaurante Estoril, antiga residência de veraneio transformada em cassino de oficiais americanos durante a Segunda Guerra Mundial (Schramm, 2001) (Figuras 9.1 e 9.2).

---

4. Fundada pelos holandeses em 1649, Fortaleza permaneceu inexpressiva durante a época colonial, não se beneficiando das principais atividades econômicas de então (pecuária extensiva e produção de carne seca para as áreas açucareiras). Sobre a evolução histórica de Fortaleza, ver Castro (1977, 1983a e 1983b) e Marques (1986).

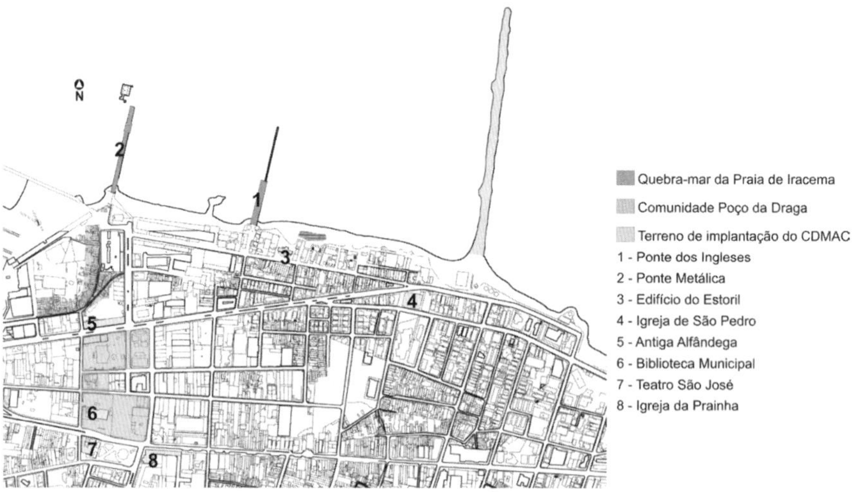


**Figura 9.1** – Mapa da orla leste de Fortaleza (ver p.B14). Mapa: Sabrina S. Fontenele, 2003.

Na década de 1980, atraindo uma clientela mais diversificada, novos bares e restaurantes foram instalados no bairro, dentre os quais se destacou o "Pirata", com o seu tradicional forró das noites de segunda-feira. Note-se que o plano diretor aprovado em 1979 (Lei n. 5.122-A) considerou parte da Praia de Iracema como Zona Especial de Praia (ZE-7), permitindo a construção de prédios com até dezoito pavimentos (Costa, 1988, p. 106). Entretanto, em 1984, por forte pressão de um movimento organizado por moradores e usuários do bairro, com o apoio de entidades ambientalistas, o zoneamento foi alterado e a área passou a ser considerada de preservação histórica (Costa, 1988, p. 113).

No início da década de 1990, a Praia de Iracema foi alvo de diversas intervenções da prefeitura e do governo do Estado, entre as quais se destacam a construção do calçadão, a reconstrução do Estoril, com sua arquitetura de traços ecléticos, e a reforma da antiga Ponte dos Ingleses. Essas obras transformaram a região em polo turístico e de lazer, estimulando o aparecimento de novos bares, restaurantes e casas noturnas na área. Em 1995, a Prefeitura alterou outra vez o zoneamento, por meio da Lei

**Figura 9.2** – Visões da Praia de Iracema – elementos importantes na evolução histórica do bairro. 9.2a: Edifício do Estoril; 9.2b: Ponte dos ingleses; 9.2c: Antiga Alfândega; 9.2d: Seminário da Prainha.

n. 7.814, que regulamentou a Zona Especial – Área de Interesse Turístico da Praia de Iracema, zona esta instituída em 1992 pelo Plano Diretor de Desenvolvimento Urbano (PDDU), aprovado no mesmo ano. Dessa vez, apenas parte da faixa próxima à praia foi considerada área de preservação; o setor que incluía o Poço da Draga e a área onde seria localizado o Centro Dragão do Mar foram considerados de *revitalização urbana*, o que tornava possível a derrubada das construções antigas e sua substituição por edifícios de até dezesseis andares (Schramm, 2001, p. 97)[5].

Apesar das mudanças na área adjacente à praia, os espaços entre o velho cais e o centro antigo permaneciam degradados, com pavimentação deficiente, sérios problemas de saneamento e vários galpões desocupados e em ruínas. Foi nesse local que o Governo do Estado resolveu construir o CDMAC. A Figura 9.2 mostra imagens de diversos elementos que estão relacionados, em uma perspectiva da evolução histórica do bairro, ao Centro Dragão do Mar.

## O PROJETO DO CENTRO DRAGÃO DO MAR

A construção do CDMAC foi uma iniciativa da Secretaria de Cultura do governo estadual, que tinha os seguintes objetivos principais:

- Servir de "âncora" para uma política cultural, considerada estratégica para inserir Fortaleza na economia globalizada;
- Criar um "espaço memorável", capaz de contribuir para a recuperação do espaço público da cidade e atuar como catalisador da requalificação da antiga área portuária.

O projeto selecionado, de autoria dos arquitetos cearenses Fausto Nilo Costa Júnior e Delberg Ponce de Leon, concebeu uma edificação

---

5. Note-se que até hoje o CDMAC e o seu entorno não foram objeto de tombamento.

> [...] como um eixo sequencial, cujo elemento ordenador é uma "rua" aérea que se estende no sentido norte-sul e que vai ligando elemento a elemento, ao mesmo tempo em que se conecta à cota do chão a cada 25 metros. Esses elementos são os edifícios que irão conter os variados programas de atividades que compõem o Centro Cultural propriamente dito [...] (Estado do Ceará/Secult, 1996, p. 120)

No discurso dos autores do CDMAC, verificam-se referências à arquitetura vernacular, principalmente de origem rural. Embora digam respeito a aspectos tradicionais, elas contribuem para conferir contemporaneidade ao complexo arquitetônico. Referindo-se ao projeto, um dos autores afirma que fez

> [...] uma homenagem aí, ao fato de o Ceará ter começado sua urbanização pelo interior [...] [e essa homenagem está] nos oitões, no edifício branco, na sombra projetada, na relação com o vento, com o sol etc. [...]. Então, por exemplo, você vê ali os elementos orientais de herança Ibérica, [...] as colunas, a repetição de colunas com o sol e a sombra, dá o efeito bonito com a luminosidade artificial, também, dão um efeito bonito as vazaduras triangulares, a geometria básica de triângulos, esses elementos aí.[6]

Outros elementos que se destacam no projeto são: o branco, predominante nas altas paredes e colunas do CDMAC, que acentua sua escala monumental; as aberturas dos espaços para a luz solar e a brisa; a intercalação de espaços abertos e fechados por meio das extensas varandas; e os jardins e as áreas de convivência nos vários níveis da edificação (ver Figuras 9.4 a 9.9).

Dada a formação acadêmica dos autores do projeto, deve-se considerar influências eruditas na obra em questão. A esse respeito, um deles menciona as "citações" presentes na arquitetura do CDMAC, incorporando influências nacionais e internacionais:

---

6. Entrevista concedida a Linda Gondim pelo arquiteto Fausto Nilo Costa Jr., em 07/12/98.

> [...] é um edifício que, ao mesmo tempo que tem a pretensão de criar uma linguagem local, se submete, com humildade, a uma brincadeira de citação das muitas arquiteturas que nos formaram, principalmente as europeias. Então, teve detalhes do Niemeyer, misturado com Le Corbusier, lá na frente, umas coisas de Gregotti e Aldo Rossi, aí, de repente [há elementos da arquitetura de] fazendas do Ceará [...]. Ele é uma mistura dessas várias gramáticas [...][7]

A inserção dessa arquitetura arrojada em uma área histórica tem sido objeto de muitas críticas. Um dos arquitetos entrevistados para pesquisa realizada por Gondim (2000) sintetizou o que parece ser a tendência predominante entre os intelectuais que têm feito em público avaliações do CDMAC:

> Pra mim, chocou muito o volume em si, que é enorme, uma volumetria que chega e assusta, e a forma, certo? [...] [Eu], por exemplo, não conceberia daquela forma. Mas a gente tem muito aquela postura, que diz o Caetano [Veloso] em *Sampa*: "nada do que não era antes quando não somos mutantes" [...]. Às vezes aquela coisa nos choca, à primeira vista, mas você vai indo e absorve, certo?[8]

O complexo, com área construída de cerca de 13.500 m², é formado por blocos interligados por passarelas, rampas, elevador e escadas, distribuídos espaçadamente em terreno de 30.000 m², situado entre as avenidas Pessoa Anta e Almirante Tamandaré e as ruas José Avelino e Boris (Figura 9.3). O bloco onde se localiza o acesso principal do CDMAC, voltado para a Avenida Presidente Castelo Branco (Avenida Leste-Oeste), abriga o Memorial da Cultura Cearense, duas salas para exposições temporárias, espaço para livraria[9], salas da administração e grande hall de acesso (Figura 9.4). No térreo, encontra-se um espaço destinado a

7. Idem, em 10/05/99.
8. Entrevista com arquiteto, realizada por Linda Gondim, em 24/03/99. A fim de preservar a privacidade dos entrevistados, optou-se por não publicar seus nomes, exceto no caso daqueles que são figuras públicas.
9. A livraria que funcionava no local deixou de existir há alguns anos e o espaço que ocupava permanece fechado, aguardando decisão judicial para sua retomada.

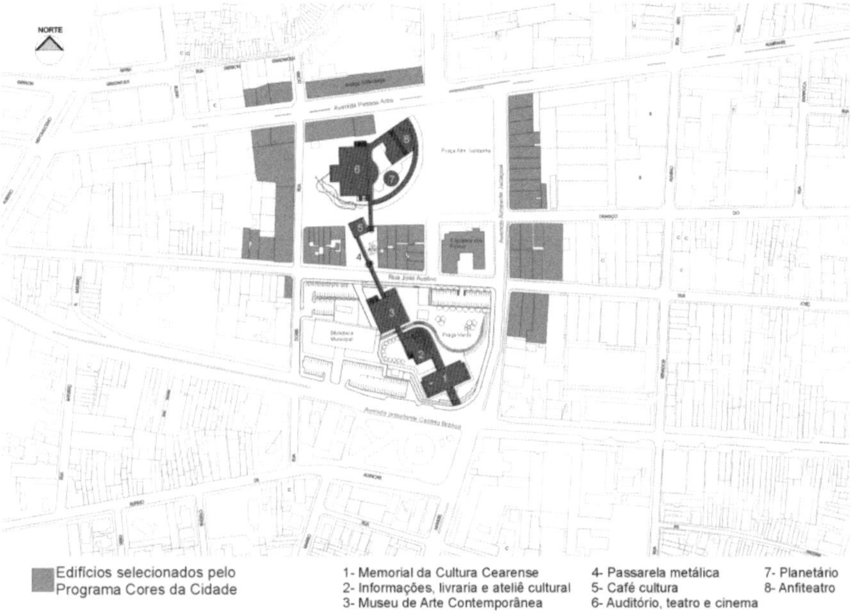


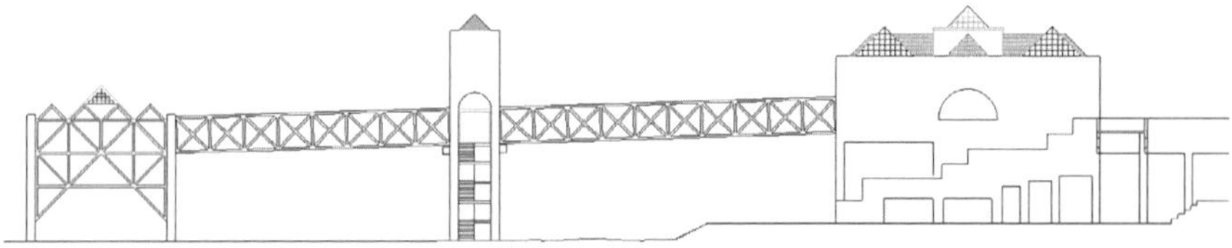

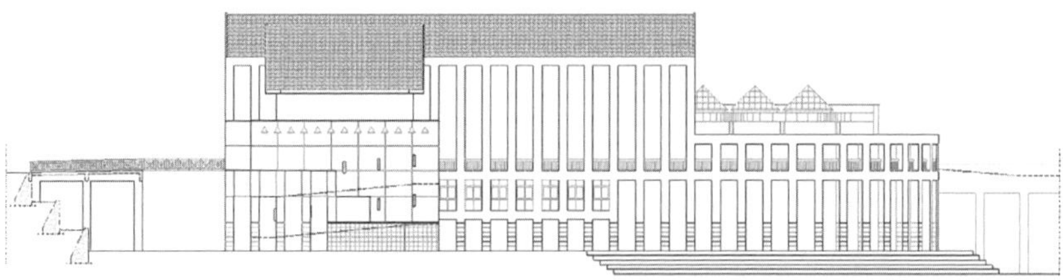

**Figura 9.3** – Plantas, cortes e elevações do projeto. Cortes transversais do edifício do Centro Cultural Dragão do Mar. Imagens: Fausto Nilo Arquitetura.

**Figura 9.4** – Fachada de acesso pela Avenida Presidente Castelo Branco. Foto: Ricardo Bezerra, 2003.

oficinas de arte. Segue-se o bloco formado pelo Museu de Arte Contemporânea do Ceará, ao qual se tem acesso também por um elevador panorâmico (Figura 9.5). Seguindo-se ao Museu, nasce uma passarela de estrutura de aço que desemboca em um café, o qual tem no térreo uma loja de artesanato (Figura 9.6). Por fim, há o bloco que se encontra na quadra mais próxima à Avenida Pessoa Anta, onde se localizam salas de aula, auditório, anfiteatro, planetário, cineteatro e salas de cinema (Figuras 9.7 a 9.9).

Note-se que a Biblioteca Pública Menezes Pimentel, que existia a oeste do local onde foi implantado o CDMAC, teve seu prédio reformado e conectado ao centro cultural, por meio de uma passagem secundária.

Uma crítica feita ao projeto diz respeito à própria concepção subjacente de política cultural, que priorizou investir na construção e manutenção de um equipamento com alto potencial centralizador, em detrimento de alternativas que permitissem um melhor

**Figura 9.5** – Vista do Bloco 1 do Centro Dragão do Mar de Arte e Cultura. Foto: Sabrina S. Fontenele, 2003.

**Figura 9.6** – Passarela metálica de ligação entre os blocos. Foto: Sabrina S. Fontenele, 2003.

**Figura 9.7** – Vista da Praça Verde a partir do Bloco 1 (ver p.B15). Foto: Sabrina S. Fontenele, 2003.

**Figura 9.8** – Vista do planetário e rampa de acesso. Foto: Sabrina S. Fontenele, 2003.

**Figura 9.9** – Vista do anfiteatro, com o edifício da Antiga Alfândega ao fundo. Foto: Ricardo Bezerra, 2003.

aproveitamento do patrimônio existente. Há de se levar em conta, porém, que soluções, incluindo reforma e adaptação de edificações existentes, como o "casarão" da firma Boris, ou a interligação de equipamentos culturais novos com os já instalados, como o Teatro São José, além de ser de difícil operacionalização, poderiam ter custos tão ou mais elevados que os de uma nova construção.

Os Quadros 9.1 e 9.2 apresentam, respectivamente, os dados básicos relativos ao projeto e à construção do CDMAC e à distribuição dos diversos equipamentos que compõem o programa de atividades do Centro.

## O PROJETO PAISAGÍSTICO E O ENTORNO DO CDMAC

O projeto paisagístico do CDMAC caracteriza-se por uma integração entre as áreas abertas que permeiam os diversos blocos.

**Quadro 9.1** – CDMAC – dados básicos.

| |
|---|
| Localização: R. Dragão do Mar, 81 – Praia de Iracema – Fortaleza, CE |
| Data do projeto: 1994 |
| Área do terreno: 30.000 m$^2$ |
| Área construída: 13.500 m$^2$ |
| Custo estimado da obra: R$ 20 milhões (valores de 1998) |
| Início do funcionamento: 28 de agosto de 1998 |
| Inauguração oficial: 28 de abril de 1999 |
| Projetos: - Arquitetura - Interiores - Paisagismo - Comunicação visual - Luminotécnica - Acústica e sonorização - Cálculo estrutural - Ar-condicionado - Automação e segurança - Instalações elétricas e hidrossanitárias - Consultoria museológica |

**Quadro 9.2** – Distribuição dos equipamentos no sítio

| | |
|---|---|
| Área 1 | Grande hall de acesso (recepção e informações)<br>Memorial da Cultura Cearense (800m$^2$) – Museu do Vaqueiro<br>Salas de exposição temporária<br>Praça Verde (Agora) – espaço aberto com capacidade para cerca de 3.500 pessoas<br>Estacionamento |
| Área 2 | Livraria<br>Administração<br>Oficinas de arte |
| Área 3 | Museu de Arte Contemporânea do Ceará (700 m$^2$)<br>Reserva técnica (350 m$^2$) |
| Área 4 | Rua aérea (passarela metálica que cruza a Rua José Avelino, interligada por meio de escadas com o nível do solo) |
| Área 5 | Café<br>Loja de artesanato (CEART) |
| Área 6 | Sala multiuso (Espaço Mix)<br>Salas de aula<br>Auditório (100 lugares)<br>Cineteatro (246 lugares)<br>Cinemas (duas salas – 120 e 80 lugares) |
| Área 7 | Planetário (90 lugares) |
| Área 8 | Anfiteatro com estrutura de camarins (900 lugares) |

Toda a área construída mostra-se bastante dispersa no terreno, e os espaços livres contribuem para ressaltar a monumentalidade do edifício. Além disso, seu projeto paisagístico possibilita a contemplação do volume branco nas quadras adjacentes, e vice-versa.

O mobiliário de linhas modernas adequa-se ao espaço arquitetônico, sendo complementado por um sistema de sinalização. O plano de vegetação foi elaborado tomando como ponto de partida um diálogo entre espécies nativas e exóticas, destacando-se o uso da carnaubeira (*Copernicia prunifera*) e da bananeira leque (*Ravenala madagascariensis*), respectivamente.

Destaca-se o conjunto de pisos de pedra portuguesa, com elementos gráficos geométricos, armados em tramas dispostas diagonalmente, que lhe conferem certo ritmo, servindo como pano de fundo para o branco das edificações novas e para as fachadas multicoloridas dos sobrados antigos. Outro ponto focal do projeto de paisagismo é a área ajardinada próxima à grande rampa e ao planetário. Nesse espaço, o paisagista, trabalhando em canteiros com formas orgânicas, utiliza vegetação de cobertura em cores diferenciadas, na qual se destacam espécies herbáceas e arbustivas, criando um pátio ajardinado que emoldura o terraço embaixo do planetário, um dos pontos preferenciais de convivência das "tribos" mais jovens de frequentadores do CDMAC (Figura 9.8). Lá se reúnem grupos de adolescentes, jovens casais de namorados e crianças, as quais incorporam em suas brincadeiras o efeito de eco criado pela estrutura, provavelmente não previsto no projeto.

## IMPACTOS NO ENTORNO

Como já mencionado, o CDMAC inseriu-se em quadras onde anteriormente existiam galpões e sobrados remanescentes do início do século XX, alguns dos quais se encontravam bastante descaracterizados. O entorno do Centro Cultural passou a acolher atividades relacionadas à cultura, ao lazer e ao turismo, principalmente bares, restaurantes, ateliês e galerias de arte (Figuras 9.10 e 9.11). A valorização imobiliária, com aumento no preço dos aluguéis, levou galerias, ateliês de artistas, teatros e outros equipamentos culturais a encerrarem suas atividades. Os usos que permitem lucratividade

**Figura 9.10** – Vista do Centro Dragão do Mar de Arte e Cultura e seu entorno (ver p.B15). Foto: Sabrina S. Fontenele, 2003.

mais imediata, como bares e restaurantes, têm se firmado e, em consequência, o movimento maior começa no fim da tarde, intensificando-se à noite, principalmente nos finais de semana.

Os arquitetos responsáveis pelo projeto do centro cultural apostavam no potencial do edifício como catalisador da recuperação do patrimônio histórico-arquitetônico da antiga área portuária de Fortaleza. Segundo Fausto Nilo, "aproveitamos a oportunidade para se [sic] fazer uma relação entre o velho e o novo de forma a produzir uma terceira situação" (*O Povo*, 30/07/1998, apud Fontenele, 2004, p. 110). De fato, com a construção do Centro Dragão do Mar, os galpões adjacentes ao complexo cultural foram inseridos no projeto e contribuíram para consolidar o aspecto cenográfico do lugar, enfatizado pelo Projeto Cores da Cidade (Fontenele, 2003).

Realizado por meio de uma parceria entre o poder público, Tintas Ypiranga e a Fundação Roberto Marinho, esse projeto teve como objetivo "mobilizar e conscientizar a população para a preser-

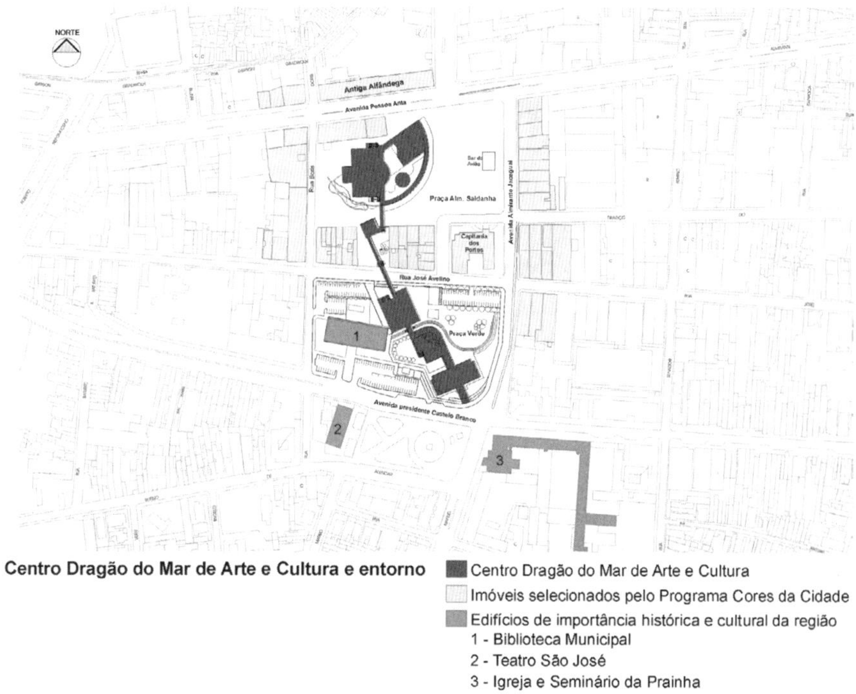


**Figura 9.11** – Centro Dragão do Mar de Arte e Cultura e principais elementos de seu entorno (ver p.B16). Mapa: Sabrina S. Fontenele.

vação dos conjuntos urbanísticos das principais cidades brasileiras e resgatar seu passado histórico"[10]. O projeto foi implantado em áreas centrais de outras capitais, como Curitiba, Recife e Rio de Janeiro.

No caso de Fortaleza, sua implantação foi iniciada em março de 1998 e concluída em fevereiro de 1999, incluindo 56 imóveis, entre sobrados e armazéns, situados na área do entorno do CDMAC. A Fundação Roberto Marinho articulou o projeto de recomposição e recuperação das fachadas a partir da contratação do escritório técnico cearense Oficina de Projetos; a empresa de tintas forneceu o material aos proprietários de imóveis, que se responsabilizariam pela contratação e custos da mão de obra; e a Secretaria de Cultura do Governo do Estado foi a responsável por acompanhar as obras.

10. Declaração retirada do site: http://www.ypiranga.com.br/cores.htm; acessado em 27 nov. 2004.

Era, ainda, proposta do Projeto Cores da Cidade a transformação de usos desses imóveis, que, entretanto, não aconteceu conforme o planejado. Muitos proprietários aproveitaram-se da valorização provocada pelas reformas para aumentar o preço dos aluguéis ou instalar atividades mais lucrativas, como mencionado anteriormente. Essas novas atividades contribuíram para consolidar a Praia de Iracema como polo de lazer e turismo, mas também trouxeram problemas para o bairro. Com o aumento do número de estabelecimentos comerciais, calçadas e áreas públicas são utilizadas para instalar cadeiras e mesas, o que dificulta a circulação de pedestres. Além da ocupação do espaço público, os inúmeros bares, restaurantes e casas de show na região geram problemas para o trânsito e poluição sonora, que chega a prejudicar as apresentações no anfiteatro do CDMAC. Painéis e letreiros luminosos, instalados em diversos pontos, também comprometem a paisagem urbana.

A área da Praia de Iracema, nas imediações do Estoril e da Ponte dos Ingleses, experimentou processo de decadência, relacionado ao crescimento da violência e do turismo sexual. Isso afugentou a clientela habitual e ocasionou o fechamento ou transferência de vários bares e restaurantes, muitos dos quais surgidos no fim da década de 1980. Melhorias promovidas pelo governo municipal em anos recentes – novas reformas do Estoril, do calçadão e da Ponte dos Ingleses – ainda não consolidaram os impactos desejados.

## PERFIL DOS USUÁRIOS

Levantamento realizado em 1999[11], logo após o início do funcionamento do CDMAC, constatou que seu público era predominantemente feminino (55,7%) e jovem – a maior parte dos

11. Como parte da pesquisa "Desenho urbano e imaginário socioespacial da cidade: a construção de imagens da 'moderna' Fortaleza no Centro Dragão do Mar de Arte e Cultura", coordenada por Linda Gondim (2000) e apoiada pelo CNPq e a Funcap, foi realizado nos dias 26 e 27 de junho de 1999 um levantamento exploratório com 88 usuários desse centro cultural. A aplicação de questionários foi complementada por observações realizadas em diferentes horários, de 29 de junho (terça-feira) a 4 de julho (domingo) de 1999.

respondentes concentrava-se na faixa etária entre 21 e 30 anos. As pessoas com menos de 20 anos constituíram 12,5% da amostra, enquanto aquelas com mais de 60 anos perfizeram 7,9%. Nas observações realizadas, verificou-se significativa presença de crianças, geralmente acompanhadas dos pais, ou compondo famílias inteiras. Também era expressiva a presença de adolescentes, geralmente em grupos.

Para aferir o perfil socioeconômico dos usuários do CDMAC, foram utilizados alguns indicadores em substituição à variável renda, difícil de ser determinada com exatidão por intermédio de questionários. Os respondentes, a julgar por sua atividade profissional e, principalmente, sua escolaridade, pertenciam aos estratos médios e superiores da pirâmide social.

A forte presença das classes média e alta era evidenciada pelo alto percentual (50%) de respondentes que utilizavam carro próprio para se locomover ao Dragão do Mar. Por outro lado, o fato de que quase um terço deles recorria ao ônibus aponta certa heterogeneidade social no público desse centro de cultura. Isso foi confirmado pela análise do local de moradia dos entrevistados: ainda que o mais alto percentual (38,6%) residisse na Zona Leste da cidade – onde se concentram as famílias com maior poder aquisitivo –, também frequentavam o Dragão do Mar moradores da região central (19,3%), de bairros da Zona Oeste (20,5%) e de conjuntos habitacionais (8%).

De acordo com o atual diretor da instituição, o centro cultural tem recebido mais de um milhão de visitantes anualmente (Linhares, 2013, p. 6). Não se dispõem de dados atualizados que permitam afirmar se houve ou não mudanças no perfil dos usuários do CDMAC desde a época em que foi realizada a pesquisa (pouco depois da inauguração oficial do CDMAC). Contudo, observação sistemática realizada pelos autores em maio de 2013 e visitas subsequentes indicaram que a diversidade de frequentadores permanece, com predomínio dos jovens e turistas, havendo atualmente uma parcela expressiva de gays nesse público.

Em 1999, o levantamento já mencionado constatou que dentre as atividades mais procuradas estavam os museus: o de Arte Contemporânea, mencionado por 71,2% dos respondentes, e o Memorial da Cultura Cearense, por 66,7%. Note-se que a aplicação dos questionários ocorreu em um fim de semana e, aos domingos, a visitação aos museus é gratuita. Outra atividade citada pela maioria dos respondentes foram os shows (63,6%), realizados na Praça Verde ou no anfiteatro.

## CONSIDERAÇÕES FINAIS

A construção do Centro Dragão do Mar permitiu a requalificação parcial da antiga área portuária de Fortaleza, criando condições para a recuperação do patrimônio histórico-arquitetônico, que permanecera degradado por várias décadas. Após mais de uma década de sua inauguração, o CDMAC continua cumprindo parte de seus objetivos, atraindo um público socialmente heterogêneo e oferecendo-lhe bens de consumo cultural diversificados: shows de artistas populares e concertos de música erudita ou experimental; exposições sobre a cultura cearense e de arte contemporânea nacional e internacional; cinema de arte e peças de teatro produzidas por grupos locais e nacionais; eventos diversos e esporádicos tais como o Dragão Fashion, Cine Ceará e Bienal da Dança, entre outros; e, por fim, atividades para o público infantil, as quais foram incrementadas com a implantação de um playground.

Entretanto, desde o início das atividades do equipamento, em fins do século XX, verificam-se problemas em seu entorno: especulação imobiliária, poluição sonora e visual, congestionamento de trânsito e insegurança. A instalação da Caixa Cultural Fortaleza e do Sesc/Senac Iracema, a construção do Pavilhão Atlântico e a criação da escola Iracema Porto das Artes ainda não conseguiram reverter plenamente esse quadro.

Dentro da estratégia de promover o turismo, sobretudo a partir da visibilidade adquirida pela capital em decorrência de grandes eventos esportivos, o governo estadual está construindo nas proximidades do CDMAC o Acquário do Ceará, obra que tem sido objeto de denúncias quanto a possíveis danos ambientais e irregularidades administrativas (Gondim, 2013). Tem havido, inclusive através de manifestações públicas, questionamentos quanto à real necessidade ou prioridade desse equipamento de tão grande porte e custo para a cidade. Há que lembrar, ainda, os prováveis efeitos desse empreendimento em termos de valorização imobiliária e, consequentemente, gentrificação da área hoje ocupada pela comunidade do Poço da Draga.

Quanto ao desenho urbano e à arquitetura do CDMAC, pode-se concluir que a linguagem pós-moderna utilizada é fruto de uma atitude corajosa, que expressa as contradições do desenvolvimento urbano da capital cearense. Assim, tira-se proveito da falta de um passado colonial opulento para tentar "inventar uma tradição" (Hobsbawm e Ranger, 1992), mediante um projeto que busca preservar o patrimônio, lançando mão do fascínio pelo novo, que parece caracterizar a história de Fortaleza.

## Desdobramentos recentes

O CDMAC, ao longo de todos estes anos de funcionamento – contados a partir de sua abertura em caráter experimental, em agosto de 1998 – conheceu momentos de maior ou menor dinamismo de suas atividades culturais. A conservação e manutenção da estrutura física, dos equipamentos e mobiliário, têm, ao longo de sua existência, deixado a desejar. Notou-se, recentemente, melhorias pontuais realizadas pela atual administração, encabeçadas pelo antropólogo Paulo Linhares, ex-secretário estadual de cultura e um dos principais mentores da construção do CDMAC.

Entre as intervenções recentes, contidas num aguardado projeto de recuperação mais amplo, citam-se o melhoramento da manutenção dos jardins, a limpeza dos espaços livres e a colocação de mobiliário (sofás, bancos etc.) para compor áreas de convivência em diversos espaços de uso comum do centro cultural, tendo sido, ademais, instalados elementos de acessibilidade universal (rampas, corrimãos, piso podo tátil etc.).

Dentre as ações voltadas para a melhor qualificação do equipamento, destaca-se a reforma do anfiteatro, que passou a ter banheiros exclusivos e assentos plásticos, proporcionando maior conforto aos espectadores. As duas salas de cinema existentes, que permaneceram fechadas por algum tempo, foram objeto de reforma completa e passaram a ser administradas pela Fundação Joaquim Nabuco, o que garantiu a continuação de uma programação de qualidade, antes ofertada pelo Espaço Unibanco. Do mesmo modo, a sala de teatro teve suas instalações completamente reformadas.

Como acréscimo ao projeto original, foi adaptada uma área adjacente à rampa de acesso ao anfiteatro, para a instalação de pequeno parque infantil, com brinquedos confeccionados com toras de eucalipto. O espaço existente sob as arquibancadas do teatro, antes usado para eventos e pequenas feiras de artesanato, foi fechado e transformado em uma sala para exposições temporárias.

Um gradil foi instalado em torno de toda a área onde ocorreram essas transformações, no intuito de dar maior segurança para os usuários, mas sem comprometer a visibilidade e o acesso.

Merece destaque outro elemento adicionado a essa área: uma estátua de bronze de Francisco José do Nascimento, o "Chico da Matilde", personagem que dá nome ao centro cultural. Trata-se de um jangadeiro que se destacou no movimento abolicionista do Ceará e foi cognominado de "Dragão do Mar" pela imprensa da época. Outra estátua de bronze já existia nas proximidades, representando o poeta cearense Patativa do Assaré. Ambas, principalmente por serem em escala humana e estarem no nível do piso, são bastante populares entre os visitantes do CDMAC, que fazem registros fotográficos posando com os famosos personagens.

Complementando esses melhoramentos recentes, estão previstos ainda a implantação de novo projeto luminotécnico, um novo anfiteatro para pequenos shows, uma loja para a comercialização de produtos da marca Dragão do Mar e uma nova e mais efetiva ligação com a Biblioteca Pública (Linhares, 2013, p. 6). Essa nova ligação se dará pelo passeio da Avenida Leste-Oeste, o qual receberá uma colunata semelhante à existente no acesso principal do centro, unindo assim, dentro de uma mesma linguagem arquitetônica, os dois equipamentos. Vale ressaltar ainda, no conjunto dos melhoramentos programados, a construção de um edifício multiuso entre a Praça Verde e o estacionamento existentes, cuja finalidade principal será servir como palco permanente para apresentações artísticas variadas (shows, balés, concertos etc.) que já vêm acontecendo naquele espaço, quando a cada vez, é necessária a montagem de um palco provisório. Esse mesmo prédio deve dar espaço a dois pontos comerciais bem como a salas para uso da escola Iracema Porto das Artes[12].

Algumas transformações ocorridas no entorno do CDMAC provavelmente terão impacto positivo no seu funcionamento, podendo potencializar o número de visitantes.

Em 2007, o centro cultural Sesc/Senac foi instalado em um antigo edifício que abrigou as atividades da firma exportadora Boris Fréres, fundada na década de 1870, que teve atuação destacada no comércio de exportação e importação em Fortaleza. Tal centro cultural tem trabalhado com os segmentos de artes, design e comunicação. O Caixa Cultural de Fortaleza, equipamento mantido pela Caixa Econômica Federal, foi inaugurado em 2012, no edifício histórico da antiga Alfândega. Reúne teatro, auditório e salas para eventos e exposições. Em junho de 2013, ocorreu a criação, pelo governo estadual, do Porto Iracema das Artes, localizado no antigo prédio da Capitania dos Portos, na vizinhança imediata do CDMAC. O equipamento oferta cursos e laboratórios de criação nas áreas de audiovisual, artes cênicas, música, dança, televisão e games. Com previsão de ofertar até abril de 2014 aproximadamente 7 mil matrículas[13], é provável que ocorra

12. Entrevista telefônica com o arquiteto Fausto Nilo, em 10/02/2014.
13. Informação enviada por correio eletrônico, em 03 dez. 2013, por Ana Elizabete Jaguaribe, diretora do Porto Iracema das Artes.

a intensificação do uso dos espaços do CDMAC e seu entorno durante o período diurno e ao longo de toda a semana.

Em relação à mobilidade viária houve melhoria com a implantação de estacionamento fechado no térreo do prédio da antiga empresa Boris, onde também funciona o Sesc/Senac Iracema.

Essas transformações sinalizam a concretização de um dos objetivos que nortearam o projeto do CDMAC: a construção de um novo prédio capaz de funcionar como "foco de irradiação programática" para o entorno (Anexo II da Carta Convite n. 071/SDU/93, apud Fontenele, 2004, p. 105). No entanto, o objetivo dessa ação – a "reordenação física e revitalização" da área – não foi ainda alcançado. Tanto é que permanecem problemas identificados desde a década de 2000: poluição sonora, falta de segurança e transtornos no trânsito.

## REFERÊNCIAS

BANCO MUNDIAL. *Redução da pobreza, crescimento econômico e equilíbrio fiscal no Estado do Ceará (Resumo dos principais resultados e recomendações)*. Fortaleza, jun./1999, mimeo.

BONFIM, Washington L. S. *Qual mudança? Os empresários e a americanização do Ceará*. Rio de Janeiro, 1999. Tese (Doutorado). Instituto Universitário de Pesquisas do Rio de Janeiro.

CASTRO, José Liberal de. *Fatores de localização e de expansão da cidade de Fortaleza*. Fortaleza, Imprensa Universitária da UFC, 1977.

_____. Cartografia urbana fortalezense na colônia e no império e outros comentários. In: Prefeitura Municipal de Fortaleza. *A administração Lucio Alcântara*. mar./1979 e maio/1982. Fortaleza, 1983a.

_____. Aspectos da arquitetura no Nordeste do país. In: *História geral da arte no Brasil*. São Paulo: Instituto Walther Moreira Salles/Fundação Djalma Guimarães, 1983b.

COSTA, Maria Clélia Lustosa da. *Cidade 2000: expansão urbana e segregação espacial em Fortaleza*. São Paulo, 1988. Tese (Mestrado). Faculdade de Filosofia, Letras e Ciências Humanas, Universidade de São Paulo.

EDIFÍCIOS culturais unidos por passarelas metálicas convivem com o casario antigo na zona portuária. *Revista Projeto e Design*, n. 233, São Paulo, jul./1999. p. 60-7.

ESTADO DO CEARÁ. Secretaria de Estado de Cultura e Desporto (Secult). Plano de desenvolvimento cultural 1995/1996. Fortaleza, 1995.

_____. Relatório técnico justificativo de inserção do Centro Dragão do Mar no Prodetur/CE. Fortaleza, 1996.

FONTENELE, Sabrina Studart. Transformações na área centro-portuária de Fortaleza. In: *X Encontro Nacional da Anpur*. Belo Horizonte, maio/2003.

______. *Intervenções na cidade existente. Um estudo sobre o Centro Dragão do Mar e a Praia de Iracema*. São Paulo, 2004. Dissertação (Mestrado). Faculdade de Arquitetura e Urbanismo, Universidade de São Paulo.

GONDIM, Linda M. P. *Clientelismo e modernidade nas políticas públicas: os "governos das mudanças" no Ceará (1987-1994)*. Ijuí, Rio Grande do Sul, Unijuí, 1998.

______. Desenho urbano e imaginário sócio-espacial da cidade: a produção de imagens da "moderna" Fortaleza no Centro Dragão do Mar de Arte e Cultura. *Relatório de pesquisa submetido à Fundação Cearense de Amparo à Pesquisa (Funcap)*, Fortaleza, 2000, mimeo.

______. Imagem da cidade ou imaginário sócio-espacial? Reflexões sobre as relações entre espaço, política e cultura, a propósito da Praia de Iracema. In: *Revista de Ciências Sociais*. v. 32, n. 1-2, 2001. p. 7-21.

______. Imagem da cidade, políticas culturais e desenvolvimento urbano: a produção imaginária de Fortaleza como "cidade global". In: HERMANNS, Klaus; MORAES, Filomeno. *Reforma do Estado e outros estudos*. Fortaleza: Fundação Konrad Adenauer, 2004. p. 13-32.

______. *O Dragão do Mar e a Fortaleza pós-moderna: cultura, patrimônio e imagem da cidade*. São Paulo: Annablume, 2007.

______. A favela depois do Estatuto da Cidade: novos e velhos dilemas à luz do caso do Poço da Draga (Fortaleza-CE). *Revista Brasileira de Estudos Urbanos e Regionais*, v. 10, n. 2, 2008.p.97-114.

______. O Acquario e os peixes: grandes projetos de requalificação urbana e movimentos sociais. In: XXIX CONGRESSO DA ASSOCIAÇÃO LATINO-AMERICANA DE SOCIOLOGIA (ALAS), 2013, Santiago, Chile. *Acta Científica XXIX Congreso de la Asociación Latinoamericana de Sociología 2013*. Santiago: ALAS, 2013, p. 1-10.

HOBSBAWM, Eric; RANGER, Terence (orgs.). *The invention of tradition*.Cambridge, Cambridge University Press, 1992.

LINHARES, Paulo. Quais as opções de lazer, além da praia, para as férias?. In: *O Povo*, Fortaleza, 01/12/2013, p. 6.

MAIA, José Nelson Bessa. O relacionamento do Ceará com o exterior: evolução recente e perspectivas. In: AMARAL FILHO, Jair. *Federalismo fiscal e transformações recentes no Ceará*. Fortaleza: Inesp, 2000. p. 235-64.

MARQUES, Regina E. R. Barros. *Urbanização, dependência e classes sociais: o caso de Fortaleza*. Fortaleza, 1986. Dissertação (Mestrado). Sociologia, Universidade Federal do Ceará.

SCHRAMM, Solange Maria de Oliveira. *Território livre de Iracema: só o nome ficou? Memórias coletivas e a produção do espaço na Praia de Iracema*. Fortaleza, 2001. Dissertação (Mestrado). Sociologia, Universidade Federal do Ceará.

# Reflexões finais e lições possíveis

Definitivamente, estamos na era da imagem, da visibilidade, da valorização do lugar, da cidade como *locus* do consumo, do *place marketing*. Assim sendo, a "boa e bela" imagem parece corresponder ao resultado esperado pelos propositores das intervenções urbanas. Em um primeiro olhar sobre esse processo, contudo, é preciso averiguar se a "boa e bela" imagem reflete a coerência, a solidez e a verdade de suas estruturas internas ou se ela se reduz a uma vibrante e colorida fachada.

O que se depreende da leitura dos capítulos anteriores é que, independentemente dos objetivos, implícitos ou explícitos, a estratégia para alcançá-los passa pela proposta de reinvenção de uma imagem urbana, que se traduz por meio da forma física, das atividades que podem ser consumidas nesses espaços e das mensagens que podem ser transmitidas nesse processo – em que o Estado e o capital de diversas origens aliam-se, agora, em escala e modelo globalizados.

A imagem a ser transmitida destaca-se não apenas pela escala dos projetos que sobressaem do entorno, mas também por suas formas não euclidianas e pela profusão de elementos escultóricos que se misturam com o mobiliário urbano, aliados a um intenso colorido nas suas fachadas.

Diferentemente de outros períodos, em que havia o predomínio de grandes obras viárias, estações, centros cívicos e mesmo equipamentos sociais dispersos pela cidade, a ênfase, hoje, encontra-se no embelezamento dos espaços públicos de alta visibilidade, por meio de novas técnicas de comunicação e marketing, facilitando a reunião de multidões para as mais diversas formas de manifestações populares e cívicas: eventos ao ar livre transmitidos amplamente pela mídia e em busca de legitimação e aprovação política.

Do cotidiano ao exótico e excêntrico, a diversão está em ver e experienciar. A forma como as pessoas moram, compram, comem, bebem, divertem-se e rezam passa a ser objeto de consumo e compõe um cenário completo para o turismo. No rastro do consumo cultural, emergem todos os folclores, as etnias, as artes e artesanatos, as formas de manifestações culturais e uma proliferação de museus temáticos, que vão da moda ao brinquedo, das altas tecnologias de informação à arte sacra, etc. Se na década de 1950 o modelo adotado nas intervenções foi o saneamento social por meio de grandes obras cívicas e corporativas e na década de 1970 a fórmula foi vender a "história em um ambiente de compras", a partir da década de 1990, o que se pretende é vender a "cultura em um ambiente de consumo".

Essa "nova" forma de acumulação capitalista, característica do final do século XX, com raízes no modo de produção industrial flexível, não se vincula predominantemente ao produto material, mas, sim, ao produto virtual, que tem seu tripé constituído pelo espaço urbano, pela cultura e pela memória. A arquitetura e o espaço urbano tornam-se, então, o palco para a experimentação. Os elementos sensoriais (visão, olfato, audição, paladar e tato) compõem a busca da emoção, com mais "circo" e menos "pão".

Quanto aos objetivos de intervenção urbana entre os projetos relatados, há pelo menos duas vertentes em curso, embora, de certa forma, exista uma composição não devidamente expressa entre elas. A primeira insere, em suas preocupações fundamentais, a melhoria das condições de vida urbana para a população residente, o reforço da identidade pelo viés cultural e a procura pela instalação de atividades econômicas que dinamizem o centro. A Lapa Boêmia, o Complexo Ver-o-Peso, os mercados de Aracaju e a preservação do patrimônio em Porto Alegre caminham nessa direção. Na segunda, observa-se a clara intenção de inserir seus lugares na rota do turismo internacional pela via do projeto de impacto. O Complexo das Docas, em Belém, o Centro do Dragão do Mar de Arte e Cultura, em Fortaleza, e a preservação do patrimônio, em São Luís, são exemplares nessa categoria. São Paulo, por sua vez, ao buscar otimizar sua economia urbana na condição de cidade de negócios e de centro da cultura, procurando afastar a imagem da barbárie – que pode obstruir o processo de atração de investimentos, eventos de negócios e visitantes –, em oposição à de civilização, trabalha dentro das duas vertentes, principalmente quando se dedica a recompor o desenho dos espaços públicos, o que garante a limpeza, a segurança e o controle das atividades ali desenvolvidas. Aspecto semelhante pode também ser atribuído ao Rio de Janeiro se, além da Lapa Boêmia, outros projetos de requalificação forem trazidos à análise.

Nos sete casos apresentados, contudo, são comuns lacunas em suas justificativas de intervenção, uma vez que não são apontados claramente os processos de deterioração ou degradação que precisam ser contidos nem as causas desse processo. As demandas da população, descobertas e elaboradas localmente, não parecem ter sido consideradas, fato que culmina naturalmente na subutilização ou na apropriação indevida da intervenção urbana. As pesquisas e os levantamentos de dados apresentados também são inconsistentes, na medida em que não apresentam as bases de informações sistematizadas para respaldar a elaboração de diagnósticos. Ainda sobre a base de informações, constata-se que, quando existe, a análise técnica é deficiente, por não demonstrar uma visão sistêmica da questão urbana nem trabalhar de modo estratégico para a busca de resultados. Portanto, é necessário: definir o problema, justificá-lo e fundamentá-lo em indicadores prévios; apontar o que é preciso e o que se quer mudar (objetivo); indicar o caminho para atingi-lo (estratégia); explicitar os retornos esperados, que podem ser financeiros, sociais, econômicos e psicológicos, utilizando-se dos mesmos indicadores previamente estabelecidos; e promover o monitoramento para aferir os resultados e redirecionar os rumos. Raramente, porém, esse processo está presente na divulgação dos projetos brasileiros de intervenção urbana.

No que diz respeito às estratégias, as apresentadas nos diversos casos do livro incluem um conjunto de dinâmicas de inspiração internacional, adaptadas para o contexto nacional. Algumas das cidades assumem os projetos arquitetônicos como estratégicos para criar ou até fortalecer a sua visibilidade, focalizando na competição entre os lugares, e outras estabelecem um processo de intervenção com base na gestão do ambiente construído, incluindo programas sociais, estabelecimento de parcerias e programas de comunicação social.

As intervenções de Fortaleza, Belém (Complexo Estação das Docas) e Aracaju recriam suas origens e suas imagens por meio dos projetos arquitetônicos com intenção urbanística. Os mercados de Aracaju e de Belém (Ver-o-Peso) acrescentam a suas estratégias a preocupação com a manutenção das práticas locais.

O projeto do Centro Dragão do Mar de Arte e Cultura foi concebido para ser o elemento catalisador da requalificação do centro de Fortaleza, ligando o espaço público e a cultura por meio da arquitetura. Esse procedimento caracterizou o desejo de, a partir de sua localização e forma, criar sinergia para um desenvolvimento urbano sustentável. A falta de um passado colonial significativo conduziu à invenção de uma tradição histórica, cuja escala é monumental e possui formas marcantes, misturando elementos construtivos coloridos, refletindo assim a intenção de modernização baseada na tradição e na tecnologia. Ao mesmo tempo em que prega o consumo da cultura, o projeto deu as costas aos aspectos culturais consolidados no local. Um exemplo é a praia de Iracema, importante lugar para o encontro na vida noturna em 1980, que, por ter sido dissociada do projeto do Dragão do Mar, degrada-se. Outros problemas associados à construção do Centro Dragão do Mar também não foram sanados, como a insegurança ao turista, a especulação partindo do setor imobiliário, o desordenado e congestionado trânsito de veículos, e a poluição sonora e visual. Apesar das melhorias promovidas e novos investimentos culturais na área que o transformaram em um "foco de irradiação programática" nesses últimos 10 anos.

No caso do Complexo Estação das Docas, o projeto arquitetônico utilizou-se das estruturas monumentais existentes dos armazéns do Porto de Belém, atribuindo-lhes uma nova roupagem. No contexto espacial similar aos projetos internacionais Docklands e Puerto Madero, ele empresta a ideia das vitrines para o mar e cria suas janelas para o rio. Apesar de o projeto estar pautado na recuperação da história do lugar, a relação urbana com o vizinho, o Complexo do Mercado Ver-o-Peso, é desconsiderada. O projeto busca reforçar-se incorporando atividades de eventos relacionadas ao turismo de negócios na cidade e é frequentado pela população local consumidora da sofisticação implementada ao conjunto. O Ver-o-Peso, por outro lado, sempre esteve relacionado à dinâmica popular, uma vez que é visto como uma das mais alegres e comercialmente importantes áreas da cidade e tem, no caos, sua grande expressão. Ele é um museu vivo de práticas culturais e perpetua o ser amazônico por meio do colorido dos barcos, das manifestações religiosas e da preservação do patrimônio ambiental urbano. No entanto, a ausência de manutenção desse espaço, associada ao abandono do Estado das demais áreas do seu entorno, explicitam a precariedade da qualidade do espaço público existente da cidade, quando comparado aos espaços privatizados, como a Estação das Docas ou o Hangar – Convenções e Feiras da Amazônia, explicitando as diferenças e incentivando a segregação.

Essa também foi uma das características observadas no Complexo dos Mercados de Aracaju, que foi recuperado com o objetivo explícito de devolver à cidade a riqueza cultural submersa no caos decorrente da ocupação informal da área, do sistema viário e do transporte público. A recuperação dos mercados e a requalificação de seu entorno direcionam-se prioritariamente à população local e ao resgate de sua autoestima, ao buscar a continuidade das práticas do comércio e o reforço do seu significado como referencial histórico. A reunião de vários mercados, diversos estilos e diferentes práticas comerciais, oferecendo um ar pitoresco em relação às recentes tecnologias de comércio, certamente imprime uma condição de importante atração turística. Por meio da recuperação do conjunto dos mercados, Aracaju passou a integrar as políticas de preservação e os programas nacionais de restauração e conservação do patrimônio histórico. Houve melhorias com relação à mobilidade imediata aos mercados, entretanto os instrumentos propostos para a regulamentação da área não foram incorporados à legislação urbana, confirmando assim, que apesar da escala da intervenção, esta proposta também pode ser encaixada como pontual na relação com a cidade.

Esse processo é composto de intervenções ditas “acupunturais”, que incorporam uma somatória de pequenas ações: projetos de restauração de edifícios isoladamente distribuídos; melhoria dos espaços públicos; reforço na limpeza, manutenção e segurança; gestão privada de ruas e distritos organizada por ações locais; construção de monumentos, cobertura de ruas ou obras de arranque; incentivos à preservação e à permanência no centro; retorno dos diversos órgãos da administração pública como polos geradores de fluxo; ênfase na criação de museus e espaços culturais; criação de programas sociais para moradores de rua; controle do comércio ambulante; e muita publicidade sobre feitos e efeitos para a alteração e consolidação de uma “nova” imagem para a cidade.

Embora com objetivos e estratégias diferentes, a intervenção em áreas urbanas de caráter processual também é comum em Porto Alegre, no Rio de Janeiro e em São Paulo.

Porto Alegre, por ser uma cidade jovem para os padrões do que ainda é entendido popularmente como patrimônio histórico e por causa da composição de sua sociedade, tem um envelhecimento e uma deterioração diferentes daqueles observados na maioria dos casos apresentados no Brasil. A estratégia adotada buscou valorizar a história por meio do fortalecimento da identidade cultural e da transformação da imagem negativa em relação ao Centro. Para tanto, adotou-se um eficiente programa de comunicação social, ações voltadas ao fortalecimento da cultura local, programas de qualificação profissional, investimento na economia criativa e restauração de edifícios que fazem parte desse processo, por meio da gestão e ação municipal, do apoio financeiro e técnico do Programa Monumenta - coordenado pelo Iphan e parcialmente financiado pelo Banco Interamericano de Desenvolvimento (BID), alguns proprietários de imóveis da área, além de instrumentos de sustentabilidade para o Projeto como: o Fundo de Preservação Monumenta de Porto Alegre (Fumpoa).

No Rio de Janeiro, o desenvolvimento de ambientes de cultura, como o ocorrido na Lapa Boêmia, reforça o conceito de recuperação do patrimônio cultural proposto anteriormente pelo Projeto do Corredor Cultural, na mesma cidade. Além das obras de melhoria dos espaços públicos e valorização das edificações, vários eventos fazem e fizeram parte desse processo. O Circo Voador, com o seu forte impacto na imagem urbana, é um dos mais famosos pela visibilidade desse fragmento da cidade. Nos últimos anos, houve a apropriação desses espaços realizada pelos diversos grupos culturais gerando no bairro uma “ambiência singular” bem como uma resistência popular aos recentes empreendimentos propostos pelas incorporadoras que ampliam seus investimentos na área e que não se relacionam com o projeto da Lapa Boêmia.

Em São Paulo, a manutenção de várias atividades culturais, comerciais e administrativas não impediu a deterioração física dos edifícios, a substituição de usos nem a apropriação indevida dos espaços públicos, que, dentre outros aspectos, transformaram o Centro em tema de propostas para a cidade. Estas foram capitaneadas pela parceria entre o poder público, sob a coordenação da Emurb e de organizações não governamentais com apoio financeiro privado, como a Associação Viva o Centro, que atuou como a alternativa de impacto positivo e proativo, especialmente no que diz respeito às cobranças das ações do poder público, para a recuperação das estruturas e vitalidade do centro de São Paulo. Majoritariamente, essas ações foram fundamentadas na valorização do patrimônio arquitetônico, urbanístico e fundiário que começaram a ser propostas, no sentido da manutenção e da ampliação das instituições públicas e privadas, da provisão de habitações na área central, entre outras, para a criação de polos geradores de fluxos urbanos. Como parte desse movimento, o projeto do Corredor Cultural de São Paulo priorizou a recuperação do espaço do pedestre, elegendo o desenho e os instrumentos contemporâneos de controle urbano como sua estratégia principal. Na avaliação recente, os objetivos não foram alcançados, pois o espaço continua cortado pelos veículos automotivos e a recuperação de alguns edifícios não foi incorporada às calçadas e espaços para os pedestres.

Em São Luís do Maranhão, a estratégia de ação no Centro Histórico esteve relacionada à preservação e à recuperação de seu patrimônio com base na compreensão dos valores históricos e imobiliários locais e propõe a otimização do patrimônio para o turismo, dado o seu significado, e da habitação. No escopo dessa estratégia, inseriu-se a estruturação de um sistema de gestão flexível, eficiente e socialmente participativa denominado "Programa de Conservação Integrada". Na observação da implantação parcial do programa, ainda em 2004, verificou-se que ele não se constitui em um sistema, e sim em ações isoladas e com diferentes intenções político-partidárias. A ausência das condições econômicas básicas para a subsistência da comunidade maranhense dificulta e até inviabiliza sua participação na apropriação e consequente manutenção das intervenções realizadas. Além disso, o brutal investimento em marketing que vem sendo feito para atrair alguma atividade econômica, como o turismo, não resultou em melhoria nas condições socioeconômicas para o Maranhão.

Quais lições poderiam ser retiradas com base nos projetos analisados neste livro?

Inicialmente, é preciso haver uma conscientização da importância do estabelecimento real de parcerias entre setor público e privado – PPP – e consequente maturidade do processo. Por apropriarem-se direta ou indiretamente dos benefícios gerados, os proprietários de imóveis e comerciantes incluídos nas áreas de influência dos projetos de intervenção devem remunerá-los devidamente.

A participação e a gestão dos proprietários e dos indivíduos diretamente relacionados às áreas de intervenção são a força motriz de programas como o Main Street. Programas com estrutura similar vêm sendo esboçados pelas ações locais e pelas ruas comerciais em São Paulo, mas a maior parte deles ainda está centralizada em questões como a melhoria da estrutura física, em detrimento da eficiência na administração dos seus próprios negócios, e na expectativa da participação do Estado como organizador, investidor e executor. No momento em que o Estado intervém diretamente quanto ao capital e ao trabalho, a fragilidade do processo é ampliada por causa da descontinuidade política, que na maioria das vezes interrompe ou inviabiliza a intervenção. Sendo assim, reforçam-se a importância do sentido de pertença e a necessidade da participação efetiva da sociedade para que se garantam a continuidade das intervenções e seus consequentes resultados, que, espera-se, sejam positivos para o bem comum.

O Programa Monumenta, em Porto Alegre, foi o único exemplo apresentado neste livro como parte de uma política nacional de intervenção urbana, sendo voltado predominantemente à preservação do patrimônio histórico, artístico e arquitetônico. Atualmente, o Monumenta foi substituído pelo Programa de Aceleração do Crescimento (PAC) das Cidades Históricas. Nesse sentido, sente-se a necessidade da existência e consolidação de programas brasileiros para as áreas centrais e de outras políticas nacionais para a rede urbana que avaliem os objetivos e prioridades dos projetos de intervenção e ofereçam o suporte técnico e institucional necessário à sua concretização.

Tanto em Aracaju como em Porto Alegre, observou-se uma nova atitude relacionada ao patrimônio histórico e cultural pela população dessas cidades, o que gera, naturalmente, a continuidade dos projetos apesar da descontinuidade político-partidária nas administrações municipais. Também é necessário que haja um projeto urbano, orientado para a cidade que se deseja, respaldado pela competência técnica de quem as projeta, e marcado por uma cultura urbanística que se perdeu.

As experiências de intervenção apresentadas neste livro apresentam uma tímida movimentação posterior do mercado imobiliário, normalmente beneficiário do valor agregado às intervenções, o que mereceria uma investigação maior na busca de explicações. No entanto, em algumas dessas áreas , como no caso da Lapa, o interesse do capital imobiliário se manifesta na contramão da intervenção que a qualificou como Boêmia. Por meio de intervenções que buscaram a reivenção dos centros urbanos, a gentrificação pareceu um resultado inevitável e indesejável abordado com frequência prioritariamente em encontros científicos. As intervenções em Centros Urbanos estudadas contrariam, em boa parte, a previsão de que haveria enobrecimento dos centros e que estes voltariam a ser apropriados e frequentados pela elite econômica em consequência da instalação dos projetos de restauro e recuperação de áreas públicas. Pesquisas apontam que os centros não foram elitizados, e sim popularizados, dependendo cada vez mais de interesse e investimento de iniciativa pública. Mesmo aqueles que se mostram interessados em habitar os centros estão vinculados aos programas de habitação social, como no caso de Porto Alegre, o Programa de Arrendamento Residencial (PAR), da Caixa Econômica Federal.

Para que os projetos de intervenção transformem-se em empreendimentos sustentáveis, capazes de promover a sinergia urbana desejada, é essencial que se realizem estudos de viabilidade anteriores à elaboração e à implantação dos projetos favoráveis à economia urbana. Compreender portanto os processos de resiliência urbana pode auxiliar nessa direção, como aqueles apontados no caso da Lapa Boêmia.

É importante destacar ainda, que juntamente com os projetos de intervenção urbana, há a necessidade de um programa de gestão que inclua atividades de lazer, cultura e qualificação profissional gratuitas gerando fluxo e mantendo dinâmicas atraentes nas áreas em questão, como o observado em Porto Alegre e Fortaleza. Na atualidade, mais do que a visitação e a contemplação que a arquitetura e o desenho urbano possam oferecer, são a realização de atividades e a busca de experiências que têm dado a condição de "sense of place" para os espaços urbanos.

Outro aspecto importante refere-se à necessidade de coesão entre os equipamentos sociais propostos, sejam eles públicos ou privados, unidos pelo espaço público que os permeia, em busca de sinergias que funcionem como catalizadores de processos de resiliência urbana. O exemplo de São Paulo, Aracaju e mesmo de Belém mostram, pela ausência, a importância dessas ações de coesão.

Por fim, a sistematização das intervenções em centros urbanos no Brasil apresentada neste livro indicou que, apesar de terem temática e inspiração metodológica semelhantes às dos modelos internacionais, as experiências nacionais vêm atingindo resultados diversos, ainda pouco avaliados que nesta terceira edição os autores dos capítulos buscaram delinear.

Se um dos principais objetivos é o consumo do lugar, conhecer a realidade é essencial para que a "boa e bela" imagem, ao promover o *sense of place*, seja de fato apropriada pelos atuais consumidores de lugar, sejam eles moradores ou turistas, garantindo a *tão esperada* (RE)valorização do lugar.

# Sobre os autores

## ORGANIZADORAS

Heliana Comin Vargas

Arquiteta e urbanista pela FAU-USP, (1974); economista pela PUC-SP, (1982); mestre (1986) e doutora (1993) em arquitetura e urbanismo pela FAU-USP; pós-doutorado em formação de lideranças para o planejamento ambiental, em Genebra, na Academia Internacional de Meio Ambiente (1996). Professora titular da Faculdade de Arquitetura e Urbanismo da Universidade de São Paulo, departamento de projeto, junto ao grupo de disciplina de planejamento urbano e regional, sendo chefe de departamento (2004-2008) e (2012 e 2014). É coordenadora do LabCom-Laboratório de Comércio e Cidade junto ao departamento de Projeto da FAU-USP – www.labcom.fau.usp.br. É especialista em estudos de dinâmica e economia urbanas e em projetos de intervenção, com foco no setor terciário e com ênfase nas atividades de comércio e serviços varejistas adentrando o campo das atividades de recreação e lazer, cultura e turismo. Entre outras publicações, é autora dos livros: *Novos instrumentos de gestão ambiental urbana*, publicado pela Edusp, 2001, 2005, 2014; *Espaço terciário: o lugar, a arquitetura e a imagem do comércio*, pela editora Senac, 2001; *Arquitetura e mercado imobiliário*, Manole, 2014; *Fundamentos de projeto: arquitetura e urbanismo*, Edusp, 2014.

Ana Luisa Howard de Castilho

Arquiteta e urbanista, mestre e doutora pela Faculdade de Arquitetura e Urbanismo da Universidade de São Paulo. Desenvolveu planos e projetos de desenho urbano, especialista em patrimônio cultural e industrial, e professora universitária desde 1994. Indicou a Vila de Paranapiacaba ao World Monuments Fund, projeto premiado pela American Express. Autora de capítulo nas seguintes publicações: *Gestão ambiental e sustentabilidade no turismo* e *Intervenções em centros históricos: Brasil e Itália em discussão*. Autora dos seguintes livros: *O porto de Santos, e a história do Brasil* e *Itatinga: a hidrelétrica e seu legado*. Produtora executiva e coordenadora da pesquisa do documentário *Porto de Santos, navegando pela história*. Coordenadora executiva e curadora da exposição "A joia do Itatinga, a força do Porto de Santos". Analista e parecerista técnica para projetos culturais submetidos ao Ministério da Cultura – MinC.

## AUTORES

Ana Luiza Prata Libório

Arquiteta e urbanista pela FAU-UFRJ e especialista em conservação e restauração de monumentos e conjuntos históricos pelo Cecre-UFBA. Foi autora e coordenadora do projeto de inventário dos bens móveis e imóveis do Estado de Sergipe entre 1985 e 1988 e chefiou o escritório técnico do Sphan em Sergipe nos anos de 1989 e 1990. Desde 1989, desenvolveu com Gândara Jr., na empresa Libório Gândara Ateliê de Arquitetura, planos e projetos para o centro histórico de Aracaju: projetos de restauro dos Edifícios Macedo, Acese, antigo Colégio Nossa Senhora de Lourdes, antiga Alfândega e das fachadas do entorno do mercado, conhecido como antigo comércio da cidade, e o projeto de resgate da paisagem urbana do Mercado Municipal, constituído pelo plano urbanístico da área, construção do Mercado Albano Franco e restauração dos Mercados Antônio Franco e Thales Ferraz.

Briane Panitz Bicca

Arquiteta e urbanista pela UFRGS (1969), especialista em planejamento do desenvolvimento (Sendec-UnB, 1974), doutora pela Universidade de Ciências Sociais de Grenoble, França (1979), especialista em preservação do patrimônio (ICCROM, Roma, 1989) e com pós-doutorado em CEHCMA, Palais Chaillot, Paris (1990), participou, pelo IPEA, da CNPU e do Programa de Cidades Históricas, na Fundação Pró-Memória, foi membro do GT (Grupo de Trabalho) de preservação de Alcântara e coordenou, por oito anos, o GT de preservação de Brasília, no qual preparou o dossiê para sua inscrição no Patrimônio Mundial Unesco, em 1988. No Iphan, foi assessora da presidência, função em que orientou ações e planos de preservação de várias cidades históricas do Patrimônio Nacional e, durante oito anos, esteve no cargo de coordenadora de cultura do escritório da Unesco no Brasil. Na Prefeitura de Porto Alegre, dirigiu o Projeto Monumenta até 2013 e atualmente coordena o PAC Cidades Históricas. Em 2000, produziu a publicação *Patrimônio Mundial no Brasil* pela Unesco; em 2004, *Somos da praça*, sobre a qualificação dos artesãos da Praça da Alfândega em Porto Alegre; em 2006, coorganizou o livro *Arquitetura na formação do Brasil* com Paulo Renato Silveira Bicca, pela Unesco/Caixa. Em 2010, organizou a publicação *Monumenta Porto Alegre*, editado pelo Iphan.

Carmen Beatriz Silveira

Arquiteta e urbanista (UFRGS), mestre em Geografia Urbana (Igeo-PPGG-UFRJ) e doutora em Planejamento Urbano e Regional (IPPUR-UFRJ). Atuou em consultorias de planejamento urbano e exerceu atividades em pesquisa urbana na UFRJ (CNPq, Capes, Faperj) de 1988 a 2008. Tem experiência nas áreas de Urbanismo, Planejamento Urbano e Políticas Públicas, com atuação nos seguintes temas: Rio de Janeiro, áreas centrais e periféricas, política urbana e cultural, projeto urbano e social, memória da cidade, promoção da saúde, qualidade de vida e educação socioespacial. É autora e coautora de vários artigos em revistas e de capítulos em livros de edições acadêmicas. Atualmente, dedica-se a projetos em assentamentos urbanos irregulares, por meio de abordagens transdisciplinares e de educação popular. Participa ainda do desenvolvimento do projeto piloto do Observatório de Saúde Urbana, parceria entre a Fiocruz/RJ/MG e a UFMG.

Gândara Jr.

Arquiteto e urbanista pela UFF e especialista em ecoturismo e educação ambiental em Lavras-UFLA. Desde 1989, desenvolveu com Ana Libório, na empresa Libório Gândara Ateliê de Arquitetura, planos e projetos para o centro histórico de Aracaju: projetos de restauro dos Edifícios Macedo, Acese, antigo Colégio Nossa Senhora de Lourdes, antiga Alfândega e das fachadas do entorno do mercado, conhecido como antigo comércio da cidade, e o projeto de resgate da paisagem urbana do Mercado Municipal, constituído pelo plano urbanístico da área, construção do Mercado "Albano Franco" e restauração dos Mercados "Antônio Franco" e "Thales Ferraz".

Horacio Calligaris Galvanese

Arquiteto e urbanista e mestre em arquitetura e urbanismo pela FAU-USP. Em 1997, assumiu a função de coordenador de projetos especiais da Secretaria de Desenvolvimento Urbano e Habitação da Prefeitura Municipal de Santo André, como coordenador técnico do Projeto Eixo Tamanduatehy. No início de 2001, assumiu a diretoria de desenvolvimento da Empresa Municipal de Urbanização (Emurb). Foi coordenador técnico das Operações Urbanas Água Espraiada e Faria Lima e trabalhou com outros projetos especiais na condição de diretor de apoio e desenvolvimento da Secretaria de Abastecimento e Projetos Especiais da Prefeitura do Município de São Paulo, como o projeto de intervenção no Mercado Municipal de São Paulo.

José Júlio Lima

Arquiteto formado pela Universidade Federal do Pará em 1988, mestre em arquitetura pela Universidade de Fukui, no Japão (1991), mestre em desenho urbano (1994) e doutor em arquitetura pela Oxford Brookes University, na Grã-Bretanha (2000). É professor associado da Faculdade de Arquitetura e Urbanismo da Universidade Federal do Pará dedicando-se à pesquisa e extensão, tendo coordenado a elaboração de planos diretores e legislação urbanística para Belém e outras cidades na Amazônia. Atualmente é coordenador do Programa de Pós-graduação em Arquitetura e Urbanismo.

José Marcelo do Espírito Santo

Arquiteto urbanista pela Faculdade de Arquitetura e Urbanismo da Universidade de São Paulo (FAU-USP) em 1987. Mestre em desenvolvimento urbano e regional pela Universidade Federal de Pernambuco (UFPE, 2006); professor de História da Arte e Arquitetura da Universidade Federal do Maranhão (UFMA); ex-presidente do Instituto de Pesquisa e Planejamento Municipal (Iplam) de São Luís do Maranhão (setembro de 1998 a dezembro de 2006); coordenador do Plano de Gestão Municipal do Centro Histórico de São Luís e do Plano de Habitação para o Centro Histórico da Cidade (Convênio CEF e Governo Francês/Sirchal/ Pact-Arim); consultor e coordenador técnico responsável pela elaboração dos Planos Diretores de São Luís (1992 e 2006), da Lei de Zoneamento, Parcelamento, Uso e Ocupação do Solo Urbano e da Lei de Operações Urbanas (1992). Ex-supervisor da Unidade Executora Estadual (UEE) do Maranhão do Programa de Desenvolvimento do Turismo no Nordeste – Prodetur/Bid-MTur junto a Secretaria de Estado do Turismo do Maranhão (janeiro de 2007 a abril de 2009). Atual presidente do Instituto da Cidade, Pesquisa e Planejamento Urbano e Rural (Incid) da prefeitura de São Luís (MA).

Lélia Mendes de Vasconcellos

Arquiteta e urbanista pela FAU-UFRJ. Mestre em Desenho Urbano pela Oxford Brookes University, Grã-Bretanha. Doutora em Arquitetura e Urbanismo pela FAU-USP. Foi docente do Departamento de Urbanismo (EAU-UFF). É professora colaboradora no programa de pós-graduação em Arquitetura e Urbanismo PPGAU-UFF e vice-coordenadora do Grupo de Pesquisa, Intervenção, Transformação e Gestão do Território do mesmo programa. Foi pesquisadora e coordenadora em planos diretores e de reabilitação urbanística para o Instituto Brasileiro de Administração Municipal (Ibam). Foi bolsista do Programa Proredes/Ipea na pesquisa Dinâmica Urbano-Regional. É autora de capítulos de livros na área de urbanismo e planejamento urbano. Presta consultorias na área de projeto e planejamento urbano.

Lilian Fessler Vaz

Arquiteta, mestre em planejamento urbano e regional (Ippur-UFRJ), doutora em arquitetura e urbanismo (FAU-USP), com pós-doutorado em estudos culturais (MSH, Paris), pesquisadora CNPq 1B e professora Programa de Pós-Graduação em Urbanismo (Prourb/FAU-UFRJ). Participou de convênios acadêmicos nacionais e internacionais, coordenou outros. Foi membro da diretoria da Anpur e coordenadora do Prourb/FAU-UFRJ, ambos por dois mandatos. Orientou dezenas de dissertações de mestrado e teses de doutorado. É autora de *Modernidade e moradia: habitação coletiva no Rio de Janeiro, séculos XIX-XX* (2002), coautora de *História dos bairros do Rio de Janeiro* (4 títulos: 1983, 1984, 1985 e 1987), organizadora e autora de coletâneas de textos e de anais de encontros científicos; publicou vários artigos e capítulos de livros sobre: história urbana, habitação popular, áreas centrais, cultura urbana, cultura popular e Rio de Janeiro.

Linda M. P. Gondim

Socióloga, mestre pela UFRJ e doutora em planejamento urbano e regional pela Universidade de Cornell, nos Estados Unidos. Foi coordenadora de desenvolvimento urbano e regional da Secretaria de Planejamento do Estado do Rio de Janeiro e chefe do Centro de Estudos e Pesquisas Urbanas do Instituto Brasileiro de Administração Municipal (RJ). É professora associada do Departamento de Ciências Sociais e do Programa de Pós-graduação em Sociologia (mestrado e doutorado) da UFC. Organizou a coletânea *Planos diretores: novos tempos, novas práticas* (Ibam, 1990) e é autora dos livros *Clientelismo e modernidade nas políticas públicas*, 1998; *Uma dama da belle époque de Fortaleza*, 2001; *O dragão do mar e a Fortaleza pós-moderna*, 2007.

Luciana G. Teixeira Santos

Arquiteta e urbanista formada pela Universidade Federal do Pará em 2001, mestre em arquitetura e urbanismo pela Universidade Presbiteriana Mackenzie, em 2003. É professora nos cursos de Design, Engenharia Ambiental, Engenharia de Produção e Tecnologia Agroindustrial da Universidade Federal do Pará. Atualmente, trabalha na Caixa Econômica Federal, atuando no acompanhamento das obras locais do PAC na gerência de desenvolvimento urbano da instituição.

Maria Cristina Fernandes de Mello

Arquitetura e urbanista (FAU-UFRJ, 1974), doutora em restauração de monumentos (Università Degli Studi di Roma – La Sapienza 1982-1988). É de sua autoria o projeto de restauração do Pavilhão Mourisco, da Fiocruz, no Rio de Janeiro, que ganhou o prêmio Rodrigo de Melo Franco, IAB-RJ, em 1991 entre outros; professora aposentada da Universidade Federal Fluminense.

Maurício Faria Pinto

Vereador pelo município de São Paulo em duas legislaturas – 1989-1992 e 1993-1996 –, período em que se voltou para questões de estratégias urbanas e legislação urbanística. De 1997 a 2000, integrou o governo municipal de Santo André como coordenador do Programa Urbanístico Eixo Tamanduatehy. Do início de 2001 ao fim de 2002, foi presidente da Empresa Municipal de Urbanização (Emurb), na capital paulista. Desde janeiro de 2003, exerce o cargo de conselheiro do Tribunal de Contas do Município de São Paulo.

Ricardo Figueiredo Bezerra

Arquiteto e urbanista pela Universidade Federal do Ceará, mestre em arquitetura da paisagem pela Universidade do Arizona, nos Estados Unidos, e doutor em planejamento urbano pela Universidade de Nottingham, na Inglaterra. É professor associado do Departamento de Arquitetura e Urbanismo da Universidade Federal do Ceará. Tem experiência na área de arquitetura paisagística e projeto urbanístico, com ênfase em planejamento e projeto de espaços públicos e áreas de lazer.

Sabrina Studart Fontenele Costa

Arquiteta e urbanista formada pela Universidade Federal do Ceará, mestre e doutora pela Faculdade de Arquitetura e Urbanismo da Universidade de São Paulo. Atuou como arquiteta colaboradora na obra de restauro da Faculdade de Medicina da Universidade de São Paulo (2004-2007) e é autora do livro *Restauro da faculdade de medicina: estudos, projetos e resultados*, em parceria com os professores Julio Katinsky e Helena Ayoub. Atualmente, trabalha no Centro de Preservação Cultural da USP, coordenando o eixo "Construções, conjuntos e sítios".

# Índice remissivo

**I**



**J**



**L**



**M**



**N**



**O**



**P**

**R**



**S**

**Viaduto Otávio Rocha atualmente. Coord. Jornalismo/Fotografia CCS – Prefeitura de Porto Alegre.**

Foto: Carla Ruas, 2004.

**Praça da Alfândega.**

Foto: Cristiano Mascaro, 2004.

Vista do Cais do Porto.

Foto: Cristiano Mascaro, 2004.

Vista da Praça da Alfândega.

Foto: Fábio Del Re, 2004.

## Centro Histórico de Porto Alegre e Lago Guaíba.

Fonte: Digital Globe, Intersat, Geotec e Prefeitura de Porto Alegre.

## Área de intervenção (Centro Histórico de São Luís).

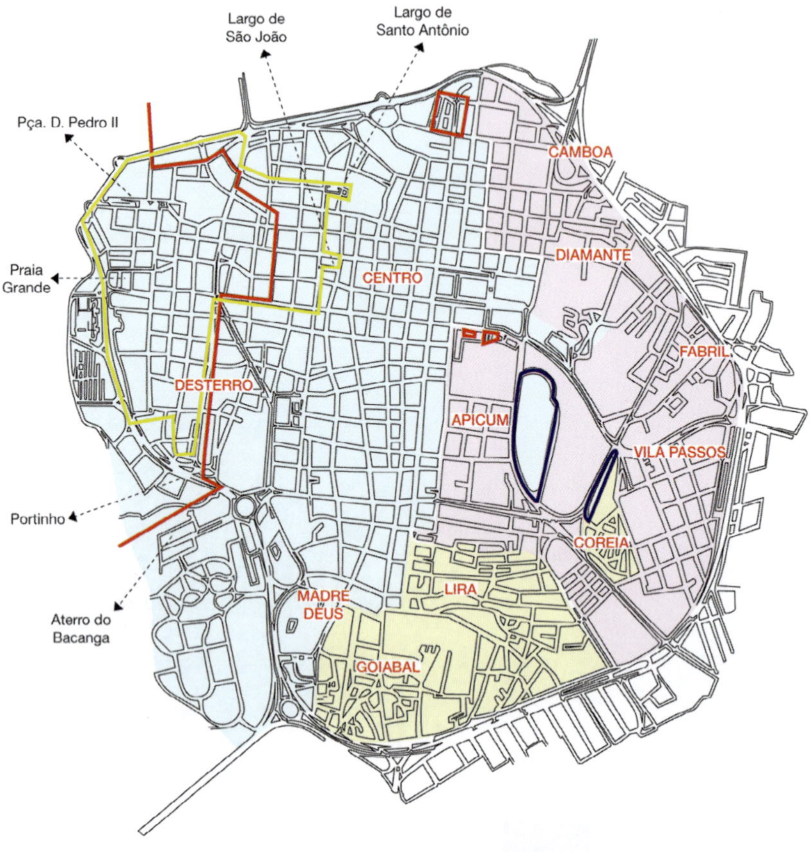


Zona de Preservação Histórica - ZPH — Limites de Tombamento Federal

Zona Central — Limites de Tombamento Estadual

Zona de Interesse Social - ZIS1 — UNESCO

Praça D. Pedro II, vendo-se em primeiro plano a Avenida Beira-Mar e o Palácio dos Leões, sede do governo estadual, construído sobre as bases do Forte de São Luís, iniciativa francesa quando da fundação da cidade.

Foto: José Marcelo do Espírito Santo, 2002.

Vista aérea do Bairro da Praia Grande, principal polo de intervenções do Centro Histórico de São Luís.

Foto: José Marcelo do Espírito Santo, 2002.

**Centro Histórico de Belém com a marcação dos bens tombados pelas três esferas governamentais (Iphan – Federal, Depac – Estadual e Fumbel – Municipal).**

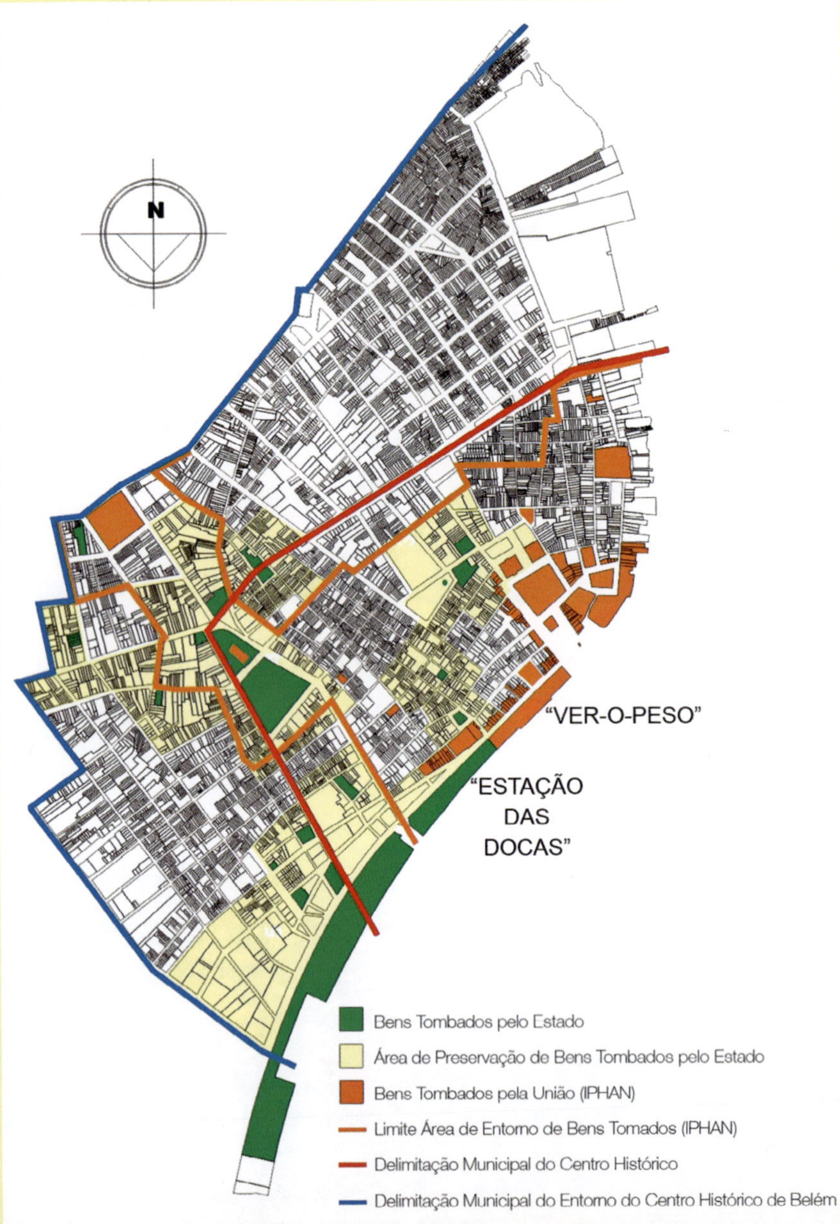


Fonte: Ilustração dos autores, 2003.

Palcos rolantes, Belém do Pará.

Foto: Luciana Teixeira, 2004.

Galpão da Estação das Docas.

Foto: Luciana Teixeira, 2004.

Uma janela para o Rio.

Foto: Luciana Teixeira, 2004.

Vista geral do Complexo, Belém do Pará.

Foto: Luciana Teixeira, 2004.

Barracas da Feira do "Ver-o-Peso" com o mercado ao fundo.

Foto: Luciana Teixeira, 2004.

Vista geral da feira do Açaí (em obras). Ao fundo, o Mercado de Ferro.

Foto: Luciana Teixeira, 2004.

**Conjunto dos mercados durante a obra (Mercado Municipal – Antes).**

Foto: Marcel Nauer; simulação virtual: Adauto Machado.

**Edifícios do entorno da Rua Santa Rosa. Lateral da Associação Comercial de Sergipe.**

Foto: Ana Libório, 2000.

**Projeto utilizou a área do antigo porto para expansão dos mercados. Situação atual.**

Foto: Jade Libório, 2014.

**Imagem do Antônio Franco.**

Foto: Lineu Lins de Carvalho Neto, 1992.

Pátio interno do Mercado Thales Ferraz.

Foto: Ana Libório, 2000.

Imagem externa do Novo Albano Franco.

Foto: Ana Libório.

Imagem interna do Novo Albano Franco.

Foto: Ana Libório.

Perspectiva do projeto (Mercado Municipal – Depois).

Foto: Marcel Nauer; simulação virtual: Adauto Machado.
Projeto: Ana Libório Arquitetos Associados.

**Praia de Iracema (orla leste de Fortaleza) e seus principais edifícios.**

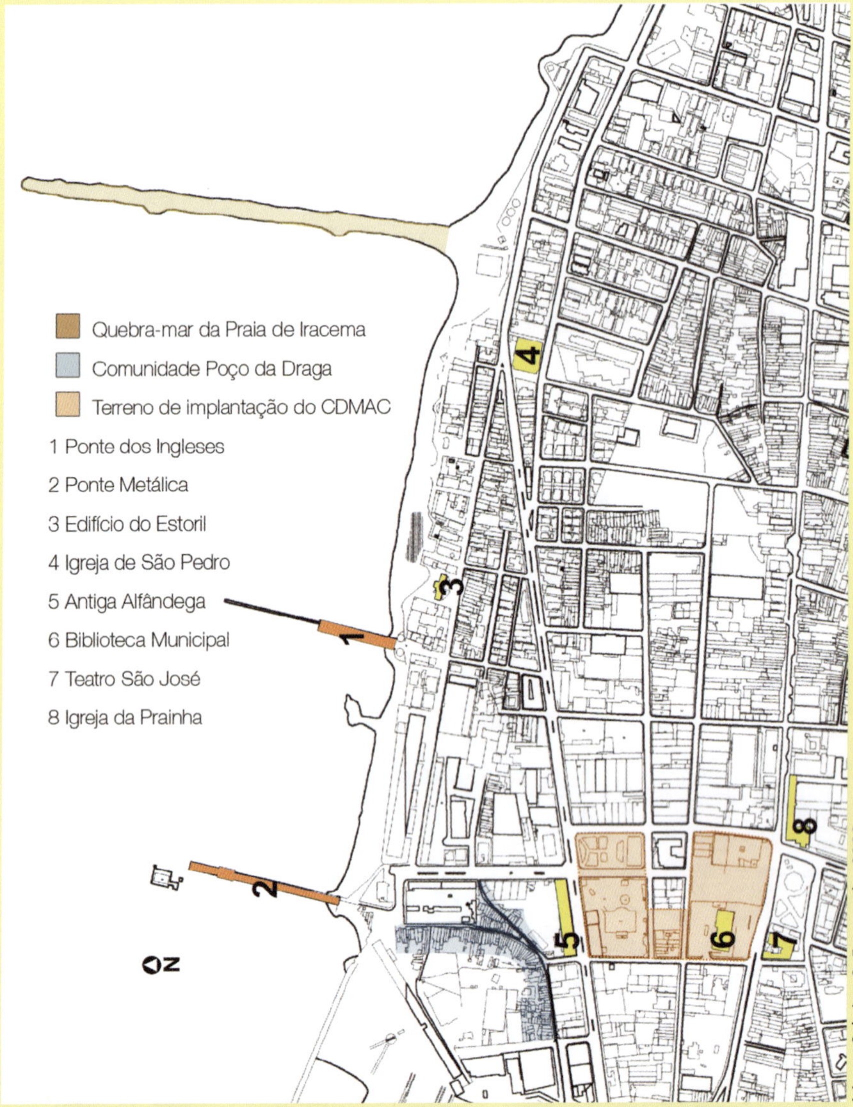


Mapa: Sabrina S. Fontenele, 2003.

Vista da Praça Verde a partir do Bloco 1.

Foto: Sabina S. Fontenele, 2003.

Vista do Centro Dragão do Mar de Arte e Cultura e seu entorno.

Foto: Sabina S. Fontenele, 2003.

## Centro Dragão do Mar de Arte e Cultura e principais elementos de seu entorno.

**Centro Dragão do Mar de Arte e Cultura e entorno**

- Centro Dragão do Mar de Arte e Cultura
- Imóveis selecionados pelo Programa Cores da Cidade
- Edifícios de importância histórica e cultural da região

1 Biblioteca Municipal
2 Teatro São José
3 Igreja e Seminário da Prainha

Mapa: Sabrina S. Fontenele, 2003.